幼儿音乐教学与活动设计

主　编◎黄上强　董　敏
副主编◎潘　琦　潘晓欣　黄冬兰
参　编◎冯玉婷　钟　妮　谭姗姗
　　　　李　桃　卢　卫

中国出版集团　现代出版社

图书在版编目（ＣＩＰ）数据

幼儿音乐教学与活动设计 / 黄上强, 董敏主编. --
北京：现代出版社, 2024.3
ISBN 978-7-5231-0471-2

Ⅰ. ①幼… Ⅱ. ①黄… ②董… Ⅲ. ①音乐课—学前
教育—教学研究 Ⅳ. ①G613.5

中国国家版本馆CIP数据核字(2023)第142996号

幼儿音乐教学与活动设计

著　　者	黄上强　董　敏
责任编辑	刘全银
出版发行	现代出版社
地　　址	北京市安定门外安华里 504 号
邮政编码	100011
电　　话	010-64267325 64245264（传真）
网　　址	www.1980xd.com
电子邮箱	xiandai@vip.sina.com
印　　刷	廊坊市博林印务有限公司
开　　本	185mm×260mm　　1/16
印　　张	14.5
版　　次	2024 年 3 月第 1 版　　2024 年 3 月第 1 次印刷
书　　号	ISBN 978-7-5231-0471-2
定　　价	58.00 元

PREFACE

音乐不是虚无缥缈的存在，是个体生命表达的方式。表达的方式不仅仅是唱出来，还有学会倾听、随音乐律动等，这些都是个体亲近音乐的方式。通过音乐和幼儿一日生活的有机结合，让音乐满足幼儿的精神需要，熏陶、滋养幼儿的心灵。一些幼儿教师在初始组织音乐活动时，会不好意思，会放不开，总觉得自己声音不够好听，唱歌不行。也有幼儿园指导老师反映：学生在组织音乐活动时，唱歌跑调离谱。这些现象引发我们的思考：幼儿教师除了掌握最基本的音乐理论，到底应该掌握哪些核心的音乐基本能力？更为重要的是在幼儿园内，如何利用这些音乐基本能力，组织幼儿的音乐教学活动呢？

本书立足于幼儿音乐教育的需要，体现幼儿音乐教育的理论研究与实践研究的最新成果，使其成为本专业师生有效的教学载体。本书从幼儿音乐教学的对象与特性的介绍入手，针对幼儿音乐教学的原理进行了分析研究，帮助学学习者掌握基本的音乐理论，提升他们的音乐基本能力；另外对幼儿韵律活动教学、幼儿的歌唱活动教学、幼儿打击乐演奏活动教学、幼儿集体舞活动教学、幼儿音乐主题活动教学以及幼儿音乐听赏活动教学做了大量的介绍，提高学习者的音乐实践能力；还对幼儿音乐教学评价做了必要的阐述；旨在摸索出一条适合幼儿音乐教学工作的科学道路，帮助其工作者在应用中少走弯路，运用科学方法，提高效率。

本书可作为高校学前教育专业教材，也可供幼儿教育工作者和幼儿园教师使用。由于时间及编者水平有限，书中难免有不当之处，望读者在使用过程中提出宝贵的意见和建议，以便今后改进。

梧州市第一职业中等专业学校作为主编单位编写。

CONTENTS

目　录

第一章 幼儿音乐教学的对象与特性

本章导读

　　幼儿音乐教育指向幼儿音乐经验的获得，因而经验的双方即幼儿与音乐艺术成为幼儿音乐教育的直接研究对象，其他研究内容是这两个研究对象的交互结果。本章将详细论述幼儿音乐教育的对象与特性。其中，第一节阐述幼儿音乐心理的特征，旨在探讨作为幼儿音乐教育主体的这个群体到底在音乐学习上具有怎样的与其他群体不同的特点。第二节阐述的是使幼儿获得音乐经验的载体——音乐作品——具有一些什么特点，掌握这些音乐特点是幼儿教育工作者从事幼儿音乐教育的前提。第三节讨论的是在幼儿音乐教育中教师的角色。

学习目标

1. 了解幼儿的音乐心理特征；
2. 掌握幼儿音乐教学作品的特性
3. 熟悉幼儿音乐教学的教师角色。

第一节　幼儿的音乐心理特征

一、三大系统与三个阶段

（一）三大系统

　　加登纳（Harward Gardener）曾经说过，要想理解儿童的艺术发展就需要理解生命过程中的三大系统：制作系统、知觉系统和感受系统。制作系统的产物是行动，行动是指向目的的，而不只是单纯的身体运动；知觉系统的产物是识别，从音乐学习的角度方面来观察，这种识别是对各种音乐形式样式的辨别、确认；感受系统的产物是情感，从音乐学习的方面来看，这种情感可以包括任何有关儿童的情绪、情感反应，如从微小到夸张的快乐、从舒展到紧张的状态等，但无论是怎样的情绪、情感反应，都是有助于参与的。针对儿童的音乐学习，对于感受系统需要从两个角度来理解：一是儿童直接体验到了音乐作品本身所具有的情感表现性，在体验音乐作品的过程中，儿童的感受系统功能得到了最好的发挥，儿童的音乐学习肯定是愉快的；二是儿童被教师等成人教育者所提供的道具、游戏方法所吸引，学习的兴趣被提起，在心情很愉悦的前提下不知不觉地进入音乐学习的状态，这时儿童的感受系统功能也在积极地发挥着作用。如果教师等成人教育者在给儿童提供愉悦的学习环境的前提下，能同时发挥儿童的知觉系统与制作系统的功能，那么这样的音乐学习状态与结果就是最符合我们预期目的的。

（二）三个阶段

加登纳将儿童的艺术感知发展分成三个不同的阶段，其划分标准为年龄：

第一阶段为 1 岁以前，这一阶段又被称为前符号阶段。这时候的儿童，他们的艺术知觉特征主要是感官原动性，也就是说，这一时期的儿童，他们的知觉能力和艺术知觉能力还属于一个整体，二者的分化还不是很明显，艺术品呈现的存在只是一般刺激物的地位，其作用也仅仅是能促进儿童一般知觉能力的发展，这一时期的艺术品，还不能被儿童看作审美的对象。在这一阶段中，儿童对艺术品所有的好恶都是根据本能来判断的。

第二阶段为两岁到 7 岁之间，我们还可以将这一阶段分成三个不同的小的阶段，第一个小阶段主要是符号系统，这种系统是沉浸在符号媒介中产生的，它在音乐学习中的表现主要是：对非句法样式音乐的学习，对基本节奏的学习以及对音调的学习，这里所说的音调指的是与经验情景有一定联系的音调旋律。第二个小阶段指的是，将符号在探索的过程中进行扩大处理。在音乐学习中的表现主要是：歌唱能够灵活地进行，能够试验性地进行演奏，在学习和欣赏的过程中能够对音乐的主题有把握。第三个小阶段主要是审美形式感的出现、发展和形成。在音乐学习中的表现主要是：对音乐形式方面的某些特征特质能够熟练掌握。处于第三个小阶段的儿童，他们的艺术知觉的特征已经发生变化，不再只是简单地以"直接知识"为工具来看待和理解周围的人和事，而是能够以符号为工具，间接地来理解周围的人和事。从音乐学习这方面来分析，处于第三个小阶段的儿童，他们的兴趣主要在于音乐作品的主题，也就是歌曲的内容，而歌曲作品的风格特点等要素，他们比较容易忽略。

第三阶段指的是 8 岁以后的年龄。这一时期是非常关键的，儿童有可能继续进步，同时也有可能止步不前。8 岁以后的时间是儿童开始艺术发展的时间，与 8 岁以前是截然不同的存在。如果儿童在 8 岁以前对于音乐的经验就非常熟练的话，那么他们在 8 岁以后的发展就是非常顺利的，而且收获很大，同时他们在音乐上也会变得越来越有自信，在音乐方面的学习，其深度和广度也是前所未有的。获得并掌握基本的音乐经验之后，这些儿童的具体表现一般为：在对音乐的形式特点等有了一定的了解并能够确认的时候，能够在此基础之上进行自身的音乐制作，其过程也是非常自如的，不显磕绊，同时在过程中还能够自由地抒发自身对于音乐的情绪和情感。有人认为，8 岁以前，是积累音乐经验的时间，就像盖房子，首先需要把盖房子的材料都准备齐全，同时房子简单的框架也已经盖好。8 岁以后是深化音乐经验的时间，也就是说，8 岁以后可以开始对盖好的房子进行检查和装修。

令人遗憾的情况是，8 岁以后的儿童由于在人格发展上出现自我意识快速增强、自我批判意识已经形成等特征，因此许多儿童的艺术表现从这一年龄阶段开始大踏步地退化，退化的表现主要是知觉能力、感受能力的丧失，制作与创作兴趣的丧失等，从而远离艺术。艺术感退化的儿童用制作陶瓷品的比喻来解释就是没有在 8 岁以前制作成陶瓷品的泥坯，在音乐经验上没有达到量的积累，8 岁以前对音乐的知觉、感受、制作过程没有成为音乐经验的获得过程。

二、幼儿音乐心理的发展特征

（一）年龄特征

0~1 岁：能够对听到的声音做出本能的反应。

1~2 岁：能够自发、本能地唱出自己和歌曲不同的"创作"。

2~3 岁：能够对听到的音乐进行模仿，然后片段地唱出来。

3~4 岁：能够对听到的旋律轮廓有所感知。这一时期学习某种乐器是最能够事半功倍的，可以培养儿童绝对的音高感。

4~5 岁：对音高、音区等音乐元素能够非常轻松的辨别出来，同时对简单的节奏也能够进行辨别和模仿。

5~6 岁：能够将不同效果的声音进行分辨，能够从不是特别复杂的旋律以及节奏型中听辨出相同的部分。

6~7 岁：歌唱的时候，音高已经有一定的准确度，认识到调性的重要性，能够明白有调性的音乐比没有调性的音乐要好听很多。

（二）知觉与制作的发展特征

儿童音乐能力的发展与儿童在其他学科、艺术门类能力的发展上具有一个独特的差异，即音乐智能确实具有遗传性。一个 3 岁儿童的音乐歌唱能力、创作能力可以超越许多成年人，这种现象在其他学科、艺术门类中是非常少见的。但是，我们研究的幼儿音乐发展与音乐教育是针对普通儿童的。虽然发现天才音乐儿童是我们音乐教师当仁不让的职责，但是让普通幼儿顺利获得其年龄阶段所应该获得的音乐经验才是我们工作的核心。因此，下面描述的幼儿音乐发展的心理特征是针对普通儿童的，是幼儿音乐发展的常规水平。

1. 音乐旋律知觉与歌唱

在歌唱的音高方面，儿童在 12~18 个月的时候，对音高还没有概念，唱出来的音高也是模糊不清、非常不成调的；19 个月以后，儿童在歌唱的过程中，其音高开始逐渐明朗，二度以及小三度音程开始逐渐变得清晰；年龄在 17 个月到 23 个月之间的儿童，能够唱得准的音里面，绝大多数还是二度音程，但是，随着年龄的增长，其音程的跨度也在逐渐增加；儿童的年龄在两岁半左右的时候，他们的歌唱已经开始出现比较清晰的四度、五度音程，但是大二度与小三度仍然是歌唱中最为清晰的音程。

在音高辨别（旋律知觉能力）方面，3~4 岁的儿童在对跨度比较大的如八度以及八度以上的音程已经能够很好地进行辨别；4~5 岁的儿童在对跨度相对较小的如五度以及五度以上的音程，已经能够很好地进行辨别，同时，对于熟悉的歌曲，他们还能够只根据前奏就能判断出歌曲的名字；5~6 岁的儿童，对于三度音程的听辨已经能够轻松掌握，此外，对于熟悉的歌曲，已经能够根据歌曲的前奏、间奏说出歌曲的名字；7~8 岁的儿童已经能够在实验的过程中将全音、半音以及四分之一音之间的音高差别完全区分出来，分辨音高的能力在 7~8 岁之间已经开始发展成熟。

在对旋律轮廓线的歌唱上，年龄处于 3 岁半左右的儿童已经能够将旋律轮廓线唱的比较规则。在对旋律轮廓线的辨别上，年龄处于 5 岁左右的儿童已经能够非常清晰地辨认出旋律轮廓线的上下行，以及旋律线的跳进进行，但是仅仅能够辨认出大致的轮廓，还不能够辨认出准确的音程度数，因此他们在歌唱的时候音程的度数唱的不是很稳定。

2. 节奏知觉与身体动作

在人体对节奏的感知以及动作的制作方面，儿童的年龄处于 18 个月的时候，开始有意识地让自己的身体动作与听到的歌曲在节拍上能够相合，儿童在 4 岁到 5 岁的时候，已经能够非常熟练地跟着歌曲打出简单的节奏型，大概两个到三个音。6 岁的时候，儿童已经能够非常熟练地打出相对比较复杂的节奏型，大概三个到四个音。

在人体对歌曲中拍子的感知以及反应能力方面，3 岁的幼儿的音乐活动最初是教师自己的歌唱表演，幼儿聆听或是伴随教师的歌唱做些有意思的固定位置的身体动作。身体动作包括根据歌词做固定位置的身体打击，也可以做一些走路的移动动作，随着节拍的进行走圆形队列。4 岁的幼儿可以扩展到包括更复杂活动的圆圈队列的活动，如弯腰、转向，改变队列方向和同样一起行走等，也可以走出像螺旋形那样更复杂的队列。5 岁的幼儿能够表演有情节的、多角色扮演的游戏，做占据更大空间、更复杂的动作，可以走出两个圆圈的圆形队列、星状队列。

在幼儿的节奏感的发展状态（对节奏进行知觉与制作的能力）方面，3~4 岁的幼儿能够运用大量的身体动作表演与打击乐演奏表演获得稳定的节拍感；4~5 岁的幼儿可以通过快与慢的配合理解节拍，通过歌谣朗诵理解节奏型；5~6 岁的幼儿已经能够理解歌曲的节奏型，能够独立完成快慢节拍的变换，理解节奏的主题、动机。

3. 音色、力度、速度知觉与制作

幼儿对非句法音乐形式要素的知觉、制作、感受能力的发展，远远早于对句法音乐形式要素的知觉、制作、感受能力的发展。

（1）音色知觉

对音色的注意早在婴儿时期就已经出现，但是婴幼儿对音色的知觉兴趣主要集中于日常生活中的音色，与音乐音响中的音色是有本质差别的，他们熟悉的动物叫声使他们兴趣浓厚，他们玩耍的物体所发出的声音让他们好奇心大发。对音乐音响中的音色来说，无论让幼儿分辨的是器乐音色还是声乐音色，幼儿感兴趣的还是那些反差大、能生动刻画事物的音色。例如，在《彼得与狼》这首曲子中，容易被幼儿听懂和记住的是音色本身能刻画出鲜明生动形象的内容，如单簧管、双簧管、法国号演奏的猫、鸭子、狼的形象。从中我们可以很明显地了解到，单簧管、双簧管、法国号的有特点、有区别的音色容易被幼儿理解和掌握。同理，在人声中男低音的音色、花腔女高音的音色，由于它们对比强烈、区别明显因而非常容易成为最先让幼儿知觉的对象。

在音色知觉方面，3~4 岁的幼儿能够辨别 2~3 种有鲜明对比度的人声或乐器声；4~5 岁的幼儿能够更好地辨别不同的人声与乐器声；5~6 岁的幼儿能够很好地识别不同的声音和人声。

（2）力度知觉与制作能力

儿童的年龄在 3~4 岁的时候，已经能够比较熟练的区分出声音的强弱，还能够准确地根据发声的音量、语气等因素分辨出声音的区别，如说、喊、唱以及说悄悄话等，辨别出之后，还能够用自己的嗓音进行模仿、表达；儿童在 4~5 岁的时候，能够区分出声音中的强弱，如讲话、唱歌、打击乐等，同时能够用自己的肢体语言以及歌唱等方式来表达出自己对这种强弱的感知；儿童在 5~6 岁的时候已经能够熟练辨别理解音乐中的强弱关系以及在发展过程中的变化。

（3）速度知觉与制作能力

儿童在 3~4 岁的时候，对于那种中速的，偏慢的或者偏快的音乐，能够用比较简单的肢体语言来配合；在 4~5 岁的时候，对于渐慢、渐快的音乐已经能够非常熟练地辨别出来，还能根据具体的音乐和现实情况来做出相应的肢体动作；在 5~6 岁的时候，能够听出音乐中的速度快慢的对比以及在这过程中的变化情况。在对歌曲速度的理解上，严格的匀速进行可能是幼儿最难以辨别和操作的。在歌唱的过程中，幼儿很容易越来越快或者越来越慢。

（三）音乐感受的特点

幼儿的音乐感受与成人之间有着很大程度的差异，这种区别在哪里？如果我们能够探明幼儿对音乐中的什么感兴趣，那么我们的音乐教育就容易投其所好、有的放矢了。以下是对幼儿音乐感受特点的描述。

第一，音量是幼儿对音乐感兴趣的第一个重要因素。这里所指的音量不是单纯地指音的强弱、声音大小，而是指丰富、完美、实体、令人异常愉悦、悦耳动听的音。总之，对幼儿来说，动听的声音是最吸引他们注意的。钢琴对幼儿产生吸引力，首先不是由于钢琴演奏出来的音乐作品而是由于钢琴能发出好听的声音，这些声音本身吸引着幼儿。这一研究结果给我们的幼儿音乐教育带来的提示有以下几个方面：一是在让幼儿感知器乐作品时，教师有责任让幼儿听到最好的音响效果，那种劣质的音响源与音响设备阻碍了幼儿对音乐产生兴趣。二是在让幼儿感知器乐作品的过程中，教师应尽量少用嗓音，幼儿感兴趣的是丰满的音响效果不是教师唱出来的几句旋律。三是在歌唱学习中，教师发出悦耳的声音是非常重要的。如果教师歌唱的声音本身对幼儿缺少吸引力，那么歌唱学习使幼儿充满兴趣的愿望就比较不切实际。四是对打击乐器的演奏，幼儿感兴趣的是让他自己去探究如何发出好听的声音并演奏，而不是严格地按照教师所要求的拿乐器的方式、教师所要求的节奏型去打击。

第二，运动是幼儿对音乐感兴趣的第二个重要因素。换句话说，幼儿感兴趣的是让他用身体动作来感知、感受音乐。儿童音乐感是由身体肌肉感引领的，这一观点在音乐教育界已经达成共识。对幼儿来说，通过静坐倾听来感知音乐是不可能的，音乐感知、理解、解释的过程就是幼儿身体运动的过程。幼儿对节奏感兴趣是因为他能够跟着节奏做动作，也正是通过肌肉动作幼儿感知到了节奏；幼儿对旋律感兴趣是因为这种旋律能够被他唱出，也正是通过唱使儿童对旋律有了自己的感知。

第三，音乐作品类型是幼儿对音乐感兴趣的第三个重要因素。儿童感兴趣的音乐作品类型是关于某些事情的音乐。例如，关于小动物、小河、小湖、小星星、树林的音乐，关于小熊一家、小朋友不听话、来了小客人的故事的音乐都让幼儿感兴趣。总之，音乐必须有与幼儿生活相关的内容，这些内容吸引着幼儿。从音乐本体特性的角度来说，再现性的音乐是幼儿最喜欢的。因此，歌曲比器乐曲更能直接吸引幼儿，因为歌曲的歌词都是关于某些事情的，在所有歌曲中，具有故事情节的歌曲又是幼儿兴趣最高的，边歌唱边表演故事、扮演角色是幼儿莫大的享受。对于器乐曲来说，儿童感兴趣的首推有标题的音乐，因为音乐的标题往往把音乐内容的主题标示出来，幼儿可以根据标题展开联想、编造音乐有可能表达的故事。

三、幼儿音乐学习的意义与制约条件

"教育"是一个很含糊的词，人们用这个词的时候往往预期它是好教育，事实上，"教育"可以是非常糟糕的。换句话说，教育对人的发展并不是都能产生助力，有的时候是产生阻力的。对我们的幼儿音乐教育来说，幼儿园三年的音乐教育也会出现不太有效的现象。所以，在了解幼儿音乐教育的重要性的同时，我们更多地探讨的是让幼儿音乐教育有效的途径。本节首先讨论儿童在早期接受音乐教育的重要性，其次考察实现这种重要性的条件。

（一）意义

在很多音乐观察研究曾经指出，音乐学习的关键年龄是 0 岁~8 岁或 9 岁，9 岁或 10 岁以后再进行音乐学习已经太晚。坚持这种观点的有：

音乐心理学家爱德华·戈登（Edwin Gordon）认为，音乐才能的发展似乎是在 9 岁时达到平衡，在 9 岁以后，如在最基本的节奏技能——持一个稳定的节拍方面是不能有实质性的改变和提高的，所以早期的音乐体验对整个音乐能力的发展至关重要。

日本教育家十村久一曾经说过，儿童潜能的发挥遵循着一条递减的规律。假设天生潜能是 100 分，那么一个从出生起就接受最优化的早期教育的儿童，他就有可能成为具有 100 分能力的人；一个到 10 岁才接受良好教育的儿童，他的潜能就只剩下 60 分了。

柯达伊（Kodaly Zoltan）曾经指出，儿童的音乐学习最好在 6 岁之前开始，最迟不能迟于 9 岁。

神经生物学的解释似乎也为音乐学习具有关键期的说法提供了一定的理论基础。从大脑神经系统发展的视角出发有两种音乐学习关键期的解释。其中的一种解释是：在人的神经系统中，有髓鞘的神经元轴突的信号传递速度比没有髓鞘的神经元轴突的信号传递速度大约快 100 倍。儿童刚出生时，其大脑中只有极少的髓鞘化轴突，因此他们记不住东西，也不能进行空间定位。从神经生物学的角度来说，神经元轴突的髓鞘化过程对儿童早期的发展非常重要，它是产生学习关键期的基础。比如说，大脑语言发音区域完成髓鞘化后，就是儿童开始发展语言能力最好的时间段。心理学家认为，音乐能力尤其是音乐的固定音高能力开发的最佳时间在 3 岁左右，音乐动作技能开始学习的最佳时间在 5 岁左右，这个结论已被人们普遍接受。另一种解释是：在生命的早期，许多神经元在今后负责、控制什么尚未被确定，10 岁以前，所有关于运动的经历和经验决定了皮层上究竟有多少神经元控制身体的各个具体部位。经常用手就会有更多的神经控制手和手指，其他部位就相应减少。所以，对音乐动作技能的学习来说，10 岁以后才进行已经比较退了。

音乐教育界对关键期的强调、神经生物学对关键期的解释与音乐领域人才成长的事实是吻合的。我们都知道，在世界音乐舞台上最有才华的作曲家莫扎特（Wolfgang Amadeus

Mozart）、贝多芬（Ludwig van Beethoven）等无一例外都是由于音乐禀赋与早期家庭音乐教育的合力，让他们有了得天独厚的童子功，并为他们今后音乐事业的辉煌奠定了坚实的基础。

音乐学习关键期的观念凸显了幼儿音乐教育的意义。一个国家放弃幼儿音乐教育的重要地位，一个学前教育机构忽视幼儿音乐教育的重要性，一个家庭无视幼儿音乐学习需求的现象都是令人扼腕叹息的。

（二）制约条件

有些心理学家、艺术家都提到了儿童艺术能力的退化问题，这种退化现象一方面确认了艺术学习的最佳年龄是在早期，另一方面也说明艺术学习并不是什么时候都可以，而是有制约条件的，符合条件的好的艺术教育才能促进儿童早期的艺术发展。

幼儿拥有艺术家的特征，但有相同特征，也有相异特征。相同特征是能像艺术家一样去发表自己的艺术见解，相异特征是艺术家的艺术能力不会消失，而许多幼儿拥有的艺术特征随着年龄的增长消失了。所以说，加登纳在划分儿童的艺术发展阶段时，把8岁以后描述成为要么继续发展、要么退化的阶段。

幼儿艺术教育研究者需要解决的一个核心问题是：如何让8岁以后的儿童的艺术表达能力不退化。我们认为对于人格发展中已经形成较强的自我评价能力的8岁以后的儿童来说，艺术自信以艺术能力或艺术经验为支撑成为他们能像艺术家一样继续发表自己的艺术理解的关键。这句话的另一层意思是，儿童早期的艺术学习虽然表面上如火如荼，但是事实上很多时候只是利用了8岁以前儿童本能地喜欢艺术表达的年龄特征，几年的艺术学习并没有让儿童获得最基本的艺术经验，结果当儿童进入自我意识强烈唤醒的年龄期后，他们对没有艺术能力支撑的本能层面的艺术表达做出了否定的判断与评价，于是出现对艺术表达退避三舍的现象。因此，只有在音乐教育早期真正获得艺术经验的那部分儿童才能继续对自己的艺术表达充满自信，并朝着艺术经验的精致方向发展。

能获得音乐经验或能力的音乐学习显然不只是唱几首歌、演奏几首打击乐器的学习，也不是对大量音乐知识的学习，它是儿童的知觉、感受、制作系统交互作用形成合力的一种学习。在这种音乐学习中，儿童的兴趣或感受是第一重要的，是学习能够进行的前提，它把唱、身体动作、乐器演奏、即兴表演等制作经验与节奏、音色、力度、旋律、结构、速度、织体等音乐经验连接起来。当幼儿感受的对象是艺术（音乐）符号时，他们必须通过运动或制作的方式与对象深入交互，即听音乐是用身体在听，需要摇摆身体，或听与身体动作交替出现。不管怎么说，他们对艺术对象的反应都是一种身体的反应，这种反应弥漫着身体感觉。从幼儿感受（情感）与运动（制作）交织不可分的特点来看，儿童的感受系统与制作系统只是在理论层面上才能分离。无论是感受还是制作，它们的内容都指向艺术形式。从音乐角度这方面来看，这些音乐形式样式是音乐经验的内核，但它们以再现性制作、表现性感受的方式存在，不指向这些音乐形式样式的感受很容易走向空洞与臆想，不指向这些音乐形式样式的制作很容易走向表面的热闹、非音乐性的表演。总之，没有感受与制作参与的音乐学习，儿童对它是比较反感的，音乐形式以其静止、孤立、枯燥的面目出现，会让儿童感觉索然无味；同样，没有以音乐形式样式为内核的感受与制作，看上去儿童在热热闹闹地学音乐，但实际上却没有后续效果。因此，儿童音乐经验的获得一定是三大系统的合理交织。

第二节　幼儿音乐教学作品的特性

一、本体特性

从简单主义出发，我们可以把音乐作品的本体特性分成三个不同的类型：形式特性、再现特性、表现特性。例如，巴赫（Johann Sebastian Bach）的《钢琴十二平均律》、勋伯格（Arnold Schoenberg）的《木管五重奏》等乐曲，它们似乎特别关注句法与非句法关系的设计，似乎除了音乐形式本身之外确实很少有另外东西的介入。有的人把这种类型的音乐叫作"纯音乐"，我们称这类音乐为"形式性音乐"。例如，埃林顿（Ellington）的《破晓快车》描述了一列"火车"慢慢地出站、加速、以稳定的速度行进、慢下来进站的"火车肖像"，这样的作品是对现实最逼真的再现，我们称这类音乐为"再现性音乐"。但是，很难找出一种能极端地表现人类具体情感的音乐，因为对于音乐来说，做到这个很难。大体上来讲，所有的音乐都是"表现性音乐"，无论是"纯音乐"还是最具模仿性的"再现性音乐"，它们多多少少带有某种悲、喜、忧、平静、快乐等感觉，所以都具有表现成分。应该说，所有的音乐都是"表现性音乐"，其中特别强调形式的那部分音乐我们把它归入"形式性音乐"的范畴，特别强调现实描述的那部分音乐我们把它归入"再现性音乐"的范畴，其余的那部分音乐我们把它归入"表现性音乐"的范畴。

（一）形式特性

音乐思维的基本单位是乐句（短句）而不是孤立的音，不以乐句为单位的音乐作品，本质上是有问题的，一般人是无法倾听下去的。这与语言学习中首先认单个字，然后组词，最后成句是完全不一样的。音乐作品的形式特性是指音乐作品中由句法与非句法因素组成的作曲或即兴的音乐设计。句法元素包括旋律、和声与节奏；非句法元素包括音色、织体、速度、曲式结构与力度。儿童在9岁以前一般对和声表现不出兴趣，不予关注，所以对幼儿园音乐教育活动来说，句法元素主要是旋律与节奏。但这并不意味着教师给幼儿的歌唱伴奏时可以不顾和声效果，幼儿对和声的和谐度可以不关注，但是使音乐变得更加动听是教师的义务，好听、欢欣、丰满的音响效果始终是幼儿的最爱。比如说，一段音乐演奏的乐器是萨克斯，那么这段音乐的音色就是由萨克斯音色组成的模型。一小段音乐是渐慢，另一小段音乐是匀速，再一小段音乐是渐快，所以这个曲子由速度的渐慢模型、匀速模型、渐快模型组成。

下面我们具体分析幼儿园音乐教学范围内可能出现的八大音乐形式元素及它们的模型：节奏、音色、力度、旋律、结构、速度、织体、风格。

1. 节奏

节奏主要包括两个不同的方面，即拍子与节奏型，它们总是形影相随、不能分离。为了叙述方便，我们暂时将他们分别进行阐述。

（1）拍子

幼儿的拍感一般包括以下两个不同的方面：合拍，二拍、三拍的强弱韵律感。合拍是幼儿与音乐交互的第一块基石，并贯穿所有音乐活动的始终。二拍、三拍的强弱韵律感是指对拍子的强弱规律的意识程度，一切音乐都可以归入二拍、三拍的基础性韵律中。比如说，四拍可以理解为两个二拍的韵律，12/8 拍子可以理解为一个四拍的韵律，5/4 拍子可以理解为一个三拍与一个二拍的韵律，6/8 拍子可以理解为两个三拍的韵律。

二拍与三拍的歌曲分别具有不同的身体摇摆要求，如何根据歌曲的不同拍子创造出不同的身体摇摆，是需要教师时刻关注的问题。

（2）节奏型

在上文中我们已经说过，音乐思维是从句型开始的，要么是旋律型要么是节奏型。让儿童计算四分音符、八分音符、二分音符，再进行这些音符的时值比较，这样的数学教学与音乐没有多大关系，与幼儿音乐学习更是没有任何关系。所以，我们所说的节奏总是以节奏的模型出现。在幼儿园音乐教学范畴内，我们让幼儿关注的是音符单一的节奏型、先密后疏的节奏型、紧凑与舒展的节奏型和休止符等。

第一，音符单一的节奏型。这种节奏型一般情况下只由 1~2 种音符组成，如主要由四分音符组成的节奏型、八分音符组成的节奏型、二分音符组成的节奏型，这类节奏型是幼儿最容易理解的。感知这类节奏型往往从中速的行走、慢速的行走、快速的跑步开始，当然随着对这类节奏型合拍的自如，可以边走边做一些手的动作。幼儿园采用的一些传统的基本舞步在让幼儿知觉与制作这类节奏型方面能起到很大的作用。在进行与舞蹈或幼儿动作表演相关的教学的过程中，教师对舞曲所具有的节奏型特征的掌握，是进行舞蹈动作编排的前提。尽可能让舞蹈步子与节奏型特点相吻合是我们追求的目标。

第二，先密后疏的节奏型。从作曲角度来说，节奏的先密后疏是写作赞美性的、表达深情之爱的歌曲的常规手法。这类歌曲中最典型的是腾格尔创作的《天堂》，腾格尔运用这种作曲手法把对家乡之爱表达得淋漓尽致，使歌曲具有很强的感染力。同理，《青藏高原》《天路》《春天的故事》《走进新时代》《为了谁》等无数颂扬性质的歌曲都运用了这种手法。

第三，紧凑与舒展的节奏型。首先让幼儿接触先密后疏的节奏型，这样做的原因是它很容易用动作表现，然后在此基础上幼儿可以继续理解节奏紧凑与节奏舒展这两种节奏型特征，理解了这两种节奏型之后就比较容易理解抒情类与活泼类的曲子了。

第四，休止符。休止符不是音乐的停顿，而是节奏流动中的一个因素，这个因素能增加音乐的美感与意义。对于休止符，首先要感知它们，而感知它们也要从肌肉感开始着手进行。

2. 音色

音色不只是音乐元素，也是生活元素。幼儿在生活中每天与数不清的声音相遇，而这些声音都具有不同的特点，所以与其他音乐元素相比，音色是与幼儿生活经验非常相关的一种元素。在幼儿园音乐教学范畴内，我们会让幼儿沉浸在大量与音色探究相关的活动中，一般情况下，幼儿园的音色探究活动会涉及以下方面的内容：嗓音与人声、打击乐器的音色、生活中的音色、自然界中的音色、机器的音色、乐器的音色。

3. 力度

强与弱是音乐表现的重要手法。由于强弱感受在日常生活中经常能体会得到，是有一定积累的一种生活经验，所以幼儿比较容易理解。对力度的掌握，幼儿遇到的主要困难是歌唱时的强弱处理。由于歌唱的强弱是由头腔控制的，当幼儿在歌唱的过程中没有利用其天生的头腔共鸣时，歌唱时强就容易形成喊叫，弱就容易形成无声的倾向。因此，在理解了力度的同时，也要注意对嗓音的控制。

4. 旋律

我们强调乐思的最小单位是乐句，旋律句的性格是幼儿着重需要理解的。这里所说的旋律句的性格就是旋律的轮廓形态或轮廓线，包括旋律的上行与下行，旋律的级进与跳进。但是，对旋律线的理解是以理解音的高低为基础的。对绝大多数 3 岁左右的幼儿来说，他们不理解音的高低。有的研究曾经指出，幼儿对音的高低理解的困难是由于受音的强弱的干扰。从我们对幼儿旋律学习的观察来看，确实存在音高时幼儿不由自主地唱强、音低时幼儿不由自主地唱弱的倾向。事实上，一旦理解了音有高低之分以后，人们在歌唱的音准上就比较容易把握了。在音准与节奏的掌握上，从本质上说节奏要比旋律难得多。比如说，只要你用心观察一下大众唱卡拉 OK 的活动情况，就会发现在唱卡拉 OK 的人群中，音准的人是比较多的，而真正能严格合拍、掌握弱起切分的人很少。所以，在各种与音高探究相关的音乐活动中让幼儿感受音的高低、分辨音的高低，就显得格外重要。在幼儿园教学范围内，旋律方面的内容主要有：分辨音的高低、旋律的上行与下行、旋律的级进与跳进。

5. 结构

每一首曲子都是经过精心设计的，设计的结果便是结构。设计音乐结构时最基本的要素是平衡、整齐与变化，而达到平衡与整齐的基本手段就是重复。因为有重复才使得变化更有意味，在音乐结构中重复永远是主要的，变化是在重复的基础上进行的，在一首曲子中变化太多且没有依据会使音乐变得难懂与无意义。在幼儿园音乐教学范围内，有关结构的内容就在句子的重复与变化、段落的重复与变化之间展开。

模仿句是最简单的重复句，在歌曲中无论旋律还是歌词，后面的句子总是在前面一句的基础上走。在小班初学歌唱时，模仿句结构的歌曲容易让幼儿模仿教师的头声歌唱与合拍韵律，这样会减低幼儿的歌唱难度，容易让幼儿喜欢歌唱。喊答句结构的歌曲主要让幼儿理解句子的变化，以及变化中的呼应。民族、民间歌曲中有许多是喊答句结构的，如对歌、劳动歌、号子歌等，这种生活趣味很浓的歌曲如果改编得很有儿童趣味，幼儿会非常喜欢的。

有关段落结构，我们主要让幼儿理解主副歌结构、二段体结构、三段体结构、回旋体结构、引子与尾声。主副歌结构的歌曲指的是由音乐品质不同的两段音乐构成的歌曲，这种歌曲因为有歌词的再现性内容提示很容易让幼儿表演，幼儿在表演过程中通过肌肉感很容易体会到两段歌曲之间的不同品质，因此也就很容易体会到段落的变化。一般情况下，对器乐曲的二段体、三段体、回旋体的理解主要是通过主副结构歌曲的铺垫来进行的。只要能理解歌曲中两个段落音乐之间的变化（理解的标准不是通过语言检验而是通过动作表演检验，只要幼儿能够用不同的动作来分别表达两段音乐，那么就说明幼儿已经理解了），就一定能理解器乐曲中两个段落之间的变化。三段体与回旋体只是两段体的扩展，并没有太大的难度。

6. 速度

速度与力度是相同的，也是音乐表现的重要手法。关于速度也存在知觉与表达两个层面。从知觉的层面来说，由于速度经验与日常生活经验相关，所以幼儿知觉速度的快与慢、匀速与不匀速还是相对比较容易的。从表达的层面来说，一方面速度的表达与节奏之间具有非常密切的关系，对幼儿来说，掌握节奏的细微之处是有困难的；另一方面匀速是幼儿歌唱的难点，幼儿歌唱时句与句之间既容易拖拍又容易越唱越慢，所以，在对速度的知觉的同时也要注意对速度的表达。在表达方面，节奏的细微变化与歌唱、演奏的匀速对幼儿来说较难。

7. 织体

织体在音乐中、在与音乐相关的动作表演中无处不在，但是受年龄的制约，幼儿不经过引导不太会关注音乐中的这部分内容。在幼儿园教学的过程中，我们需要以欣赏民族舞、踢踏舞等为突破口，让幼儿感知音乐的层次。舞蹈的层次是幼儿比较容易理解的，如手上拿鼓、脚上戴铃的舞蹈，除了能看到舞者的舞蹈动作外，还能听到时不时发出的鼓声与铃声，这种层次感很容易使幼儿捕捉到。以这种听觉与视觉结合的层次感为前提，我们才可能让幼儿进入对音乐的层次即织体的知觉、感受与制作中。在幼儿园教学范围内，织体的内容非常广泛，主要包括有伴奏音乐与无伴奏音乐的分辨、织体的厚与薄的分辨、用打击乐合作表达织体。

8. 风格

音乐风格往往存在于具有共同听觉特征的一个音乐群体中，这个群体中的音乐人和听众拥有某些相同的音乐信仰、共识和偏好。例如，对于西方音乐中的古典音乐与浪漫音乐，西方音乐爱好者或受西方音乐熏陶的非西方音乐爱好者很容易分辨它们在音乐句法与非句法特性上的区别，也就是音乐风格上的区别。其中最明显的区别就是浪漫音乐对音色、力度、速度等非句法音乐元素的使用在分量上大大超过古典音乐对这些非句法音乐元素的使用，这使得浪漫音乐被更多的非音乐专业的人所接纳。音乐风格的概念是涵盖音乐句法与非句法的所有特性的，而不是句法与非句法特性中的一种元素，所以从严格意义上说风格是不能放在音乐形式元素中的。

（二）再现特性

1. 音乐作品再现性概述

音乐作品再现性是指音乐作品中的句法与非句法形式主要用来描绘或刻画人物、动物、地点、事件等客观现实的性质。音乐对客观现实的刻画有其自身的特点，这种特点可能与较少接触音乐的人的想法是完全相反的。例如，在听再现意味很浓的维瓦尔第（Antonio Vivaldi）《四季》组曲中的《夏季》时，你可能一直期望着能听到用语言所描绘的那种"夏季"，结果却使你很失望。因为在这个作品中既不能让你"看"到也不能让你"读"到夏天的样子，更不能告诉你一个特别的夏季是什么样的，它只是传达了用音乐"语言"所刻画的夏季。因此，音乐作品中的再现性或再现内容是需要认真挖掘的，大多数再现性音乐作品的再现内容是很含蓄的，只是匆匆听一遍或两遍，在头脑中不会留下太多的东西。在一个短小的再现性音乐作品中可能比较容易找到一个可辨认的主题，我们总是寻找各种线索如题目、歌词等使主题得到确认。如钢琴套曲《图画展览会》中的《未出壳雏鸡的舞蹈》这首曲子，它的题目就可以直接成为我们理解音乐内容的主题，这个主题使我们在倾听音乐的过程中自觉地把音乐与未出壳的小鸡的形象对应起来。

再现性音乐作品有着一个宽泛的范围，如维拉洛波斯（Heitor Villa-Lobos）的《乡间小火车》可能是再现性音乐作品连续统一体的一端，我们可以听到一列"音乐火车"从慢速启动、匀速行驶到加速下山坡然后逐渐停下的"情境"。这个作品的题目帮助我们确认了主题，但是具有如此明确说明性质的音乐作品是非常少见的。当我们朝再现性音乐作品连续统一体的另一端行进的时候，我们发现大多数再现性音乐作品并没有能够被清晰辨认的主题。然而，在幼儿园音乐教学范围内，我们要尽可能寻找有比较清晰的能够被辨认的主题的再现性作品，因为音乐的再现性越具体，就越符合幼儿的音乐趣味。

2. 幼儿再现性音乐作品的类型

因为所有的歌词总是在描述、叙说着什么，总是内含着一个主题，因此我们可以将所有的歌曲都定义为再现性音乐作品。符合幼儿趣味的歌曲往往有以下几个特点：一是歌词本身生动、具有儿童语言的口味，幼儿容易朗诵；二是歌词所描述的主题突出、故事性强，幼儿容易进行动作表演；三是旋律音调与词调吻合，幼儿容易歌唱。由于再现性的歌曲比较容易被理解，所以有关音乐作品再现性的讨论我们将着重于器乐曲。幼儿园再现性器乐类的音乐作品大概可以分为以下几个不同的类型。

第一种，句式规整、童趣盎然的再现性器乐曲。这类曲子本身具有鲜明的童趣，所再现的音乐内容的主题也比较容易辨认。音乐在刻画人物、动物或事件时，一般用三段、多段、回旋等曲式，在句式上非常强调重复、对比等组织手法。在幼儿园的器乐曲中这类曲子的数量比较多，管弦乐组曲《动物狂欢节》、钢琴套曲《图画展览会》中的曲子与交响童话《彼得与狼》都属于这一类。这些经典的儿童乐曲是我们重要的音乐资源，每一首曲子都值得我们去深度挖掘。

第二种，句式规整的再现性成人器乐曲。这种乐曲原本是为成人创作的，但儿童音乐工作者从这些作品中挖掘出儿童趣味，从而使其成为儿童音乐作品。这类作品与第一类作品在音乐性质上是相同的，也就是说，在刻画对象时，一般用三段、多段、回旋等曲式，在句式上非常强调重复、对比等组织手法。区别在于这类作品比较成人化，乍一听并不具有浓郁的儿童趣味，在音乐主题的辨认上也没有第一类那么明确。如《喜洋洋/捏泥人》《狩猎进行曲/狩猎波尔卡》《胡桃夹子》组曲中的《糖果仙子舞曲》《七步进阶曲》中的《调皮的小老鼠》等作品都属于这一类乐曲的范畴。

第三种，句式不规整的再现性器乐曲。这类曲子由于其句式不规整，幼儿很难以拍子为背景按部就班地进行动作表演。但这类曲子往往形象非常鲜明，主题也很容易辨认，因此也很受幼儿喜欢，如《动物狂欢节》中的《大鸟笼》与《野蜂飞舞》属于这类乐曲。

3. 幼儿音乐作品再现特性的挖掘

音乐"语言"是抽象的，即便是音乐作品中最"具体"的充满说明、描述的再现性音乐作品，其再现的内容也不是直接就能听到的。再现内容需要我们通过多次倾听、理性分析才能捕捉到，这就是我们所说的音乐作品的再现特性是需要挖掘的原因。对幼儿园音乐教师来说，挖掘音乐作品的再现内容一般可以采取以下两个步骤：第一步，曲式分析，旨在捕捉再现内容的音乐主题；第二步，动作表现，主要是为了诠释再现内容。下面我们举例说明如何对以上三种类型的再现性作品进行再现特性的挖掘。

（1）句式规整、童趣盎然的器乐曲再现特性的挖掘

这类曲子我们以钢琴套曲《图画展览会》中的《未出壳雏鸡的舞蹈》为例。

步骤一：画出此曲的结构图，确认音乐内容主题。

进行曲式分析，需要画出句式结构图，对照结构图将更加容易确认音乐内容的主题。《未出壳雏鸡的舞蹈》这首作品的结构为三段体，大写字母表示段落，小写字母表示乐句。

在音乐教学过程中可以讲给孩子听，或通过提问的方式让孩子总结，但只是对音乐的理解起辅助作用。对教师来说，音乐内容主题的确认主要是为了下一个步骤能够顺利进行。

步骤二：把音乐的再现内容用动作诠释出来。

其实步骤一已经把动作的表达思路呈现出来了，步骤二旨在要求教师在流动的音乐中以拍子韵律为背景、以句子为单位，与音乐比较吻合地把动作表演出来。因为步骤一属于理性分析阶段，还没有进入音乐的感性阶段，只有完成了步骤二，教师才能把理性分析与感性表演结合起来。理性分析是感性表演能够进行的基础和前提，当进入音乐课堂时理性进入隐性，呈现在幼儿面前的是教师的感性表演。

（2）句式规整的成人器乐曲再现特性的挖掘

这类曲子以我国民族器乐曲《喜洋洋》为例。

步骤一：画出此曲的结构图，确认音乐内容主题。

《喜洋洋》为三段体，原曲结构为 ABABA，为了符合幼儿注意时间不宜过长的特点，我们可以把此曲简化为 ABA′。这类曲子的内容主题并不是音乐本身具有的，它需要音乐教师以音乐风格为依据在幼儿能理解的生活情境中"寻找"。这种"寻找"是一种想象，具有创造意味。

步骤二：把音乐的再现内容用动作诠释出来。

在幼儿园音乐教学中，这类曲子一般情况下会不用原来的曲名，教师会根据再现的内容而重新给这类曲子取名。如按照上面对《喜洋洋》的再现内容的设计，这个曲子的标题可能就是《丰收的喜悦》。应该说，曲子的名称是什么并不重要，重要的是让这些音乐成为孩子的音乐。在这类作品中把儿童趣味挖掘得恰当与生动，并用极其简单的动作表达出来，是我们进行儿童音乐教育中首先要做的事情。当儿童趣味没被挖掘出来之前，这类作品即使放在幼儿园教材中，也是僵死的音乐材料，但一旦挖掘出儿童趣味，它们便鲜活起来。换句话说，其实我们不缺少音乐作品，缺少的是对音乐作品的儿童趣味的挖掘。

（3）句式不规整的器乐曲再现特性的挖掘

我们以《动物狂欢节》中《大鸟笼》片段与《野蜂飞舞》为例。

步骤一：画出此曲的结构图，确认音乐内容主题。

《大鸟笼》片段为三段体，《大鸟笼》的 A 段与 A′段由长笛单独演奏，其句式是规整的，但 B 段由于是长笛与钢琴交错演奏，导致两种音色的句子交错叠加，从幼儿的角度来看，这是一种不规整的句式。对应句式分析，我们可以这样来描述《大鸟笼》的音乐内容主题：A 段通过快速与高音区旋律的"滑翔"，刻画小鸟飞翔又飞不远的形象；B 段钢琴的音色似乎刻画着小鸟的徘徊，但长笛的音色一出现小鸟又飞了起来；A′段与 A 段类似，但 A 段前两句的最后一拍似乎表示小鸟的主动停顿，把小鸟刻画得很有灵气，画面非常生动形象。

《野蜂飞舞》的句式从整体上彻底没有了规整性，它是乐音的快速滚动与休止停顿"捉迷藏"的过程，这样的曲子就没有必要画出结构图了。《野蜂飞舞》用"乐音"模拟野蜂翅膀的快速振动声，从而产生野蜂快速飞来飞去的栩栩如生的"形象"。

步骤二：把音乐的再现内容用动作诠释出来。

对句式规整的再现性音乐内容的挖掘，我们非常重视再现内容的完整性和再现动作与拍子韵律的吻合，但是，对形象鲜明而句式不规整的再现性音乐，我们关注的重点则是再现形象的鲜明性。如《大鸟笼》刻画的是小鸟飞翔的形象，乐音不断地在高音区盘旋，所以动作表现的重点是这种高音区与高重心动作相互对应。《野蜂飞舞》也是突出高音区旋律的快速滚动，只是这种滚动的速度已经大大超出某一身体动作可企及的频率。一般情况下，这首曲子可以表现"抓蜂"的情境，乐句停顿处就是拍打野蜂的时候，旋律滚动时就是准备拍打的时候；这首曲子也可以作为科学活动中对野蜂的认知活动的补充内容，当熟悉野蜂的声音来自其翅膀振动的发声原理后再来听这首曲子，幼儿就很容易辨认音乐所刻画的翅膀振动的声音，也就很容易联想到栩栩如生的"野蜂"形象了。

4. 幼儿园音乐作品再现特性的形式规限

对音乐作品再现性的挖掘过程事实上就是处理音乐的再现性与形式性关系的过程，而这种关系就是张力。张力由一对对品质相异的范畴构成，如自由与规则、民主与集中、形式与再现等，教学目标只有是成对的，才会有张力。张力结构中的一对范畴的地位不是绝对式的平衡，而往往一个是我们追求的价值范畴，另一个是制约范畴或规限范畴。在张力结构中价值范畴是优先的，然而如果忽视了规限范畴，那么价值范畴的优先性也就不存在了。优先性与规限性同时实现，这就可以体现出张力的重要性。

（三）表现特性

1. 音乐作品表现性概述

音乐作品的表现性是指音乐作品中的句法与非句法形式对人类情感、情绪的表达性质。对音乐表现性的理解，人们经常会感到困惑：一方面，在欣赏音乐时不得不承认音乐给予了他们情感上的体验；另一方面，又觉得音响是物理性的客体，怎么可能会有情感。对此，艺术心理学上给的解释是这样的：客观的物理现象与人的心理现象之间有一种"同形"关系。例如，柳树的形状（结构）让人觉得是"抽泣""悲伤"状，那不是柳树这一客观现象有情感，而是人们有了人在抽泣、悲伤时总是处于垂头、垂臂这样一个下垂姿态（结构）的经验后，使心中关于悲伤的姿态与柳树的姿态相吻合或"同形"，柳树的姿态等同于心中关于人的悲伤的姿态，于是柳树就是"悲伤"的，它具有情感表现性。按照这个道理来说，当人们觉得音乐是悲伤的时候，音乐的句法与非句法结构也就具有那种有关悲伤的"姿态"。例如，旋律型是下行的，速度是缓慢的，节奏型是疏松的等。所以，音乐"听起来悲伤"不是因为它唤醒我们的悲伤，而是因为我们辨认出在音乐样式中有与人们在日常生活中表现悲伤的语调、行为类似的东西。从这个意义上来看，我们可以知道，当一个人听音乐时痛哭流涕，恰好说明他已经离开音乐很远，进入他自己的思绪中去了。因为倾听音乐的情感表现是辨认出音乐中所表达的某种情感的样式，这时倾听者所具有的行动倾向是专注，是一种理智与情感的结合状态，而不是一种没有理智参与的情感崩溃。

对音乐所能表现的情感做出判断是没有明确原则的，可以确定的是，无论是对物理现象还是对心理现象的"情感"姿态，人们都具有大概的一致性。比如说，大家都会承认柳树的姿态更接近"悲伤"而不是"快乐"，节奏轻快的音乐更接近欢乐而不是哀痛。音乐所能表现的情感可以分为两个不同的种类：一种是表现与人类的语调、动作姿态比较接近的情感；另一种是表现生命意义上的广泛的情感，如用紧张与释放、冲突与缓和等音乐模式表现生命的张弛、起落等。在幼儿园音乐教学范围内只涉及表现与人类的语调、动作姿态比较接近的第一种情感，表现生命张力的第二种情感离幼儿的情感经验太远，无法让幼儿理解。

2. 幼儿园音乐作品表现性具有两种依附性

第一种，对形式性的依附。节奏、音色、力度、旋律、结构、速度、织体、风格，这八种音乐形式元素并不是像文字表达的一样可以将它们分离，在音乐中它们具有密切的联系，彼此交错，构成可供人们辨认的音乐样式，所以音乐的情感表现性很难被归类，音乐形式的各种元素之间的交错样式是多变的。鉴于此，幼儿园音乐作品表现性的挖掘也要比再现性难。

第二种，对再现性的依附。音乐表现性的挖掘就是音乐形式性的挖掘。直接让幼儿辨认音乐表现性等于让幼儿辨认音乐形式，这种辨认与幼儿的学习口味是格格不入的。然而情感不是孤立的，在我们的经验之中并不存在一个独立的、称之为情感的东西，情感总是依附于运动过程中的事件与物体。我们也可以理解为音乐的表现性是依附于音乐的再现性的，在我们挖掘音乐中的人物形象、动物形象、事件气氛等再现内容时，自然会体会到音乐中的情感表现性。例如，我们在表达未出壳的小鸡形象时，受乐曲速度较快、音区较高等形式的规限，表现的小鸡形象一定是轻松愉悦、喜气洋洋的，小鸡所具有的情感状态也就是音乐的情感状态，而这种情感状态在我们用动作表达小鸡啄壳、拱壳、碰壳时被表现得淋漓尽致。

音乐的表现性不只受形式性规限，而且直接依附于形式性，这一特性决定了音乐表现性是比较抽象的；由于情感是依附于事件、人物与物体的，所以决定了音乐情感表现性也是依附于音乐再现性的。

3. 幼儿园音乐作品的节奏型表现性

一般情况下，节奏、音色、力度、旋律、结构、速度、织体、风格的音乐形式元素的表现性是通过彼此交错、叠加呈现的，而且呈现的表现性以再现性的表演来完成。例如，慢速、低音区等音乐形式元素所表现的低闷情绪在表演笨重动物的形象时被同时呈现；快速、密集节奏型等音乐形式元素所能表现的欢快情绪在表演庆丰收的热闹场景时被同时呈现。但是，音乐形式元素中节奏型的情感表现是可以脱离其他元素被单独分离出来进行解析的。

（1）先密后疏节奏型的情感表现

先密后疏节奏型可以表现深沉、"有时间积累"的爱。如美国南部山歌《老狗》，这首歌曲除第三句外，每一句都是前面三拍每拍一至二音而从第四拍开始拖长音的句型，这是一种先密后疏的节奏句型。这种节奏型是写作赞美性、颂扬性歌曲的常规手法，也是一种比较固定的音乐形式的表现样式。对这种情感表现样式的辨认是需要学习的，在幼儿园音乐教学的过程中，需要教师来引导幼儿用肌肉感来辨认这种节奏型。方法是：让幼儿学习用双手抱拳与双手展开的动作来表达节奏的密与疏。针对《老狗》这首曲子，让幼儿学习每句前四拍抱拳后面延长音双手展开的动作，这一动作与情感抒发的需要是一致的。

如果在歌唱《老狗》这首歌曲时幼儿能边唱边自如地做抱拳与双手打开的动作，那么就可以尝试听腾格尔创作的《天堂》，请幼儿在听赏的过程中根据音乐把抱拳与双手打开的动作做出来。如果幼儿边听《天堂》边做抱拳与双手打开的动作比较自如了，那么就可以提高要求做蒙古舞蹈动作：摇肩与身体打开，密的节奏做摇肩的动作，延长音做身体打开的动作。这首歌曲不需要幼儿学习和演唱，但让幼儿通过肌肉感来体会先密后疏的节奏型，并从音乐与动作的对照中感受到一种爱的情感的抒发。对先密后疏节奏型的理解与表达是幼儿理解抒情与欢快曲子的重要前提。

（2）紧凑与舒展节奏型的情感表现

因为表现性紧紧依附形式性，所以对节奏型的辨认显得非常重要 c 但是，这种节奏型的辨认只是紧凑与舒展的样式辨认，并不是对具体的四分音符、八分音符、附点音符的时值认识。由于在一个句子中节奏有密有疏，对比性较强，再加上先收后放的动作姿态本来就是一种情感抒发的日常动作姿态，所以对幼儿来说相对比较容易掌握。当能轻松辨认先密后疏的节奏型后，我们就能进入一句都是紧的（紧凑节奏型）与都是松的（舒展节奏型）节奏型的学习了。

教学步骤可以按照下列步骤来进行：

步骤一：复习歌曲《老狗》的歌唱与动作表演，然后教师改变这首歌曲的节奏型进行歌唱，即教师把每句后面的延长音全部去掉，用密集节奏型来歌唱。引导幼儿在歌唱的过程中去发现这种方式的歌唱与原来方式的歌唱在情感上有什么变化（原来的唱法表达一种深沉的爱，新唱法表达的爱比较轻松、有幽默感）。

步骤二：呈现两首器乐曲，一首节奏密集、情绪欢快，如莫扎特的《D大调长笛协奏曲》片段；另一首节奏舒展、情绪悠扬，如长笛独奏的"元音"片段。在听这两首曲子的过程中，教师引导幼儿边听边做以下三件事：一是用握手与双手展开的动作来表达节奏的紧与松；二是用语言来表达音很紧的音乐与音很松的音乐听起来感觉有什么不同（音很紧的音乐听起来让人也想跟着跳起来、动起来，音很松的音乐听起来让人觉得很平静）；三是让孩子给两段音乐配上合适的图片，让孩子自己思考，活泼的音乐应该配怎样的图片，抒情的音乐应该配怎样的图片。

4. 幼儿园音乐作品的情感表现需要的是行动表达而非语言描述

幼儿园音乐作品的情感意义基本上是通过再现性来表达的，因为情感不是空洞、孤零零的，它总是以事物与事件作为出现的前提。但是，音乐作品即便用再现的形式来表达，其表达的手段主要还是动作、打击乐演奏与歌唱，一定不是语言。在拍子的韵律中做合适的动作、演奏合适的句型、演唱歌曲都是音乐能力的体现，也是音乐经验形成的必经之路。如果喋喋不休地用语言来描述音乐，描述得再好也不是音乐能力，充其量是语言表达能力。因此，从幼儿的角度来看，学习与理解音乐的过程就是表演（动作、打击乐演奏、演唱）音乐的过程；对幼儿园音乐教师来说，教音乐的过程就是示范表演（动作、打击乐演奏、演唱）音乐的过程。目前在幼儿园音乐教学中教师还是喜欢让幼儿用语言来表达音乐的表现性，如"这首曲子听起来怎么样啊？是快乐的还是悲伤的?"当幼儿回答"快乐的"或者"悲伤的"以后，教师还继续要求幼儿用语言描述，幼儿说不出来，结果只好胡说八道了。事实上，音乐的情感表现性用语言表达也只能到此为止，再表达下去教师自己也只能胡说八道了。我们不是说音乐的表现性不能用语言表达，而是说用语言表达是非常不重要的，一带而过就行了，重点是用行动表达（动作、打击乐演奏、演唱）。

二、历史文化特性

从音乐作曲的角度来说，所有的音乐作品是作曲者在其音乐实践的特定历史中、在其生活的某个地方生产的，而不是凭空产生的；作曲者的"作曲"不是抽象、孤立的，而是具有具体的形式，如歌曲、电影插曲、舞蹈套曲、弦乐四重奏、交响乐、进行曲、歌剧等，每种作曲形式的实践具有长期以来建立与形成的模式与标准；作曲者引导与评价自己作曲活动最重要的方针是表演实践，作曲者一定要做到使自己的作品能被表演者与倾听者接受与理解。从音乐诠释的角度来说，音乐表演的成功依赖于对给定的曲子的所有相关纬度的理解：除了根据相关实践的标准与传统知道如何产生与表演音乐样式的句法与非句法结构外，还必须理解此作品是表现性的还是再现性的。如果这些方面都具有，那么表演者必须决定如何把这些纬度整合为一个整体。所以说，无论是音乐作品的创作还是表演都表明音乐是在历史文化发展中被生产与被诠释的，它不是绝对地无功利、自足的。在幼儿园音乐教育范围内，我们着重讨论幼儿园音乐作品的文化特性与实用特性。

（一）文化特性

1. 文化概述

（1）文化的内涵

文化指应用各种方法的各种探究领域。它除了被运用于生物与物理性的发展外，还经常被社会学家、人类学家解释为一个民族的生活进行方式，其范围主要包括语言、习俗、一个具体社会群体的爱好等。从这个意义上说，所有的人应该都是被"文化着"的，因为每一个人属于或被引入某种人类社会。从人种志或产品的意义上来说，文化又是具体成就的实体。一个文化人是指他对某种文化产品具有见识。在给定的时间与地点内生存，一个群体必须适应与调整他们的物理、社会与形而上的环境。在这种"情境"感觉的范围内，一个群体的文化是在一个具体的时间与地点内为适应、生活、生长而分享的项目。文化是有关群体的物理与社会环境的信仰与发展和保存下来的符合其需要的文化形式之间的互相作用而产生的。因此，文化不全是人们拥有的东西，而更是人们制作的东西。

幼儿在幼儿园被"文化着"。首先从社会学、人类学意义上被"文化着"：幼儿被幼儿园从园长到所有教师的言行以及幼儿园的环境"文化着"；其次从产品意义上被"文化着"；幼儿被幼儿园集体与班级教师的个体所选择的文化产品"文化着"。

（2）多元文化的内涵

多元文化的含义指的是在一个公共的社会系统中不同的社会群体的共同存在。这是一个描述性的定义，它只是简单地指出文化的多样性。但是，多元文化也有一种评价感觉。它意味着一种社会理解，即在尊重与保留每种群体完整性的同时，支持一种为了不同群体之间进行交流从而取得整个群体更加丰富的一种政策。从这个意义上来理解，我们可以得知，似乎说明当一个国家可能包含许多不同文化的时候，它要制定所有群体具有平等的法律、教育与经济机会的法律是困难的，但具有多元文化的国家都努力地做着这件事。多元文化这个词最适合在符合以下三个标准的一个国家或共同体内使用：①它必须呈现包括很多不同文化（人种的、种族的、宗教的、政治的、经济的、基于年龄的）的文化多样性；②这些微文化要想共同生存必须有近似平等的政治、经济、教育机会；③作为一个社会组织可行系统和基础的多元文化主义的价值，必须有一个公共政策的承诺。从理查德的观点上来看，美国、加拿大、澳大利亚、英国等国家可以被看作由一个分享的核心文化以及许多亚文化组成的共同体。

（3）多元音乐教育的内涵

不同的群体形成不同的文化，一个国家的文化是多元的，更不要说世界文化是多元的了。而音乐是人类制作的一种文化，从世界范围方面来分析，音乐的多元是毋庸置疑的。每种音乐都有孕育其生长的群体，如保加利亚风笛，它有着保加利亚风笛的制作者与听众；巴洛克合唱有巴洛克合唱的制作者与听众；迪克西爵士乐有迪克西爵士乐的爱好者；中国音乐有中国音乐的制作者与听众。因此，在特定群体中产生具有特定风格的音乐，反过来说，音乐风格是具有共同听觉特征的一个音乐群体所具有的，在这一群体中，音乐的制作者和听众拥有某些相同的音乐信仰、共识和偏好。除此之外，有的音乐分支之间联系紧密，有的联系不那么紧密，如美国的爵士乐受到西欧音乐传统的影响比较大，而印度的音乐就与西欧音乐相差甚远。如此看来，音乐实践与音乐实践、音乐与音乐之间存在层次、种类等的区分，如何厘定这些交织叠加的作为实践的音乐概念呢？埃利特通过改变"音乐"这个词的视觉形式很有创意地完成了这项任务。他把 music 这个词的视觉形式改成三个不同的类型：MUSIC（总体音乐），Music（个项音乐），music（作品音乐）。总体音乐是覆盖范围广泛的人的实践，它由无数种不同的音乐实践组成，其中每个都被称为个项音乐。其中的作品音乐指在特定环境中由音乐工作者的努力得到的结果的可听的声音事件、作品和可听内容。

因此，多元音乐的"音乐"是指 MUSIC，是指世界的总体音乐，强调世界范围内所有民族、群体的音乐都是独一无二的，不存在一种音乐比另一种音乐好的情况。换句话说，在不同的音乐实践之间无法进行比较，如舒伯特（Franz Schubert）的歌曲与布鲁士或南非音乐之间是没有可比性的，在音乐与音乐之间没有更好但是有更合适。要尊重与深化自己民族的音乐，同时不排斥其他民族的音乐可能是对多元音乐内涵比较合适的理解。同理，对多元音乐教育的理解可能是这样的：在世界范围内音乐教育应该是多元的，每个民族都有保留与完善自己音乐文化的义务。反对文化霸权主义的行为，也就是说，反对把一种音乐文化作为权威向全世界范围内渗透与推广。但是，到了具体的国家、学校，音乐是指 Music，是指个项音乐，推行的当然是自己国家、自己民族习惯的音乐教育内容，不可能把全世界五花八门的个项音乐全都纳入自己学校音乐教育的范围，以此表示追求多元音乐教育的新理念，这是对多元音乐教育内涵的误解。多元音乐教育的含义指的是深入进行我们自己的传统音乐教育的内容，与此同时渗透一些旨在开阔学生多元视角的世界各地的音乐文化，但深入自己的音乐文化实践是首要的任务。

2. 文化特性

当我们讨论幼儿园音乐作品的文化特性时，我们所指的幼儿园音乐作品是一种总称，指全部可能被选的音乐作品。换句话说，幼儿园音乐作品的文化特性就是指幼儿园如何合理、有比例地选择世界范围内的各种音乐。然而，在我们讨论幼儿园音乐作品的文化性选择时，其前提是所有音乐都符合幼儿的年龄特点，抛开幼儿的年龄特点与接受能力来谈多元音乐文化是无效的。

（1）幼儿园音乐作品的民族性

用中国的音乐"文化着"作为中国人的幼儿是我国幼儿园音乐教育工作者的使命，这不仅仅是民族狭隘主义而是文化本身的要求，同时也是文化的本质。从西北的花儿、安徽的黄梅戏、湖南的花鼓戏到闽西山歌、广东童谣，从新疆的纳兹尔库姆舞、广西的蚂≧舞到云南的迎客舞、霸王鞭舞，都充分展现着我国民族民间音乐的丰富与别致。但是，这些具有中国民族民间特色的音乐素材不是全都能直接拿到幼儿园音乐教学中来的，很多音乐素材需要做大量的改编工作才能适合幼儿的年龄特点与接受能力。因此，幼儿园音乐作品民族性的重要性虽然已经得到我国幼儿园音乐教育界的重视，但是，现实是符合幼儿年龄特点与接受能力的民族音乐作品太少，不能满足文化民族性的要求。挖掘我国民族民间音乐素材、传承我国民族民间音乐是我国幼儿园音乐教育永远的追求，在这方面，我国目前欠缺的有很多，我们需要做的事情还有很多。

（2）幼儿园音乐作品的创作性

新中国成立后，每个时期都有一批为儿童专门创作的音乐作品，如潘振声、汪玲都是我们耳熟能详的老一代儿童作曲家。但是，在现代社会，不得不承认当下为幼儿作曲的作曲家很少，在幼儿作曲领域普遍不景气的背景下，幼儿园音乐教师正在努力依靠自己的力量来为幼儿鲜活的日常生活话题作曲。

（3）幼儿园音乐作品的流行性

幼儿生活在一个具体的时代，他们一定会受到那个时代的文化潮流的影响，当下的幼儿受流行音乐的"洗礼"是时代的特征。在现代社会，我们会看到这样的情景：孩子们满怀"激情"地唱着《月亮之上》《老鼠爱大米》《隐形的翅膀》等情爱歌曲，而像《丢手绢》《小燕子》《找朋友》等儿童歌谣似乎在逐渐远离孩子的音乐生活。在这种情景下，我们不禁会问：是不是我们给孩子的童谣、歌曲不够有趣生动，是不是我们呈现给孩子的音乐作品的音响效果不够精彩？鉴于此，我们的回答是：一方面我们需要挖掘民族的、生动的儿童音乐作品；除此之外，我们也没有必要排斥流行音乐，选择恰当的流行音乐元素也是丰富幼儿园音乐材料资源的一股力量，把流行音乐中相对合适的内容经过改编后为幼儿所用，这种因势利导比强硬拒绝要好得多。

综上所述，我国幼儿园音乐作品的文化特性其实质是民族性、创作性与流行性的协调与把握。对幼儿园音乐教育来说，对幼儿园音乐作品文化特性的理解也就是合理安排多元音乐教育的内容比例。在音乐作品符合幼儿年龄特点与接受能力的前提下，我们应多安排民族音乐作品，这是实施多元文化音乐教育最本质的体现。其原因主要有两方面的内容：一是深化本民族的音乐文化才是世界音乐的真正多元化；二是对具有多民族文化的我国来说，让幼儿接触我国各民族的音乐风格是一种多元的体现。我国学校音乐教育中传统性的音乐作品是西方音乐，这部分音乐材料已经被反复挖掘、循环运用，对此我们没有必要去放弃。当民族性的作品越来越多、越来越精彩后，西方音乐的比例自然会减少。创作与流行改编的音乐作品作为新鲜元素只要合适就可以选用，但是对这类作品我们需要有一个鉴别、挑选的过程。

（二）实用特性

1. 音乐自律概述

美学已经逐渐窄化为艺术哲学与审美心理学，"美是什么"的命题已经开始发展成为"艺术是什么"或"美感是什么"的命题。"艺术是再现""艺术是表现""艺术是形式""艺术是游戏""艺术是符号"等不一而足的有关艺术本质的命题，概括起来就是"艺术是审美"，而"艺术是审美"的第一原理也就是艺术自律或自足或纯粹。

艺术的自律神话并不是脱离社会背景的空穴来风，它是具有一定的基础的，它的出现是与18世纪初始于英国和德国，然后遍及欧洲的贵族阶层的衰退和新中产阶级崛起的社会变革分不开的。这个新时代的新意识形态的核心是所有人（但不包括妇女）都是自由、平等和自足的。建立在财富和世袭制度之上的旧的社会秩序正在逐渐瓦解。新的社会秩序强调人的自治，进而视个人出身为不相关因素。在新的社会秩序中起作用的不是社会继承或物质遗产（环境），而是自身价值。由于欧洲原本处于流传下来的贵族阶层随心所欲的法律条文的管辖之下，所以那时社会的和谐越来越多地依赖于个人意识、修养和自律。自律的社会意识形态很自然地孕育出艺术的自律或审美意识形态。艺术自律原则在西方历史上的那个特殊时期是具有进步意义的。它为人们提供了一个理想的、意识形态中立的精神空间。在这个精神空间里，由国家机构各文化团体创作的艺术形式被认为是客观的，于是没有必要关注这些团体特殊的文化背景与潜在的政治内容。但实际上，许多艺术实践尤其是那些与国家主义信仰和宗教信仰相联系的艺术实践带有强烈的文化、政治等色彩，但是"艺术自律"原则悬置了这些内容，因而使西方国家几百年来享受了这种艺术内部的相对和平与有序发展。社会发展到今日再审视艺术自律原则时，确实感觉到它弥漫着浓郁的唯一、纯粹、狭隘的气息，这种气息不由得让人感到惊奇，与当今时代的多元意识格格不入。

2. 实用性

音乐自律原则认为音乐是非功利的、纯粹的，所以对音乐作品的感知方式也应该是无利害、无功利的纯思，对音乐作品的感知内容是艺术作品的表现特性，只有感知方式正确、感知内容正确才能获得审美经验。实际上，音乐也有功利即实用的一面，下面我们从四个方面来阐述幼儿园音乐作品的实用性。

（1）教育性

教育性是指音乐教育的终极目标是使幼儿获得经验积累或成为与自我、社会、自然和谐的人，这显然是幼儿园音乐作品最大的实用性。从自我的角度方面来分析，幼儿园的音乐教育活动要充分发挥幼儿的主体性，尽可能让幼儿主动学习，获得成功愉悦感，从而使幼儿具有自信的人格特征。从社会性的角度来看，幼儿园的音乐教育活动过程是一个尊重他人、彼此合作互动的过程，让幼儿意识到他人并乐意与他人相处，从而形成亲社会的人格特征，这也是幼儿音乐教育的重要任务。

（2）说教性

用歌曲说教要比用语言说教更能起作用。

（3）知识性

在音乐学习的过程中，学习歌词中的知识，并通过熟唱歌曲来掌握这些知识也是音乐的一种功能。在需要的时候，歌曲学习也可以成为知识教学，当然这种学习不能成为音乐教育的主要内容。

（4）娱乐性

让幼儿参与音乐表演能够促进幼儿的音乐能力，因为音乐本来就是表演艺术，音乐能力就是在制作或表演中得到发展的。尤其是以家长为观众的、经常性的音乐表演对幼儿的音乐能力发展是有好处的，因为音乐经验也需要家庭环境的支持。

总之，综上所述，音乐是具有实用功能的，只是在发挥音乐实用功能的时候不要忘记音乐的实用性还是受音乐性规限的。如果不受音乐性规限，无限地去发挥音乐的实用功能，即把音乐教育完全变为说教的教育、娱乐的教育，那么音乐教育在学校教育中占据一席之地的独特性将随之瓦解，实用性也将成为音乐教育在学校教育中消亡的掘墓者。

第三节　幼儿音乐教学的教师角色

现代幼儿教育对教师角色的定位是：幼儿学习活动的支持者、合作者和引导者。教师应以关怀、接纳和尊重的态度与幼儿交往，在交往中耐心倾听，努力理解幼儿的想法和感受，支持、鼓励他们大胆探索和表达。教师在教学的过程中要善于在艺术、科学、社会等不同领域中发现幼儿感兴趣的事物，在幼儿的游戏和偶发事件中挖掘隐含的教育价值，并能够运用教育智慧及时把握时机，积极引导。

换言之，教师要关注幼儿在各领域活动中的表现和反应，敏感地察觉他们的需要，及时以适当的方式做出应答，形成有效的、合作探究式的师幼互动，尊重幼儿在音乐发展水平、音乐能力、音乐经验和音乐学习方式等方面的个体差异，真正实现因人施教，努力使每一个幼儿都能在音乐领域中体验满足和成功的快乐。要实现这种目的，就要求教师必须充分关注幼儿的特殊需要，了解幼儿的各种发展潜能，甚至不同的发展障碍，同时与家庭密切配合，共同促进幼儿健康成长。

当然，比上述内容更重要的是，要想完成幼儿音乐教育任务，实现音乐教育目标，就必须合理有效地设计和组织好每一次音乐教育活动，将幼儿音乐教育的目标具体落实到每一次音乐活动中去。这就要求教师自身必须具有较高、较强的音乐水平和能力，在音乐方面吹拉弹唱跳各种表演都能拿得起，最好具有一定的特长，尤其是钢琴演奏和自弹自唱要达到熟练、自如的水平；在音乐知识和对音乐的感受、理解能力方面也必须具有一定的基础。与此同时，在组织活动、设计教法、制作教具等方面要求教师注意积累教学经验，并且能够具有美术、文学等多方面的才能。

试想一下，一个音乐教师如果自己在音乐方面概念不清、缺乏基本的音乐听觉能力、不会弹伴奏，甚至音准有问题，那么，他拿什么来教育孩子呢？他有什么能够教给孩子呢？

一、教师的专业化问题

从总体上看，我国幼儿音乐教师在素质方面整体上有了大幅度的提高，同时教师队伍的年龄也日益年轻化，专业水平也越来越高，教育的观念方面也在不断地更新。但是需要我们注意的是，当今幼儿音乐教育中，教师的素质问题仍然需要我们提起重视。

在当今社会中，专业知识方面有所欠缺的幼儿音乐教师不在少数，这些教师在基本的音准、节奏等音乐素质上都有着不同程度的欠缺。比如说，有些教师在范唱的过程中频繁出错，对音准的感觉拿捏不准；有的教师在音乐的调式上没有把握，在孩子唱歌的时候不能很好地进行伴奏；还有的老师在音乐的节奏上感觉较差，在弹奏伴奏的过程中不能掌控歌曲进行的速度，影响孩子们的学习；还有很多教师在教课的时候，忽视歌曲的节拍和重音，在做示范的时候不能表现出音乐的强弱感觉，只是非常机械地进行；另外还有些教师内心对节奏的感觉不是很强，因此不能很好地把握歌曲进行的速度，不能为孩子的演唱进行钢琴伴奏。另外在即兴伴奏上，大多数老师在和声的配置和织体的编排上缺乏一定的专业水平，经常是一首歌下来全用主和弦，有时候在为小调的歌曲伴奏时也是通篇都用大调的主和弦，民族调式的和声色彩表现更是无从谈起。与此同时，有些教师在歌唱方面也表现平平，对歌曲的内涵和情绪不能很好地把握，表现不出歌曲应有的魅力。由此我们可以知道，大多数音乐教师对于音乐的认识还不够，专业素养水平较低，对于音响的要求不高，另外在给学生播放音乐的时候，对音乐的结构以及段落的完整性没有概念，在关停的时候比较随意，很容易给人造成听觉上的不舒服。

教师自身在音乐专业素养方面的不足，直接导致他们在音乐审美方面的欠缺。一般情况下，这些教师自身在音乐素质方面的不足和局限又带来了他们在音乐审美能力、审美趣味、审美境界等方面的欠缺。这首先反映在教材的选择上音乐性往往考虑得不够，相当多的音乐教材在艺术上粗糙简陋，内容过于直白，缺少新意，经不起推敲和玩味，更谈不上风格的多样化，难以激发幼儿对音乐美的体验和感受，幼儿对音乐课就会缺乏应有的兴趣。其次在教学要求上，教师把注意力放到了兴趣的培养上，克服了过去那种刻板的技能训练的倾向，这在一定程度上是一个进步，但是分寸如果掌握不好就难免会失之偏颇。从现有的情况来分析，幼儿的演唱在音准、节奏、速度、音色等方面都缺少应有的训练，幼儿的歌声没有表现力，幼儿没有能力通过自己有表情的歌声来表达自己内心的情绪情感，这样的歌唱活动又有什么情感教育意义呢？幼儿音乐素质能力的培养之所以长期得不到应有的重视，这在很大程度上是由教师自身的音乐素质所决定的。我们设想一下，如果一个教师自己对音准、节奏、速度、音色等音乐的基本表现手段缺乏一定的敏感，不能听辨出正误、优劣，那他又如何去要求孩子并纠正错误呢？

二、课程实施中教师的反思

先让我们一起回顾一下在过去的传统教育观念里教师是怎么做的。

过去，当我们教师确定了一个教育主题之后，很少或几乎从不做这种自我的内省或反思，总是一开始就沿着"怎样教"这一思路去备课、去思考。而思考的起点是什么？首先就有一个心照不宣的假定：对诸如"爱"或别的什么人文主题，教师往往自以为是地把这些内容当成很浅显的东西，当成显而易见的东西，以想当然的态度去对待，以为自己没有什么不懂的，问题只是如何去教而已（不像数理化等其他学科或许还会有教师自己一时难以解开的难题，需要教师去做深入的思考）。这种教法的前提是"关于这个主题，我当然知道是怎么回事儿了！孩子不懂，当然得由我来教他了！"或是"我当然做得比孩子好啦。"当然这就不可避免是居高临下的，这种居高临下的态度又怎么能摆脱"我教你，你得听我的"，也就是"教师教育学生"的窠臼呢？又何谈尊重孩子？如何做到平等交流与对话呢？对"教育"意义的追求还表现在教师通常都喜欢拔高主题意义，努力想着怎样教育孩子通过自己这一次或两次的主题活动，立竿见影地去做出外显的"爱"的好行为。这种对"爱"的外在行为结果的追求往往更甚于引导孩子们去感受、去体验"爱"这一人类至高无上的情感带给他们自身的那种来自内心深处的、自然的、无拘无束的快乐与力量。换言之，这样的教育总是徒有其表、舍本逐末，而不能深入人心的。因为它不是发自教师个人内心的灵魂深处，那又怎么能达到孩子的内心深处，真正内化为他刻骨铭心、永世不忘的精神财富，再进而外化为他由衷的、慎独的、表里如一的"爱"的好行为呢？

当然，在以前的教学中，这种教法也不能说一无是处、完全不对，但至少是远远不够的！因为在这样的教学思想指导下，在这样的实际教学实施过程中，由于完全省略了教师自身的情感体验与情感的投入，完全忽略了教师个体对自己所教领域或主题的独特的感悟、理解与思考，教师所能做的最擅长的工作就是将主题分解成知识和技能的方方面面，教师的工作夸张一点说就像是一个解剖尸体的外科医生那样，将好好的、完整的一个艺术作品完全分解开来，将充满人文精神与情感内涵的，需要由人的整个心灵去呼应的艺术作品肢解得支离破碎、残缺不全，就好像把一个活生生的人分解得只剩下各种器官，而不见了他活着的时候所充满的精、气、神、灵。

近年来的教育改革在教师备课的这一环节中又增加了对儿童学习能力与特点的关注，教师努力根据幼儿的已有经验和学习的年龄特点去设计教育方法，考虑教育手段，实施教育过程，这无疑比过去又前进了一大步，但还是远远不够的，原因是它仍然忽视了教育过程中最不应该忽视的、能对幼儿产生面对面的最直接、最深刻的影响的一个最重要的方面——教师!

在媒介日益丰富和发达、人们获取知识的途径日益方便与快捷的网络时代,集体教育存在的一个最重要与必要的前提,那就是网络与数字化永远代替不了的人的影响与作用。在学校和幼儿园里,这个最重要的人是谁呢?很明显是教师!教师以他独一无二的、不可替代的精神、人格与个性感染着、影响着,而不仅仅是教育着他的学生,教师身上这种独一无二的品质又造就了一个个活生生的、独一无二的、健康快乐的学生。教师的这样一种作用是多么美妙!

实际上,忽视教师自身主体意识的发挥,忽视教师这一个体的个性、独特性或某些个人化的方式,从根本上说就是教师中心主义、教师权威化、教育灌输式的潜在表现。一个真正热爱艺术、尊重孩子,能与孩子平等交流、对话的教师在面对一个艺术教育主题的时候,他的态度应该像面对一个魅力无穷、迷人而又新奇的宝藏一样,充满了发现的快乐,重新发现自己,发现自己的情感世界和精神领域,发现自己与孩子、发现人与人在艺术品面前共同相通的那样一种交融与和谐。

这正是我们所追求的理想的艺术教育!

那么,"我"心中的爱到底该怎样去描绘呢?

作为一个教师,"我"又该用什么方式来向幼儿园的孩子们传达"我"所感受和体验到的爱呢?最能将"我"和孩子们在爱的情感中彼此沟通、彼此交融、彼此分享的艺术品又是哪些呢?在我们的艺术教育中,最能够将艺术与爱的主题、人(教师与幼儿)的情感自然而又深刻地融为一体的最恰当的途径与方法、手段又是什么呢?

对上述这些问题的反思与回答,应该作为教学准备工作的核心环节。

"我"心中所理解的爱首先是温柔的,是充满了淡淡的温馨的粉红色调的,是温暖的,是不急不躁的,给人以足够的沉稳、自信和力量的。

这种对爱的理解未必全面,也不一定深刻,更不可能是唯一正确的,但它是真实的,是出自教师内心深处的,是一个诚实无伪的教育工作者真真切切感受得到的。我们相信把一份真实的情感传达给孩子,这样的教育功效是那种假、大、空的说教永远都无法比拟的。

思考题

1. 简述幼儿音乐的感受特点。
2. 简述幼儿音乐学习的意义。
3. 幼儿音乐教学作品的特性有哪些?

第二章　幼儿音乐教学的原理

本章导读

幼儿音乐教育是幼儿教育中必不可少的组成部分，是有计划、有目的地对幼儿思想、行为、情感等方面产生一定的影响的过程。而且涵盖的内容极其广泛。为此，本章重点分析了幼儿音乐教育的内涵（定义、特点）、目标、意义、设计、实施、评价，以及幼儿音乐教育的美学与教育性原理。

学习目标

1. 了解幼儿音乐教学的内涵、目标与意义；
2. 掌握幼儿音乐教学的设计、实施与评价；
3. 熟悉幼儿音乐教学的美学与教育性原理。

第一节　幼儿音乐教学的内涵、目标与意义

一、幼儿音乐教育的内涵

（一）幼儿音乐教育的定义

音乐是人表达情感的一种方式，用音乐这种艺术来促进人发展的行为就是音乐教育。例如，古代的"六艺"（礼、乐、射、御、书、数）所表现出来的音乐与人类的教育活动的关系总是密不可分的。通过音乐教育活动，可以培养出社会所需要的人才，这些人才是推动人类社会发展的巨大动力。

在古代社会早期，音乐对改善人的各种素质的特殊作用便被东西方的哲学家和教育家深刻地认识到了。在近现代，世界各国的教育思想和教育政策，均无一例外地把音乐列为人类教育活动的重要组成部分。

音乐教育作为幼儿素质教育的一个非常重要的组成部分，它从人的整体发展出发，从素质教育入手，发掘幼儿的潜能，塑造幼儿健康活泼的个性，促进幼儿全面和谐发展。

音乐教育是一个过程，是一个能使人类了解音乐、感受音乐、培养对音乐功能与意义的理解，并在欣赏和体验中品味音乐的过程。要想音乐教育真正产生作用，受教育者就必须亲身融入这个过程中，并在这个过程中发生心理作用。以这些音乐的价值特点为依据，音乐教育分为"音乐教育""音乐的教育""借助音乐的教育"三大类。其中，音乐教育是个体获得对音乐理解的一种途径，它包括正式的音乐课程和不正式的学习，如参加音乐表演、听音乐、听录音后反复模仿练习等；音乐的教育是针对专业音乐人才的培养而进行的一种途径，对培养对象在音乐潜能、音乐理解能力、音乐表演技能等方面都有很高的要求；借助音乐的教育是将音乐的辐射作用作为影响或培养音乐学习者的音乐兴趣和能力的一种途径，是把音乐作为一种教育的工具，它重视的是音乐教育的过程，但培养目标不一定与音乐有关，例如，通过小组共同进行音乐创作来培养集体合作精神与能力，通过提供音乐表演的机会，以达到促进学习者对音乐的终身兴趣和热爱的目的。由此可见，这里的音乐教育是"借助音乐的教育"，这样的概念界定也更适合幼儿音乐教育。

幼儿音乐教育是指幼儿通过音乐学习活动对音乐知识技能和知识情感认知的教育实践过程，它是音乐学与幼儿教育学相交融的产物，符合幼儿爱动、好奇、玩乐的天性。学前音乐教育要求与幼儿的认识心理特征和情绪特征完全吻合。幼儿音乐是反映 0~6 岁幼儿的生活和表达他们思想情感的艺术，每个儿童都需要音乐，每个幼儿都有接受音乐文化的愿望和权利，幼儿音乐应伴随着幼儿的生活和成长。

（二）幼儿音乐教育的特点

1. 审美性

音乐作为一种有效的教育手段，是通过审美过程来达成完美人格塑造的。所以，学前音乐教育主要是一种通过音乐实践活动中的审美感染过程，对儿童施加整体的、全面发展教育影响的基本素质教育。音乐教育的所有目标都是通过"审美感动"的过程来达到的。

2. 游戏性

所谓幼儿音乐教育的游戏性，是指音乐教育活动的开展要符合幼儿的发展心理，以游戏的形式来发展幼儿的音乐能力，不管是侧重于音乐要素分辨的反应游戏，还是侧重于情节、角色表演的音乐游戏，都需要在活动过程中增添趣味。

3. 综合性

儿童音乐教育在目的、形式、过程三个方面均具有综合性。例如，目的的综合性是指学习和娱乐于一体，形式上的综合性是指歌唱、游戏、韵律等综合一体，过程上的综合性体现在欣赏、表演、创作综合一体。而且这三个方面的内容相互交融，使幼儿个性、认知、情感、社会性方面得到全面提高。

二、幼儿音乐教育的目标

（一）《幼儿园教育指导纲要（试行）》艺术教育目标

《幼儿园教育指导纲要（试行）》（以下简称《纲要》）中艺术领域的目标是对幼儿音乐教育最终结果的期望，它规定了学前阶段艺术教育总的任务和要求。在《纲要》中，艺术领域的目标体现在三个方面。

第一，感受，在环境、生活、艺术活动中感受到美。

第二，参与，积极参与艺术活动，能把自己的情感和体验表达出来。

第三，表现，在参与的基础上，采用自己喜欢的方式对自己的情感和体验进行表现。

综上所述，艺术教育是在"感受"美的活动中，增强儿童对艺术和生活的热爱。艺术教育的价值取向开始侧重于儿童情感的培养和儿童自我表达、精神创造的满足，而不再是注重知识、技能的传递。

（二）幼儿音乐教育目标的层次

任何一个教育目标总是按照一定的有序结构组织起来的，以此为指导来展开实际的教学工作，这样才能更好地促进儿童的发展。幼儿音乐教育目标的结构从纵向的角度而言，其目标有一定的层次性；从横向的角度而言，其目标具有一定的分类性。

1. 幼儿音乐教育总目标

幼儿音乐教育总目标是对幼儿音乐教育最终结果的期望。它规定了学前阶段音乐教育总的内容和要求；同时，作为幼儿教育内容的一个独立领域和组成部分，它与幼儿总的教育目标要求是相一致的。《纲要》中艺术领域的目标体现了幼儿音乐教育的终极价值，它规定了学前阶段音乐教育总的任务和要求。

2. 幼儿音乐教育年龄阶段目标

所谓幼儿音乐教育的年龄阶段目标，是指幼儿在某一年龄阶段应该达到的音乐教育目标。实现幼儿园小、中、大班幼儿在音乐学习、音乐能力发展目标，需要建立在了解了幼儿音乐心理与音乐学科本身特点的基础之上，并且要遵循循序渐进的原则。

3. 幼儿音乐教育单元目标

幼儿音乐教育的单元目标，即作为"时间单元"时，可理解为在一个月或一周内所要达到的目标；作为"主题单元"时，可理解为在一组有关联的主题活动系列中所要达到的音乐教育目标。

4. 幼儿音乐教育活动目标

幼儿音乐教育活动目标，即指某一具体的音乐教育活动所要达到的目标。它与上一层目标紧紧相扣、环环相连，共同组成一个金字塔式的目标层。

（三）幼儿音乐教育目标的分类

1. 从心理活动的不同领域划分

学前音乐教育活动的出发点必须建立在促进儿童心理整体协调发展之上，而且活动的设计、组织也必须以此来展开。其目标分为三个方面：认知、情感与态度和操作技能。

2. 按音乐活动的不同内容划分

音乐活动内容的划分有利于音乐活动实践者在开展音乐活动中，针对具体的目标，选择不同的音乐活动材料、模式，以及采取何种方法等。

主要包括歌唱活动目标、韵律活动目标、音乐欣赏目标、打击乐演奏目标、音乐游戏五个方面的目标。

3. 按活动的互动对象不同划分

教育工作者明确不同对象（人、物）造成的不同互动规律，有利于促进儿童的发展。以集体为对象、以他人为对象、以自己为对象都属于以人为对象的目标，其中，"他人"包括教师、儿童，以及其他参与人员。以环境为对象、以道具和场地为对象、以音乐舞蹈作品或者乐器（含相类似的物品）为对象的目标，统称为以物为对象的目标。

（四）幼儿音乐教育目标的表述

1. 行为目标

课程论专家泰勒强调以行为方式来陈述目标。行为目标的基本特点是：目标的精确性、具体性和可操作性。如"熟悉乐曲的旋律，听辨前后段音乐的不同，并能用不同的动作加以表现"。这样的目标相对于"培养儿童的艺术表现力"这种笼统而空泛的目标来讲，它更清楚地表明在活动过程中儿童将要做什么和应该做到什么程度，并暗示教育者在活动中应该怎样要求儿童并帮助儿童达到要求。有关基础知识和基本技能方面的目标，采用行为目标比较有效，不仅指导性强，而且容易评估学习效果；而情感态度之类的目标难以用行为目标表述。

2. 过程目标

过程目标强调教师在活动中以过程为中心，也就是注重活动的过程。以过程目标的方式来表述，旨在使教育的价值观念、环境和材料等方面，都能从儿童自身的经验出发，从而有机会使儿童能够充分展露音乐创造的力量，获得知识、技能、情感的积极体验。过程本身即是教育结果的体现。要求教师熟悉幼儿音乐表现的特征及发展规律，熟悉音乐学科的体系，具备较高的艺术修养和一定的教科研能力，因此，在实践中过程目标操作性不强。

3. 表现目标

表现目标是指教师在音乐教育活动中，希望儿童对音乐大胆、自由地探索和创造，以及开放性地理解和表达。它是行为目标的一种补充，也是一种比较适合表述中远期的目标形式。

幼儿音乐教育活动目标各有所长，行为目标有利于儿童获取基础知识和基本技能；过程目标有益于培养儿童解决问题的能力；表现目标能鼓励儿童的主动性和创造性。在制订幼儿艺术教育活动目标体系的过程中，要综合考虑这三种目标取向的合理而有价值的方面，互相取长补短，从而有效地实现幼儿音乐教育的目的和价值。

三、幼儿音乐教育的意义

（一）音乐教育促进幼儿身心全面发展

音乐教育对儿童身体健康发育和成长有重大影响。尽管音乐作品的题材、体裁、风格多种多样，但我们为孩子们选择的都是那些欢快活泼、优美抒情、安静柔美的作品。优美、愉快的歌曲和乐曲能唤起儿童良好的情绪，这种良好情绪对儿童的神经系统起着很好的作用，优美悦耳的音乐能对人产生松弛、安慰和镇静作用，令人心旷神怡；经常欣赏音乐作品，能促进幼儿听觉器官的发展；演唱歌曲能锻炼儿童的呼吸器官，提高肺活量；音乐伴奏下富有节奏的律动和各种音乐活动更能使儿童动作协调、灵活和健美。

众所周知，人的大脑分左右两个半球，其功能是不相同的，且有一定的分工，其中大脑右半球掌管着综合性的思维活动，侧重在音乐、图形感知及空间距离的知觉和判断等。音乐活动有着分析、抽象和整体理解加工功能，以及锻炼和促进大脑机能发展功能，完全可以同时促进儿童左右脑机能的发展，进而使儿童的大脑协同运作能力得以最优发挥。

音乐教育可以增强学龄前幼儿的主体思维和感性思维。如在组织打击乐活动时，向孩子们介绍各种打击乐器，让他们了解各种打击乐器的名称、音色、演奏方法等，这样就丰富了儿童关于打击乐器方面的知识；在为歌曲、乐曲编配打击乐的过程中，孩子们尝试自己选择乐器、编配与别人不同的节奏型，其创造能力也会得到发展。孩子们在活动时，头脑中经常会充满关于活动内容的想象。

另外，良好的音乐教育对幼儿形成良好的意志品质、发展幼儿行动的目的性、坚持性和控制力有着积极的促进作用。例如，音乐技能的学习需要坚持不懈的刻苦练习，音乐活动中也需要一定的意志努力来调控自己的行动。而歌曲《我的好妈妈》，儿童在学唱的过程中，这首歌所唱的歌词"劳动了一天，多么辛苦呀，妈妈妈妈快坐下，请喝一杯茶，让我亲亲您吧，让我亲亲您吧，我的好妈妈"很容易让孩子们有所感触，有的孩子在学完歌曲后，回到家里主动为妈妈唱这首歌，主动为妈妈端水。除了教学内容本身包含的情感教育因素外，我们在教育教学活动组织中，也可以随时挖掘各环节中所包含的教育元素，适时对儿童进行德育影响。如在组织集体音乐教学时，教师可引导儿童服从教师统一指挥、合作进行演奏等，孩子们在付出、交流与合作中，会在不自觉间慢慢地形成一定的服从意识、集体意识和合作意识。在丰富多样、内容健康的音乐作品的影响和熏陶下，儿童逐渐形成活泼乐观、积极向上的性格，从而心理愉悦、身体健康。

幼儿音乐教育能够促进幼儿的社会性发展。儿童的社会性是在与周围人群的交往中逐渐发展起来的，其发展的过程是一个渐进的、日益丰富和日益完善的过程。这种交往的社会性，不仅是社会发展的需要，更是儿童自身发展的需要。音乐活动同时还是一种有秩序的社会活动，它需要参加者按照一定的规则来进行，同时也需要参加者认识并自觉担负起一定的社会责任，促进儿童纪律性和责任感的发展。音乐内在的节拍、节奏，合奏中声部的安排，律动、舞蹈中动作的编排，音乐游戏中所要遵守的规则等等，都体现了"秩序"的美感，都使儿童在一种愉快的、不强迫的形式中养成自觉遵守规则、纪律的习惯，培养了儿童的自律、自我激励的能力。获得奥斯卡奖项的法国影片《放牛班的春天》就是描写一位音乐教师如何通过音乐教育，最终改变了一群狂放不羁的儿童的行为、态度和命运，使他们学会了尊重和自尊，体验到了情感、纪律、和谐创造的美。

（二）音乐教育促进幼儿音乐能力发展

1. 增强基本音乐能力

音乐教育受年龄、环境、教育方法的直接影响，如果错过了这段宝贵的时间，有些能力的发展以后难以补偿，特别是听觉的感受能力。

对音乐的各种听觉感受力，如节奏感、音高感、旋律感、结构感、形象感等等，是音乐能力的重要基础。听觉培养的目的是发展幼儿对各种音乐要素具有精细敏锐的感觉和反应。随着不断的学习和提高，幼儿要想在逐渐的知识接受过程中理解音乐、感悟音乐、享受音乐，就必须以良好的听觉感受力为基础，而这种能力是需要引导和培养的。这个阶段形成的趣味、态度，获得的音乐能力将会为幼儿终生的艺术成长奠定基础。

2. 增强音乐理解力

音乐教育与幼儿音乐理解力的发展有着十分密切的联系。音乐理解力是指能理解音乐所表达的思想感情，以及它所特有的手段和形式。对儿童来说，要求他们能理解音乐最基本的手段及其作用是十分必要的，这个要求包括要求能理解诸如节奏、节拍、力度、速度、音色及旋律进行等音乐表现手段。任何艺术都有它自己的一套表现内容的手段，音乐自然也有诸如节奏、节拍、力度、速度音色及旋律进行等传情达意的手段。相对而言，幼儿对于能够感受的音乐作品中的各种表现手段更容易理解，并且在理解作品有关表现手段的基础上，可以更加深刻地感受音乐。

3. 增强音乐感受力

音乐感受力是指对音乐作品所反映的情绪和思想感情的体验能力。幼儿在听音乐时，对于音乐的高低、长短等，都应该有所感知。例如，教师在组织学前幼儿欣赏《摇篮曲》时，在节拍、意境等方面进行引导，对于静谧的深夜、将睡的婴儿、轻唱的母亲、窗外的月光、清淡的花香、温柔的微风、明亮的星星等意象，要能有所感悟。

4. 增强音乐表现力

音乐教育与幼儿音乐表现力的发展密切相关。音乐表现力是指在音乐感受能力的基础上，把自己对音乐的理解和感受，通过自己的声音或动作表达出来的能力。音乐感受力、理解力和表现力总是有机地结合在一起的，并始终贯穿于幼儿的音乐实践活动之中。

学前幼儿的音乐活动要想充满生命，儿童就需要借助于嗓音、身体动作、语言符号等将内心对音乐的感受、理解表现出来，教师也应该积极地提供音乐材料使儿童通过恰当的声音、姿态表现音乐。

5. 增强音乐创造力

音乐教育活动中，增强幼儿音乐创造力的形式有增编歌词、编配动作、编配节奏型等，是幼儿根据自己的想象，创造性地表演歌曲、舞蹈等的能力的重要途径。

音乐教育应该面向全体幼儿，无论他们的潜质、天分如何。每个孩子都有与生俱来的音乐才能，只要有好的环境，他们的能力都可以得到发展。

第二节　幼儿音乐教学的设计、实施与评价

一、幼儿音乐教育的设计

（一）幼儿音乐活动设计原则

1. 发展性原则

所谓发展性原则是指教师在设计幼儿音乐活动时，要着眼于幼儿的基础和能力水平，坚持促进幼儿的身心发展。音乐发展则包括音乐的素质和能力，也包括非音乐的素质和能力。这是指在身体、认知、情感、个性和社会性等方面的整体、和谐、全面的发展。

2. 审美性原则

音乐欣赏、表演等活动中，应该把审美感知的培养、审美情感的激发作为出发点，这

就是音乐教育活动中的审美原则。

教师应该通过音乐作品唤起幼儿的情感体验，激励幼儿的积极情感，在一定的联想和想象中产生情感的共鸣。而且，审美性应寓于轻松有趣、活泼快乐的音乐活动形式之中。

3. 主体性原则

幼儿的教育活动是通过教师、教育信息及儿童之间的相互作用而展开的。教师和幼儿都会在一定情况下充当课程的主体。

从教师的角度而言，教师教的行为是一种有目的、有计划、有意识的主动行为，在音乐活动的设计中必须合理而恰当地处理师幼关系，真正体现"教师是主导，幼儿是主体"的教育原则。一般来讲，主体原则的实施才能使教育目标得到好的实现，才能促进和提高教育的理想效益，所以，教育活动中要想方设法提升幼儿学习和发展的主体性，处理好教师与幼儿之间的关系。

4. 整合性原则

整合性原则是指在音乐教育的活动设计中，自然地将音乐领域的内容与其他学科领域的内容相互交融和渗透，同时也是将各种不同领域的音乐内容、不同的音乐学习方法等作为一个互相联系的完整体系来看待。

（二）幼儿园音乐教育活动设计

1. 活动目标设计

活动目标在论述幼儿园音乐教育活动的目标分类中已经论述过了，那么，在设计时，要根据具体的内容在总目标和年龄阶段目标中进行把握。

2. 活动程序设计

活动程序是为实现教育活动的目标而对活动内容的具体展开和教育方式、方法的具体运用，它是整个音乐教育活动设计的核心。

其中"系列层次活动"可以作为参考，所谓"系列层次活动"，是指以一个音乐活动材料（可以是一首歌曲或乐曲、一种节奏、一种舞步、一个音乐游戏或一种音乐知识技能等等）为基础而设计的层层递进、环环相扣、以促进幼儿全面发展为目标的教学活动结构系列。在"系列层次活动"的设计中，教师必须注意以下几点：第一，应注意充分挖掘原有教材的教育潜力，尽量将活动的层次系列分细，从而使每一个活动的层次能够最大限度地促进幼儿各方面能力和素质的发展。第二，应注意对一个音乐材料从不同的角度、用不同的方式让幼儿感知和表现。通过不同的活动形式、不同的活动要求反复进行感受和探索，以满足幼儿的参与、交往、游戏和创造等多方面的需要。第三，应注意以切合活动内容、材料多样化的导入方式进入各个系列层次的活动。活动的导入，其目的在于"导"，导出幼儿的学习积极性，将幼儿引入活动的主题之中。

3. 活动方法设计

从活动的目标出发来考虑和设计方法。活动方法是为实现一定的活动目标而采取的具体形式和手段、方法是为目标服务的。因此，在不同的音乐教育活动中，必须根据具体的教育目标来设计与之相应的方法。如在以"发展幼儿对音乐的主动探究和创造"为主的活动目标的引导下，活动方法的设计应尽量运用教师鼓励、退出，让幼儿探索、合作，促进其自我学习和相互学习等方法。

从活动的具体内容为参考依据来确定方法。音乐教育活动的内容和具体材料是丰富而多样化的，有歌唱材料，有韵律动作，有打击乐演奏，还有音乐欣赏作品等等；有表演的活动内容，有欣赏的活动内容，还有创作的活动内容等等。因此，在设计具体的活动方法时，既可以对不同的活动内容选择相同的活动方法，也可以对相同的活动内容选择不同的活动方法。关键要从内容本身的特点考虑，选择与之相适应的活动方法。

从幼儿的实际情况着手选择合适的活动方法。幼儿是音乐活动的主体，幼儿的年龄特点、个性特点及学习态度和习惯都是影响活动过程的重要因素。

4. 活动环境及材料设计

幼儿活动环境的设计是一个重要课题，它能为幼儿的在该活动环境获得真正的教育效果，也能在该活动中学会分享，以及获得与同伴一起相处的快乐感受。

音乐教育活动中的材料既包括音乐教材本身的音乐、动作、乐器等材料，也包括为完成一定的音乐活动而借用的其他教具学具、音像等辅助性材料。

（三）家庭和社会的音乐教育活动设计

1. 家庭音乐教育活动

家庭是构成社会的基本单位。作为一个施于儿童教育的场所，它与学校等机构是相并行的，同样担负着培养和教育后代的职能。

自孩子出生之日，甚至提前到胎教时进行。家庭为孩子的音乐启蒙教育提供了最早的环境和渠道。古今中外，许多音乐大师（巴赫、贝多芬、舒伯特、勃拉姆斯、柴可夫斯基等）无不是在学前期就接受了良好的家庭音乐教育，再经过坚持不懈、刻苦、系统的练习而成为举世闻名的音乐家。所以说，家庭音乐教育的早期性对儿童的成长和发展起着奠基的作用。

当儿童进入幼儿园接受集体教育以后，家庭仍然担负着音乐教育的责任。如果在家庭中能坚持对儿童施以音乐教育，那么，就不仅能使儿童复习和巩固在幼儿园学到的音乐知识和技能，提高学习效果，而且能进一步萌发对音乐的兴趣。

2. 社会音乐教育活动

所谓社会音乐教育活动就是除开幼儿园以及家庭音乐教育活动以外的教育形式，包括社会机构和场所提供的儿童音乐教育形式（如各级各类音乐教育培训机构、比赛、表演团体、等级考试等），也包括音乐传播媒体（常见的电视、广播、电影等传播媒体中的音乐）所产生的音乐教育形式。

社会的音乐教育更能体现其在教学内容上的灵活性和教学形式上的多样性。这种社会的音乐教育机构和设施能弥补在学校（幼儿园）和家庭音乐教育中的某些不足之处，幼儿园音乐教育限于材料、场地、设备等制约，有些活动和教学内容难以展开，比如欣赏音乐只能通过录音或借助于一些录像、图片等辅助材料来进行，而在社会的音乐教育环境中，幼儿亲临音乐会，能感受到不同乐器合奏的音响效果，有利于开阔幼儿的音乐视野。同时，幼儿作为来自不同文化背景的家庭、不同的幼儿园，以及在年龄、发展水平、个性等方面各有差异的一个个独立个体，在社会的音乐教育环境中能够进行共同的合作、表演以及相互交流、协商，这有助于幼儿交往能力的培养和发展。

总之，学前幼儿音乐教育的社会机构和设施、场所能够使全社会的所有幼儿（包括正常幼儿和障碍幼儿）平等地享有接触音乐、亲近音乐和了解音乐的机会和权利；能够给所有幼儿提供学习音乐的帮助；也能够更科学而合理地利用各种社会资源来培养幼儿的音乐素质。

二、幼儿音乐教育的实施

（一）幼儿音乐教育实施的环境创设

1. 音乐环境创设

（1）幼儿园音乐环境

第一，教师能够有意识地在音乐活动、游戏活动和其他日常

活动环节中经常带领孩子唱歌和孩子一起唱歌，甚至把唱歌作为一种有效的教育手段自觉地加以运用。

第二，教师自己必须发自内心地喜欢音乐，喜欢唱歌，不仅会唱幼儿歌曲、流行歌曲，并且还会唱一些中外民歌和优秀的经典歌曲等，在音准、节奏、音乐的表现等方面基本没有问题。

第三，教师以欣赏的态度鼓励幼儿用歌声（乐声）表达自己的情绪，并且还应该经常启发幼儿用听觉去观察和了解世界。

第四，可以开设一些类似艺术启蒙班、艺术兴趣班的班级形式，为幼儿音乐发展创造好的条件。

（2）家庭音乐环境

家庭是幼儿最早的音乐教育环境，家庭音乐教育的早期性可以陶冶音乐幼苗，培养音

乐人才，对幼儿今后的成长和发展起了奠基的作用。

2. 课程环境创设

《幼儿园教育指导纲要（试行）》（以下简称《纲要》）指出："幼儿园应与家庭、社会密切合作，与小学相互衔接，综合利用各种教育资源，共同为幼儿的发展创造良好的条件。幼儿园应为幼儿提供健康的、丰富的生活和活动环境，满足他们多方面发展的需要，使他们在快乐的童年生活中获得有益于身心发展的经验。"

幼儿的身心发展和学习特点决定了幼儿是在活动和游戏中学习的，幼儿同课程不仅仅体现在课本、教材、课堂教学或作业中，而是蕴藏在环境、生活、游戏和幼儿喜闻乐见的各种活动中。

《纲要》还指出："环境是重要的教育资源，应通过环境的创设和利用，有效地促进幼儿的发展。幼儿园的空间、设施、活动材料和常规要求等应有利于引发、支持幼儿的游戏和各种探索活动，有利于引发、支持幼儿与周围环境之间积极的相互作用，幼儿同伴群体及幼儿园教师集体是宝贵的教育资源，应充分发挥这一资源的作用。教师的态度和管理方式应有助于形成安全、温馨的心理环境；言行举止应成为幼儿学习的良好榜样。家庭是幼儿园重要的合作伙伴。应本着尊重、平等，合作的原则，争取家长的理解、支持和主动参与，并积极支持、帮助家长提高教育能力。充分利用自然环境和社区教育资源，扩展幼儿生活和学习的空间。"

3. 音乐活动环境创设

音乐活动环境创设主要针对幼儿音乐活动区的创设，音乐活动区通常可以设置在活动室的角落里，并尽可能远离幼儿经常活动的核心区域，这样会尽可能使音乐区的活动能够不受干扰地进行。也可以用屏风将音乐活动区和其他区域隔离开来，既能够保证幼儿不受干扰、集中精力地去学习，同时也可以防止音乐活动区所发出的各种声音干扰其他区域的活动。当然，也可以不用屏风，而是用帘子、硬纸版、书柜等做隔离物。当然，音乐活动区的位置和摆设如果长久不变，也许会使幼儿感到厌倦，失去兴趣。偶尔变换一下音乐活动区的位置和摆设，可能会给孩子和教师带来一些意想不到的新鲜刺激，重新激起幼儿对音乐活动区活动的兴趣。

（二）幼儿音乐教育实施的途径

1. 学前教育机构的音乐教育

（1）教师组织与儿童自发的音乐活动

一切由教师有目的、有计划地设计和组织的音乐活动，以及教师根据需要临时发起、组织的各种类型的音乐活动都是教师组织的音乐活动。在这种活动中，教师可以直接地掌控活动的目标、内容、方式、时间等，也可能间接地掌控，如引导或指导儿童来组织领导活动，或通过提供改变音乐或其他有关辅助材料来引导活动的进行及变换等。

一切由儿童主动发起的与音乐有关的活动都是儿童自发的音乐活动，这种活动往往是幼儿积极感受、体验、创造的音乐活动，而且内容、目标、方式等基本上由幼儿掌握。如在儿童最喜欢的区域活动中，既可以进行教学活动的延伸，又能让幼儿在该活动中表达音乐美、欣赏音乐美。

（2）渗透的音乐活动

渗透的音乐活动是指教师在各种活动的转换间隙，以及散步、游览等活动中安排组织的音乐活动，可以安排在儿童的生活中、入园时、午睡时、就餐前等多种场合，其目的就是尽量让幼儿在浓厚的音乐环境中不断丰富自己的情感，陶冶情操，让幼儿在不知不觉中感受音乐美。

（3）其他教育活动中的音乐活动

《纲要》指出，各领域之间的内容要有机联系、相互渗透，但是，这种联系的建立不是凑合，不是拼盘，有了整合的观念才有整合的教育，才能有效地进行整合。在其他教育活动中运用音乐材料，既是作为辅助的教育手段，同时又具有音乐教育的功能，如果仅仅靠一些专门音乐活动的有限时间，儿童不可能有效地掌握音乐。如在主题教育活动中，我们根据教育内容，在符合年龄段幼儿发展水平的基础上，让儿童伴随一些能够强化某些学习内容的特殊音乐，听音乐绘画、画连环画编故事等。

游戏活动中的音乐活动。比如，剧场游戏中的音乐表演、音乐角活动和各种游戏活动中儿童的自发音乐活动等。剧场音乐表演活动和"音乐角色"活动虽然是由儿童自己选择、自己组织进行的，但也需教师有意识地为儿童提供时间、空间和有关材料，而且教师还应经常参与活动并给予一定的指导。

在角色游戏、桌面建构游戏、玩沙玩水或户外自由游戏过程中，由游戏器具、游戏情境或其他偶然因素引发的歌唱、节奏朗诵、声音探索、韵律活动或含有音乐因素的角色表演等，是在教师计划之外偶然产生的，但由于它对儿童也有着十分可贵的教育价值，所以教师也应根据具体情况参与活动或给予一定的指导。

节日活动中的音乐活动。为庆祝节日而组织的各种音乐表演和娱乐活动，都属于节日活动中的音乐活动。为了更好地发挥节日音乐活动的教育功能，节日活动中的音乐活动应是全体儿童都有机会参加的，而且每个儿童都应有平等的机会轮流尝试担任组织者、表演者、服务者和观众。

综上所述，专门的音乐活动比较侧重于音乐技能的掌握，渗透的音乐活动则较侧重于音乐的应用。二者在幼儿音乐教育中发挥着极其重要的作用，是达到幼儿音乐教育的两种重要手段。

2. 家庭社区的学前音乐教育

（1）家庭幼儿音乐教育

家庭幼儿音乐教育、学校（幼儿园）音乐教育和社会音乐教育在幼儿的音乐发展过程中均发挥了极其重要的作用，其中家庭幼儿音乐教育是幼儿在发展过程中接触的最早的音乐教育形式，可以在众多的形式和活动中进行展开，是比学校音乐教育和社会音乐教育影响更为深远的一种教育形式。所以，这里一样强调家庭幼儿音乐教育的重要性。开展的手段可以是播放中外音乐名曲，或者购置小电子琴等乐器。

（2）社区幼儿音乐教育

"终身教育""终身学习"的理念，对许多国家的教育政策、教育体制、教育结构、教育模式等都产生了深刻影响。社区教育是落实终身教育的一种重要形式。社区音乐教育是社区教育的重要组成部分，对儿童来说，音乐就是了解社会和文化的重要途径。社区音乐生活在过去一般泛指儿童所能达到的家庭以外的地域范围内的社会音乐生活。

（三）幼儿音乐教育实施的方法

1. 演示法

演示法是一种较为直观、具有清晰音乐表象的一种教育实施方法，通常由教师演唱、演奏，或者通过教具来呈现。

（1）示范法

示范法是指教师的演唱、演奏活动为学生的学习活动提供范例，在运用时，应注意年龄、时间等因素，有以下几点。

第一，教师的示范应让全体儿童都能够清楚地感知到。

第二，示范的节奏与伴奏在某些时候可以适当弱化。例如，某些较难的织体动作，教师可以放慢速度（节奏）进行示范。

第三，教师的示范表演应准确、熟练而富于艺术感染力。第四，在必要时，教师的示范应辅以语言的说明和提示。

第五，教师的示范表演应真挚、自然。

第六，在可能的情况下，教师应尽量注意发挥儿童表演的示

（2）演示法

演示法的开展往往要通过一定的教具才能实现，在运用时，教师应该注意以下四个方面。

第一，运用教具应适度适量，切忌喧宾夺主。

第二，教师运用演示方法的目的要明确，切忌为演示而演示。

第三，教具的选用和操作应能给儿童以美感。

第四，教具的形象和教师的演示应与音乐的形象和音乐的进行相一致。

2. 换位法

（1）参与

音乐教育活动参与的方法主要是针对教师的，具有多重含义：音乐表演中的某一特定角色；活动的平等加入者；活动的合作者。

在运用时，教师注意以下两个方面。

第一，音乐表演中的某一特定角色需要具有艺术感染力。

第二，活动的平等加入者，教师的观点、做法、意见仅供幼儿参考，也就是一定要体现关系的平等。

（2）退出

在幼儿园的音乐教育活动中，"退出"的主体依然是教师，一样具有多重含义：从"参与"的状态中退出；活动的空间位置退出。

在运用时，教师应注意以下几个方面。

第一，创造机会让儿童自由实践和表达。

第二，空间位置的退出要选择恰当的距离与速度。

第三，教师以旁观者的身份出现时，一样要让幼儿感到教师仍然是他们的依靠和支持者。

3. 语言法

语言法主要包括讲解法、提问法、反馈法三种形式。讲解一般包括讲述和解释。在幼儿音乐教育活动中，教师运用讲解的方法，主要是为了向儿童提供各种与音乐活动有关的信息，以及加工这些信息的程序和方法。提问是幼儿园音乐活动中一种常用的语言辅助方法。在音乐教育活动中，教师运用提问的方法，主要有以下目的：首先是激发和引导儿童的观察、思维、想象和创造活动；其次是了解儿童对音乐的理解、感知情况；最后是了解儿童对活动组织、内容选择的意见和愿望。反馈是为了让儿童能够及时了解自己对音乐所作的反应，并能够让儿童根据自己的反应与要求之间的差异自己做出调整。应注意：反馈时应注意面向全体；语言的反馈可以和动作技能的反馈相结合；教师的反馈要尽量客观化，并平等地看待每一个儿童；反馈时以正面的肯定为主，宜多采用样板性反馈和激励性反馈。在运用时，应注意以下几个方面的内容。

第一，指导语言要尽量精炼、明确。

第二，使用规范语言。

第三，使用语言可以适当运用身体动作和面部表情。

使用语言法，要在语音、音色、语调、节奏等方面使儿童感兴趣，也应该使儿童容易接受。

提问时要注意速度，回答要留有时间。

三、幼儿音乐教育的评价

（一）评价的原则

1. 全面性原则

评价的全面性原则主要是指音乐教育活动的各个组成部分和各构成要素均要进行评价。

评价的内容包括教师实施音乐教育活动的组织、观念、目标、适宜程度等，也包括幼儿在音乐活动中的表现与发展情况。

2. 目标性原则

目标性原则是指音乐教育内容目标、年龄阶段目标，以及包括行为目标、过程目标、表现目标在内的所有目标进行评价。

3. 客观性原则

幼儿音乐教育评价由于其统筹、反馈等功能而体现出客观、公正、科学、准确、实事求是的原则。决不能凭主观臆断或带有个人感情色彩进行评价。

只有确定了科学、合理的评价量规，才能促进幼儿音乐教育的深入开展，才能真正发挥评价的功能和作用，才具备真正的教育意义。

4. 诊断性原则

诊断性原则是指针对幼儿音乐教育中的现状与差异来诊断音乐教育活动方法和过程的科学性与适宜性，从而使音乐教育在教育者的自我调控中更加科学和完善。

因此，要把评价工作真正有效地落实到幼儿音乐教育机构和教师的日常工作计划中。

（二）评价的内容

1. 对幼儿音乐能力发展的评价

幼儿音乐能力的发展的评价强调的就是"发展"，是对三种教育活动（家庭音乐教育活动、学校音乐教育活动、社会音乐教育活动）中进行的评价，进行能力发展评价时，可以采用谈话、观察、测试、问卷等形式进行评价。

除此之外，由音乐教育的专家学者以及权威机构所制定的儿童音乐能力发展的标准化测量工具和测验，也可以为我们真实地了解和评价儿童的音乐能力发展倾向和水平提供有价值的参考。以下介绍几种具有代表性的测验。

（1）西肖尔音乐才能测量

它就是由美国音乐心理学的代表人物西肖尔（C. E. Seashore）编制的《西肖尔音乐才能测量》。具体测量项目如下。

①音强感。音强差别感受性（用音强差别阈限来衡量，让被试听两个不同响度的单音，要求回答第二个音较第一个音是响还是轻）。

②音色感。对音色和音质的区分能力（让被试听两个谐音有所差异的单音，要求回答两个音的音色是相同还是不同）。

③音高感。音高差别感受性（用音高差别感觉阈限来测量，让被试听两个不同频率的单音，要求回答第二个音较第一个音是高还是低）。

④时值感。音长，音短差别感受性（用音长、短差别阈限来测定，让被试听两个不同时值的单音，要求回答第二个音较第一个音是长还是短）。

⑤音高记忆。在重复呈现某些彼此无关的音时，能发现某音音高变化的能力（让被试听两条连续音高，每条含三五个音，要求回答音高有何不同）。

⑥节奏感。在重复呈现敲击的节奏型时，发现节奏变化的能力（要求被试者听两个节奏音响，回答节奏是相同还是不同）。

（2）戈登音乐表象测量

由当代美国著名音乐教育家和心理学家戈登（Edwin Gordon）在20世纪60年代出版了第一套《音乐才能测量》后，于20世纪70年代末又出版了一套针对更年幼测验对象（幼儿园至小学3年级儿童）的测验手册——《初级音乐表象测量》，并由此提出在年幼儿童音乐能力倾向测验中更强调"直觉反应"和"audiation"（表象）在音乐才能发展中的重要性。

这套《初级音乐表象测量》手册包括两个子测验——音调测验和节奏测验。每个子测验包括40个测项，每个测项在音调测验中是成对的音序列，由2至5个时值相等的音组成。成对的音序列或完全相同或改变其中一个音。节奏测验则是由音高相同的音组成的成对的节奏型。它们有的完全相同，有的拍子或音群的组织不同。每个测项里，每对片段中间隔5秒钟。所有的测项均为电子合成。测验的任务是要求儿童听辨这些成对的片段中第一个和第二个是相同还是不同。为便于学龄前儿童回答测验的问题，戈登特别设计了一些儿童熟悉的物品图形，如汽车、匙子、帽子、船等等，用来代表各个测项；同时还设计了笑脸和皱眉面孔的图形供儿童选答：若测项中成对的片段相同，儿童就在两个同样的笑脸图形上画圈；如果不同，就在一个笑脸和一个皱眉面孔图形上画圈。

（3）日本的儿童音乐能力诊断测验

该分为五个部分：强弱听辨、音色听辨、高低听辨、节奏听辨、音乐欣赏。适应4~7岁的幼儿。

音乐测验的目的主要有两点：有助于识别儿童的音乐天赋；通过分析测验的数据，能较全面地了解幼儿音乐的发展水平，有针对性地为儿童提供适宜、优化的音乐环境。因此，结合我国本土文化的特点及我国音乐学科教育和儿童实际发展状况，在借鉴国外音乐测验量表的基础上编制合适的测验项目并付之以实践，是极其有意义的一项工作。

2. 对幼儿园音乐教育活动的评价

（1）活动目标的评价

音乐教育活动是一个目标体系完整联系的整体，在分析目标时应分析与其上一级目标的联系，从而增强评价目标的合理性。在具体的评价内容中，主要从以下三个方面入手。

①儿童的实际发展情况与评价目标相适应。

②认知、情感与态度、操作技能三个方面的目标均应该涵盖。

③《纲要》中的艺术领域总目标，以及年龄阶段目标、单元目标之间要有紧密的联系。

（2）活动内容的评价

活动内容评价包括对活动内容选择和设计两方面的评价。

其中，内容选择方面的评价主要包含以下三点：

①该内容是否具有审美性、艺术性；

②该内容是否与儿童的能力发展水平相吻合；

③该内容是否与学前音乐教育中的领域、范围相一致。

而活动设计的评价，则主要集中在以下四个方面：要求活动内容与活动开展的形式相吻合；要求活动设计中能对重点和难点进行予以突出；要求活动设计中的内容安排比例合理；要求活动开展模块的衔接流畅。

（3）活动过程的评价

音乐教育的活动过程是指师生在音乐教育中相互作用的过程，包括活动结构安排评价、教师活动评价、组织形式评价、教师与儿童的互动评价。

活动结构安排评价主要侧重于以下几个方面的内容：

①是否紧凑、有序；是否体现层次性、递进性。

②教师活动评价主要侧重于以下几个方面内容：

③是否能利用提问技能有效激发儿童的学习积极性；是否能运用好角色的"参与"与"退出"原理；是否具有精神饱满、亲切自然的教态。

④组织形式评价主要侧重于以下几个方面的内容：

⑤活动组织是否适应全班幼儿，又能尊重和照顾个体差异；活动组织是否融集体、合作、个别活动于一体。

教师与儿童的互动评价主要侧重以下几个方面的内容：

①是否激发了儿童的音乐学习心理品质（兴趣、自信、意志等）；

②是否提供了与音乐教育目标相一致的音乐学习经验；

③是否鼓励、引导儿童参与音乐活动，并在其中灵活而自主地学习音乐；

④是否有效促进了儿童在音乐和其他方面的和谐发展；

⑤是否提供了幼儿人际交往的机会。

（4）活动方法的评价

活动方法是实现活动目标的手段和途径，其评价内容侧重于方法的选择与运用是否与活动目标、内容相一致；是否强调儿童的自主性和主观能动性；是否顾及儿童的身心发展特点；是否注意到该活动与环境、设备的联系。

（5）活动效果的评价

只有从儿童出发进行的活动效果评价才有意义，因为他们才是主体，在评价的内容上主要体现在以下几个方面：

①儿童对于活动目标的达成情况；

②儿童的精神状态是否轻松、饱满；

③儿童的表现是否积极，注意力是否集中。

3. 对幼儿园音乐教育工作的整体评价

幼儿园音乐教育工作是幼儿园管理层、师资队伍、资料收集等层面的评价总和，所以评价的内容包括音乐教育管理评价、资料收集积累评价、师资队伍建设评价等。

幼儿园管理层评价主要是评价幼儿园管理层是否重视音乐教育并加强了音乐教育的管理。包括是否按教学计划开展音乐教育活动且有时间上的保证；是否能为教师提供备课、教研以及必要的学习和进修的时间和机会；是否有明确的音乐教育工作总计划以及针对每一个活动的、目标明确而措施具体的音乐活动计划；是否有专题性的音乐教育工作经验总结，从中起到肯定成绩，找出问题和确定方向的作用；是否有专门的主管教学的领导或音乐学科带头人负责音乐教育工作，举行定期与不定期的研究、指导和总结活动；是否保证有一定的经费用于添置相应的音乐教学设备；是否落实对每个音乐教师的教学活动进行听课和评课；是否有专门的儿童音乐活动室；是否有相应的走出幼儿园的、开阔儿童音乐眼界的音乐活动等等。

师资队伍评价主要是评价幼儿园管理层是否注意对反映幼儿园音乐教育工作质量的资料的积累。包括是否有代表幼儿园一层的音乐教育专题研究小结或报告；是否每学期有关于音乐教育的各个层面的计划和专题总结；是否有反映幼儿园代表性的各种音乐活动的有关照片、录音或录像；是否有领导或教研组、同行间听课、评课记录；是否有发表在有关刊物上的音乐教育经验总结、音乐活动设计或音乐研究报告。

资料收集评价主要是评价幼儿园是否有加强教师队伍建设方面的相应措施。包括是否经常加强教师的师德教育，以推动教师敬业、钻研，提高教育质量；是否创造条件有计划地对教师进行业务的培训和提高；是否注意引进和介绍富有经验的优秀教师；是否创设一定的条件，提高青年教师的业务水平。

4. 音乐教学研究评价

音乐教学研究对于幼儿园的学术能力建设、师资水平的提高等多方面具有多重意义。在具体的实践过程有多种形式，所以评价时也有多层次的要求：

①是否鼓励教师在各种刊物上发表教学经验和教学论文；

②是否有科研专题；

③是否组织听课、说课、评课活动；

④是否鼓励教师在市、区或园一级的教学评优和竞赛活动。

（三）评价的方法

评价的方法主要包括问卷法、谈话法、档案袋法、观察法、测试法、综合等级评定法。

问卷法是通过由一系列问题构成的调查表收集资料以测量人的行为和态度的心理学基本研究方法之一。"问卷"译自法文 questionnaire 一词，其原意是"一种为统计或调查用的问题单"。

谈话法又称问答法。教师引导学生运用已有的经验和知识回答提出的问题，借以获得新知识、巩固旧知识或检查知识的教学方法。这种方法较易于集中学生的注意，激发积极的思维活动，提高教学效果。

档案袋评价法是在20世纪80年代西方中小学评价改革运动中形成和发展起来的一种新的质性评价方式。它是指教师和学生有意地将各种有关学生表现的材料收集起来，并进行合理的分析与解释，以反映学生在学习与发展过程中的努力、进步状况或成就。

观察法即有目的、有计划地在幼儿的音乐活动中进行即时的观测，并对观测的数据做出一定诊断和评估的方法。通过观察，教师可以获取来自于幼儿多方面的反馈信息，既合理又便于实施操作。这种评价不仅可以使教师真实地了解到每个幼儿的音乐发展水平和能力，还能帮助教师从观察的数据中更好地了解到教育活动进程的利和弊，并及时地调整和改进活动的内容、方法和组织形式。利用观察法进行评价，可以从两种不同的途径进行。一是自然观察法，即教师在幼儿日常生活中、在幼儿最真实自然的自发音乐活动中进行幼儿行为、表现的观察评价。教师只需在观察前明确所要观察的内容，在观察中做好相应的记录。二是人为地创设一定的环境进行观察。

测试法言通过标准化的测量工具或自行设计和编制的音乐能力测验，对幼儿的音乐能力发展做出科学评价的一种方法。由于测试法多引用权威机构或专家编制的标准化测验项目和试题，能较真实而客观地反映出幼儿的原始情况。这种评价方法的优势在于其学科性较强，特别适用于对不同年龄幼儿或个别幼儿音乐能力发展水平、特点、趋势和差异的评估，以及用来收集幼儿音乐教育前后变化的资料，从而做出一定得评价。

综合等级评定法是特别针对常规性幼儿音乐教育活动而设计的一种有综合评价指标体

系的活动评价方法。通过综合等级评定，既可以对音乐活动的各个有关因素进行静态的分析和评价，也可以对音乐活动的各种状态进行动态的分析和评价，以此得到综合的评价信息。同时，将评价的结果以一种等级描述的形式表现出来，既便于定量分析，也便于定性分析；既可以适用于上级领导对音乐教育工作的实施进行测评或同行教师间的互评，也可以适用于教师的自我评价等。

自评的方式也是常采用的评价方法，能够寻找和探讨存在的问题，并从中得到解决方案，对于教学效果的完善是有很大帮助的。不管采用的领导、同事之间的互评，还是自评，其目的都是通过对活动原始记录的分析和评价，获得优良的教学效果。

第三节　幼儿音乐教学的美学与教育性原理

一、幼儿音乐教育的美学

（一）意象的内涵

音乐、绘画、戏剧、舞蹈、诗歌等之所以都被冠在艺术名下，是因为它们都有着艺术的共性——意象性。意象是由想象力形成的一种形象显现，经由感知、表象到意情统一。

诗歌在所有艺术中意象性是最突出的，以徐志摩《再别康桥》的第二段为例。

那河畔的金柳，

是夕阳中的新娘；

波光里的艳影，

在我的心头荡漾。

柳树是感知的原有形象，"夕阳中的新娘"是柳树的意象化；"波光"是感知的原有形象，"心头荡漾"是河中波光的意象化。音乐的意象性相对诗歌要难一些，所以，我们不妨通过儿歌等其他艺术类型来让幼儿主动地启用意象思维，再逐渐把这种思维方式迁移到音乐中去。通过下面这类儿歌的编写活动，幼儿比较容易找到意象思维的感觉。

妈妈用梳子，梳着我的头发；

我也用梳子，梳着妈妈的头发。

风是树的梳子，梳着树的头发；

船是海的梳子，梳着海的头发。

这首儿歌的原有形象是用梳子梳头发，意象是风梳树的头发、船梳海的头发。当幼儿熟悉这首儿歌以后，请幼儿把这首儿歌编得越长越好。在这里，儿歌编得是否合理的标准，是原有形象与意象之间是否存在类比性，教师要鼓励抓住了意象特征的幼儿的答案，忽视没有抓住意象特征的幼儿的回答。是否抓住了意象特征是有明确标准的，但是意象性的答案是不确定的、不胜枚举的。

把意象晦涩的音乐直接呈现在幼儿面前，要他们安静地倾听，这对他们来说是"残酷"的、无效的。把呈现给幼儿的音乐作品进行意象处理是我们幼儿园音乐教师当仁不让的职责。作曲者把其情感与思想通过乐音完成意象，而我们教师需要把作曲者的乐音作为原有形象，进行创造性的再次动作意象。

（二）动作意象的原则

1. 把握音乐形式结构、事先画出句段图的原则

理解音乐结构的重要性就好比中小学生划分文章段落的重要性一样，对一篇学生没有能力快速划分段落的文章，让学生理解是比较困难的。教师应先对乐曲进行结构分析，然后安排意象性动作。

2. 动作与音乐句法与非句法形式吻合原则

在实践活动中，可以根据音乐表现的内容，与音乐中的重复、对比、变奏、发展、紧张、解决、统一、偏离、期待、变调、不确定、均衡、变形，以及横向的旋律变化、速度变化、节奏变化、纵向的和声效果进行结合。

例如，《动物狂欢节》中的《大鸟笼》这首曲子，旋律快速在高音处飘浮，并不断地上扬。显然，这是一首高音旋律、上型旋律、快速的曲子。鉴于此，我们匹配的动作也需要具有上扬、飘浮、颤动等特征。又如，《动物狂欢节》中《大象圆舞曲》这首曲子，以低音和声、慢速为特征，所以我们的动作也要相应地以低矮、稍嫌呆板为特征。

3. 动作诠释遵循音乐重复、对比等音乐形式组织手法的原则

动作设计应该与音乐相匹配，其中，重复是幼儿最先接触的音乐发展手法，在设计动作时，可以采用重复的动作来告诉幼儿音乐中的重复手法。当动作与音乐不匹配时，动作对理解音乐的中介功能消失，只剩下娱乐功能。教师用混乱的动作结构对音乐进行诠释，其结果自然是幼儿对音乐结构感受的混乱。

与重复对应的是对比原则。三段体中的 AB 段、回旋体中的 A 段与其他变化段一定会有对比效果，在进行动作诠释时要抓住对比的特征，使幼儿一看动作就知道音乐的风格变了。说到底，动作诠释最怕的是该重复处不重复、该对比处却重复这样的音乐与动作相背离的现象。

4. 动作简单原则

有的老师比较喜欢进行舞蹈活动，但是动作设计往往比较难，如果意象化的动作成了幼儿学习的负担，那么教师对音乐的动作诠释不但不能成为幼儿理解音乐的桥梁，反而成了幼儿理解音乐的障碍。因此，动作设计应该简单，保证幼儿有更多的时间来参与音乐活动。

（三）动作意象的方式

1. 离开作品原意，进入幼儿能理解的生活情境的动作意象（有一定情节性）

在选用作品时，有的作品表达的可能跟课程中的内容并不符合，这就需要教师偏离作品原意，安排动作。例如《瑞典狂想曲》这首作品中，教师可以依据 ABA′ 曲式，设计成 A 段为劳动场景，B 段为禾苗成长、在田野间嬉戏的场景，A′ 仍然为劳动场景。

2. 依据作品原意进行动作意象（有一定情节性）

所谓依据作品原意进行动作意象是指教师根据音乐作品的原有内涵安排或者设计动作。此类作品有《图画展览会》《动物狂欢节》等。

这里以《图画展览会》中《水族馆》为例，A 段表示鱼在水中游；B 段表示水中的水草由高到低地漂浮；C 段表示大波浪的翻腾；D 段表示水泡泡的出现与消失；E 段或 B，段又是水草。这个曲子的核心音乐形式模型是节奏型。A 段是琶音奏出的先密后疏的节奏型，通过手腕转圈动作把这种节奏型表达得细腻而优雅；B 段是清脆的从高到低的完全密集节奏型，用由高到低手腕波动动作表示；C 段与 B 段比，无论是琶音还是一句旋律轮廓都变大了、变松了；D 段是清脆的短音。这些节奏型是通过身体动作来表达并激发幼儿的注意能量的。

3. 带有舞蹈意味的动作意象

带有舞蹈意味的动作意象作品旨在用简单的动作表达出曲子的内容。以下面两个曲子为例。

（1）《献给爱丽丝》的动作说明

A 大段动作：A 大段分为 a、b 两个小段，a 小段动作分为三步，第一步双手交替拍大腿，第二步手掌相对，一只手掌与另一只手掌摩擦后伸向斜上方，换方向摩擦手掌另一只手掌伸向斜上方，第三步，回到第一只手掌。b 小段两只手做划水动作四个，并且四个动作的空间位置的高度可以一个一个地递增。

B 大段动作：B 大段分为 a、b 两个小段，a 小段两手掌相对，并在胸前画横放的数字 8。b 小段两只手放置于头顶并做弹琴动作，从头顶到腹部做两次，再举起一只手放下，最后举另一只手放下。

C 大段动作：C 大段分为 a、b 两个小段，a 小段做推车动作四个，再做抱娃娃动作四次，再重复前两个动作。b 小段时，双手从小腹位置滚到头顶，再返回。

（2）《天鹅》的动作说明

天鹅的曲式是一个引子加两大乐段加尾声组成。

引子动作：慢抬手于身体正前方。

A 大段动作：A 大段分为 a、b 两个小段，a 小段一只手先压手腕七次，从身体侧面举起放下。另一只手的动作前一只手的动作相同。b 小段一只手的手心向下，手臂从胸前横过向上由侧面向下画大圈，紧接着，另一只手跟上，放在第一只手的手背上，然后摆双臂交叉在胸前，最后向上向外打开放下。

B 大段动作：B 大段分为 a、a 两个小段，a 小段先将手臂于身前打开，再从侧面放下，另一只手的手臂重复该动作，最后换第一只手的手臂向上打开，并且在原地转一圈。段可以换一只手段重复 a 小段的动作。

尾声动作：拍翅膀的动作并身体慢慢下蹲，双手靠近地面，然后跪下低头，手臂伸向头顶前方，一只手置于另一只的手背上。

这种动作意象设计在动作上并不是很难（这两首相对算难的），但与音乐丝丝入扣，这样的方式能使幼儿在动作中感受音乐。

4. 集体舞（圈舞、队列舞）也是动作意象的一种方式

集体舞的音乐形式往往有比较多的重复和对比，因此特别适合动作意象。我们老师在为集体舞配动作时，往往比较重视节奏、速度、风格，而有点轻视重复与对比的音乐手法。如果我们在编集体舞时也能遵循动作意象的四个原则的话，那么集体舞除了能保留其热闹欢快的气氛外，还能增加其令人难舍的艺术味——意象。

以《陀螺舞》为例：

基本队列：双人圆圈，逆时针方向。

1～2 小节：左右左踏步身体往左转；右左右踏步身体往右转；

3～4 小节：左脚起朝左踏步自转 360°；

5～6 小节：右左右踏步，身体同时往右转；左右左踏步，身体同时往左转；

7～8 小节：右脚起朝右踏步自转 360°；

9～10 小节：舞伴两人手拉手转圈。

11～12 小节：反方向，动作同 9～10 小节。

13～14 小节：同 9～10 小节。

15～16 小节：里圈舞伴把外圈舞伴推向前列，完成舞伴的交换。

二、音乐教学教育的教育性原理

音乐教学教育的目标其实就是培养能与自我和谐、与自然和谐、与社会和谐的人，换言之，经过我们三年的幼儿园音乐教育，幼儿对音乐中的句式与非句式样式的再现与表现特性能越来越敏感。在音乐活动中，音乐目标与教育目标不是有你没我的对立关系，而是照镜子般的你我共存关系，是张力关系。教育目标是价值目标，是我们最终需要的；音乐目标是规限目标，是音乐教学与其他教学不同之处，是其他教学所不可替代之处。在张力结构中价值目标优先，但是，如果忽视了规限目标，价值目标的优先也就不存在。优先性与规限目标同时实现，才是张力的意义、教育的真谛。

（一）自我和谐

与自我和谐的人表现为具有主体性，在发挥幼儿主体性上，幼儿园音乐教育活动的偏差是有的。例如，器乐曲的出场基本上是让幼儿听了音乐后进行动作情节性的创编，理由是这样能充分发挥幼儿的主动性与创造性。但是，身体动作的创编是以音乐性为前提的，在幼儿对音乐特性不理解的前提下进入身体动作创编，就比较容易偏离音乐。所以，许多音乐器乐曲的教学说起来是音乐教学，实际上去掉音乐用故事性语言替代也完全可以，因为幼儿的身体动作创编并没有以音乐为背景。这种偏离音乐性的创造性是虚假的，因为音乐创造性是以音乐句式与非句式形态为原型的想象，而非没有根据地随便做动作，这种无根据地做动作助长了幼儿的臆想而非想象。又例如，为了显示要发挥幼儿的创造性，在一个教育活动中堆积大量的学习任务，具体表现为：①学好新的律动接着创编造型；②学好新歌接着分角色表演还创编歌词，如此种种，在一个教育活动中任务驳杂、新经验堆积很容易使幼儿陷入顾此失彼、难以统筹的混乱境地，这种状况是谈不上什么创造性的。上面第一种偏差是在幼儿没有任何音乐经验积累的情况下，让幼儿进行空洞的创造；第二种偏差是为创造而创造，把音乐创造当作形式走过场，不知音乐创编的本质是为了什么。为此，教师应该紧紧抓住幼儿的经验铺垫，并且要有清晰的任务意识。

（二）社会和谐

在幼儿园所有日常教育活动中，我们都会关注幼儿与他人对话、合作的态度，在音乐教育活动中也不例外。但是，这并不意味着每一个音乐活动一定要有合作、一定要与别人互动。然而，在幼儿音乐教育活动中社会性特征是非常明显的，歌唱中的领唱、对唱、齐唱、合唱，演奏中的合奏，舞蹈中圈舞、队列舞、邀请舞，即兴中的协商合作等等，都有着社会性要求。在这些活动中培养幼儿善于倾听别人意见、善于提供自己智慧、善于关照别人等社会性品质是音乐教育的重要任务。

在集体音乐教育活动中比较容易出现音乐性与教育性双失的情况。例如，机械地训练幼儿学会一个高难度的舞蹈表演、训练幼儿识图谱、让幼儿严格按照图谱演奏打击乐、训练幼儿敲击节奏等活动，对幼儿来说很难得到愉悦感。在幼儿不愉悦的情况下，发挥幼儿主体性就不复存在，而扼杀主体性的活动是违背教育的根本精神的。进行这样教学的老师用心也是良苦，他们一定认为这样才是真正的音乐教学，只有这样，幼儿才能学到音乐知识与技能。然而，教师也应该强调有意义的音乐活动，不能仅仅强调幼儿音乐活动中的积极、主动，而丢失内核，同时又要发挥音乐性目标，使音乐性与教育性取得好的结合。

思考题

1. 简述幼儿音乐教育的定义与特点。
2. 简述幼儿音乐教育的表现目标、过程目标与行为目标。
3. 幼儿音乐活动设计原则有哪些?
4. 简述幼儿音乐教育实施的方法。

第三章　幼儿韵律活动教学

本章导读

人类的情感是音乐的来源，而情感通常是由人的身体动作表现出来的，在人的身体中包括发展感受和分析音乐与情感的各种能力。因此，音乐学习的起点不是钢琴、长笛等乐器，而是人的体态活动。由此可见，随音乐进行的身体活动，不仅是幼儿学习舞蹈、学习音乐的最自然的方式，而且也是幼儿体验和表达情感的最自然的方式之一。

学习目标

1. 明确幼儿园韵律活动的概念与基本类型。
2. 理解幼儿园韵律活动材料选择与动作创编的规律。
3. 掌握幼儿园韵律活动设计与指导的常规结构与流程。

第一节　幼儿韵律活动的基本类型

幼儿音乐律动一般是指幼儿在音乐或节奏乐器的伴奏指导下，通过形体的动作再现音乐的高低、强弱、长短、快慢、音色、性质风格等变化，或运用形体动作形象生动地模仿某种事物或抒发某种情感。它是幼儿表达情感的一种最直接、最自然的方式。

幼儿在音乐学习中最早使用的途径动作，通过韵律活动幼儿可以充分地感受音乐，享受音乐，发展节奏感，形成音乐概念，掌握音乐技能。同时韵律活动还满足了幼儿身体运动的需要，满足了幼儿对音乐进行探究的需要；满足了幼儿想象、联想、思维的需要和创造性表现的需要，也满足了幼儿合作交往的需要等，为幼儿身心健康的发展提供必要的外部条件。

一、幼儿音乐律动的内容

（一）空间

空间一般有两种：一种是自我的空间，它是指个体不移动时，身体的前、后、左、右的距离；另一种是一般意义上的空间，指整个房间，天花板下、墙壁以内、地板上的空间。这两种空间都包括了三种水平：第一种是中水平，站立时的姿势；第二种是高水平，踮起脚，往上延伸时的姿势；第三种是低水平，站立时，往下延伸的姿势，如弯腰、下蹲等。

空间与身体关系密切，可以说它限制身体的律动方向，同时也决定身体的律动活动，如前进、后退、左右摇摆、上跳下蹲等。身体律动的路线可以是直线，曲线等。例如，为了让幼儿探索自我空间，教师可让每个幼儿站在自己的呼啦圈里，想象是自己的小房间，然后提问：在自己的房间里你能够变得多低？如果把指尖当做屋顶，你的房间能有多高呢？如果想让幼儿探索一般的空间，教师可让幼儿听着音乐离开房间，但要求音乐结束后必须马上回来，然后提问：还能记得自己的房间吗、回来的路线是怎样的等。

（二）塑形

塑形是指用身体或者身体上的部位来摆造型。幼儿通过自己对事物的观察进行模仿，这个模仿可以是个体完成，也可以是合作完成。例如，让幼儿独自用身体模仿彩虹，用自己的双手做出心形或者两个小朋友合作搭个房子等。像在《伦敦桥塌了》的唱游活动中，就可以由两位小朋友模仿伦敦桥的造型，这就是运用身体塑形来完成律动的范例。

（三）时间

时间指与肢体律动动作的快慢关系，在与幼儿进行活动时，可以让幼儿体验想象从最慢到缓慢再到快的过程。例如，模仿火车进站出站，体验渐慢、渐快的时间变化过程。

（四）力量

力量是肢体动作强与弱的呈现，它不仅包括动作幅度，还包括整个肌肉的张力。比如，踮起脚和跺脚就是不同的肌肉张力和肢体幅度的律动，它们的力量是完全不同的。

（五）基本动作语汇

幼儿的动作能力发展是有一定规律的，即从大肌肉运动到小肌肉运动的逐步发展。再具体而言，也就是：从大肌肉，大关节的整体性动作到小肌肉和小关节的微小动作；从单纯动作到复合动作；从原地动作到空间转动动作。

身体是律动的乐器，花些时间来探索、了解这种乐器的种种可能性，培养出对身体的关注习惯和控制能力，是开始律动前最基本的工作。上述这种探索、了解需建立在了解两种基本律动的基础上。

1. 原地律动

原地律动主要是利用整个身体在原地做动作，如点头、拍手，拍腿、踏步、摇摆、转身、扭腰、伸展、弓腰、下蹲、推、拉，摇动等，通过独立地使用身体的躯干和上肢部位，进行身体的上下空间和上肢伸展律动。

2. 空间移动

它是指身体从一个地方移动到另外一个地方，包括跳，滑，走步、跑步、跳步、蹦、跃、奔腾、滑步跑、轻跳、单脚跳和疾跑等。

二、幼儿韵律活动类型

幼儿园韵律活动是通过动作学习音乐的活动类型。通常指在音乐伴奏下以协调性的身体动作来表现音乐的活动。从狭义角度，包括随着音乐的旋律和节奏做有规律的肢体动作，如拍手、点头、摇摆身体等；从广义角度，凡是在音乐进行中的各种动作、游戏、舞蹈等都属于韵律活动的范围。

幼儿园的韵律活动，一般包括律动及律动组合、舞蹈和音乐游戏等类型。

（一）律动及律动组合

律动及律动组合一般可以分为：基本动作、模仿动作和舞蹈动作。

1. 基本动作

是指幼儿在反射动作的基础上发展起来的日常生活动作。如走、跑、跳，摇头、点头，弯腰、屈膝，击掌、招手、抓握等。

2. 模仿律动

模仿律动是在音乐伴随下幼儿模仿特定事物的外在形态或运动状态的韵律活动。模仿律动要求合乎音乐的节拍、节奏和艺术的美感，并能够表现出音乐的情绪特点。

幼儿模仿律动经常模仿的内容，大致有以下几个方面：

（1）动物动作

兔跳、蛙跳、鸟飞、熊走等。

（2）人的劳动和其他动作

浇水、摘果子、插秧、织布、划船、行军、扛枪等。

（3）自然界的现象

风吹、柳树摇摆、植物生长、下雨等。

（4）游戏中的动作

开小汽车、开飞机、拍球、坐跷跷板等。

（5）生活中的物品或科学探究

茶杯、钟表、机器人、火箭、宇宙飞船等。

模仿律动是3~4岁幼儿最感兴趣的活动，因为他们所关心的不是动作的本身，而是动作所表现的熟悉事物，所以在 4 岁以前应以模仿动作为主。

（二）舞蹈

舞蹈动作是经过多年文化积淀、已经基本程式化的艺术表演性动作。

1. 基本舞步、手位与组合

幼儿舞蹈主要有一些基本舞步，如：踏步、小跑步、踏点步、踏跳步、后退步、跑跳步、跑马步、华尔兹、秧歌步、滑步等。这些基本舞步加上简单的上肢动作以及简单的队形变化就构成了幼儿舞蹈的主要内容。

2. 幼儿成品舞

按照参与人数为标准可以划分成独舞、领舞与群舞、双人舞、集体舞；按照动作的表演性可分为自娱舞与表演舞（包括歌表演）；按照表演的内容风格可以分为民族舞、童话歌舞与幼儿生活主题舞。

（三）音乐游戏

音乐游戏是一种有规则的游戏，是在幼儿自发游戏基础上，为实现一定的音乐教育目标而编制的游戏。它与有音乐伴奏的语言游戏、体育游戏或智力游戏不同，在这些游戏中，音乐只起陪衬和背景作用。在音乐游戏中，幼儿则必须根据音乐的性质、情感、节奏、结构等要求进行游戏，其全部规则都是建立在特定的音乐教育目标基础之上。

音乐游戏以发展幼儿音乐能力为主要教育目标，幼儿在自由愉快的游戏中能提高音乐的感受能力、表现能力和创造能力，也能提高交往能力、合作能力和自控能力。在自由愉快的游戏中，幼儿能够获得更多的积极情绪体验，这种体验的积累，对激发幼儿的音乐活动内驱力有着不可取代的价值。此外，音乐游戏还是集体音乐活动的"兴奋剂"和"调节剂"。它既能引发和保持幼儿参与活动的积极性，又能缓解幼儿学习活动的疲劳。

音乐游戏是多种多样的，分类方式也各不相同。

1. 从主题情节角度划分

（1）有主题、有情节的音乐游戏

这类游戏一般有一定的故事情节，有特定的角色划分，游戏有高潮，有规则。如《找小猫》。

（2）有主题无情节的游戏

这类游戏没更多的情节，类似律动，但有严格的游戏规则。如：《小老鼠》《抢椅子》等。

2. 从形式与目标划分

（1）歌舞游戏

歌舞游戏指主要侧重于歌唱和韵律活动的游戏。这种游戏的特点是：按照歌词、节奏、乐句或乐段的结构做动作、变化动作和进行游戏。有时也有简单的情节和角色，但与表演游戏不同的是其情节和角色通常没有专门的音乐来表现，也不需特别强调情节和角色的表演。

歌舞游戏通常又可以再分成两类。

①比较侧重过程中的创造性表现

这类游戏的特点主要是：幼儿在每次活动中都要做出与他人不相同的反应。如小班游戏《小老鼠上灯台》，要求按音乐一拍一拍地用手的动作做表演，可以把身体的不同部位当作灯台，也可以用手的不同姿势来做表演。歌曲只有一段歌词，但每次重新做游戏时，都要请幼儿想出一个新的表演方式。再如中班游戏《碰一碰》，音乐只有一段歌词，每当唱到"碰哪里？"就由教师或一名幼儿即兴说出要求相互触碰的身体部位，如"鼻子碰鼻子"，或"耳朵碰肩膀"，全体幼儿须立即在最后一句音乐结束之前完成与所结同伴相互触碰的要求，并且最好能用与他人不同的方式做出有关动作。

②比较侧重歌舞和歌舞之后的游戏

这类游戏的特点主要是：先按规定的形式和不同的角色分工进行歌舞表演或做某种规定动作，而后紧接着是一个比较兴奋的游戏。中班游戏《开锁》，歌曲只有一段歌词。全体幼儿手拉手围成圆圈作为锁，由一位幼儿当开锁人。开锁人在圈外，一边沿顺时针方向前进，一边在幼儿拉着的手之间每小节做一次向下"切"表示开锁的动作。歌曲唱完后，全体按节奏喊"咔啦"表示锁被打开，此时开锁人的动作正好做到哪两个幼儿中间，这两个幼儿就必须立即往相反方向跑，先回到原来位置上的幼儿，就作为下一次的开锁人。再如大班游戏《十个小矮人》，歌曲只有一段歌词。全体幼儿手拉手围成圆圈，一个人当白雪公主站在圈内，全体唱歌词，每唱到一个数字时，白雪公主就摸圈上一个幼儿的头，一边做一边沿着顺时针方向前进。第二遍音乐的前奏开始时，被摸到头的 10 名幼儿迅速走进圈内并围成一个小圈。第二遍音乐开始时，大圈上的幼儿踮起脚做"高人"，按音乐的节奏向逆时针方向前进，小圈上的幼儿屈膝做"矮人"，按音乐的节奏向顺时针方向前进。第二遍音乐结束后，教师弹奏一个下行音阶，音阶弹完时，小圈上的"矮人"必须全部回到大圈自己原来的位置。找不到位置或找错位置的幼儿，可以暂时停做游戏或为大家表演一个节目。

（2）表演游戏

表演游戏指主要侧重于按音乐性质变化进行情节和角色表演的游戏。这种游戏的特点是：按专门设计、组织的不同音乐做动作、变化动作和进行游戏。这种游戏的情节和角色通常都有专门的音乐来表现，也相对比较强调情节和角色的表演。

在这种游戏中，仅强调幼儿的动作和表演要符合音乐的性质、节奏和结构。一般没有统一规定的动作，各部分音乐重复的次数也没有严格的规定，甚至有时为了增强幼儿对音乐的反应能力，还可以改变音乐的顺序，或突然中断某一种音乐而改换成另一种音乐。如小鱼游水，吃食，又游水，突然"捕鱼人"来了等。灵活多样地组合音乐开展游戏，可以锻炼幼儿听辨音乐的能力，提高他们活动兴趣的同时，培养他们快速反应的能力。

（3）音感反应游戏

这类游戏侧重对音乐现象或音乐的听辨结果进行快速反应，以培养幼儿对音乐的高低、强弱、快慢、节奏、音色、结构等要素的分辨能力。这种游戏的特点是：只要求按规定方式对音乐或声音的某种要素做出反应，一般不注重情节和角色表演。

如音乐游戏《抢椅子》，只要求跳舞的人一听到音乐停止就立即抢占空着的椅子，要求分辨的是音乐的进行和中断；音乐游戏《找戒指》，只要求找戒指的人一听到音乐变强，就应立即意识到拿戒指的人就在附近，反复倾听强音将戒指找出，游戏要求分辨的是音乐强弱的变化；再如游戏《青蛙和小鸟》分辨的是音区的高低。

（四）幼儿园音乐游戏活动组织要点

1. 介绍游戏

教师向幼儿介绍音乐游戏，主要使幼儿了解游戏，的内容及玩法；熟悉音乐，了解音乐和游戏玩法之间的有机联系。

介绍游戏可以先从介绍游戏的名称和简单的玩法入手。介绍后让幼儿安静地听音乐，特别注意听关键性的地方。例如音乐的变化和游戏规则的关系。在反复听音乐的过程中，通过老师的启发、讲解和动作、手势、表情，使幼儿逐渐理解游戏内容，感受音乐的性质，体验音乐的情绪。幼儿只有把音乐内容与自己的生活经验联系起来产生了丰富的想象，才能做出相应的动作反应。

有些音乐游戏内容简单，音乐性质鲜明，对年龄较大的幼儿，不必先介绍游戏内容，可以在说出音乐名称以后，直接让他们听音乐，自己确定音乐性质，讨论在这种性质的音乐伴奏下可以表演什么动作。然后再简单介绍游戏玩法。带有歌表演性质的游戏，可以先欣赏歌曲，再让他们自己根据歌词编动作，最后加上竞赛等因素，但动作必须符合音乐的性质。如果音乐游戏的音乐长、结构及游戏的情节比较复杂，则让幼儿完整地欣赏音乐以后，还要分段听、重点听，逐渐听完整个音乐，并结合游戏中的角色或情节来确定音乐的性质，然后再教游戏的玩法。

2. 教师示范游戏

示范要求动作清楚，讲解清晰，重点突出。

3. 引导幼儿游戏

幼儿能合着音乐做动作，动作要形象，正确、有感情，并能遵守游戏的规则，教师要注意：

第一，集体做音乐游戏以前，先要检查幼儿经过多次欣赏游戏的音乐以后，是否熟悉了音乐，是否清楚了游戏中的核心动作。尤其要着重了解幼儿对音乐结构的理解、感受。因为一般游戏的玩法及规则都与音乐结构有密切联系。如结尾的音乐，各乐段之间的过渡音乐等都与游戏的规则，游戏情节的变化有密切联系。

第二，集体音乐游戏时，对年龄较小和基础较差的幼儿一般是模仿教师的示范动作。对基础较好的幼儿，在教师启发、引导下，可让幼儿根据他们对音乐的理解、感受，对游戏角色的认识，自己创造性地扮演游戏角色，创编游戏动作。教师可把幼儿自编的典型动作向全班幼儿反馈。要求幼儿创编游戏动作是对教师提出更高的要求，教师要进一步认真分析游戏，分析幼儿已有的游戏能力，深入地考虑怎样启发、引导幼儿的想象，发挥他们的创造能力，还要设想可能出现的情况，准备好应对的策略。

第三，音乐游戏可从整体玩入手，也可以从分段玩切入。比较简单的音乐游戏可进行整体教学，让全体幼儿学会游戏中的各个基本动作后，教师便可带领幼儿玩游戏。小班幼儿由教师带领一起玩，在玩的过程中，教师用语言和动作引导幼儿。如玩《小鸟找窝》时，教师可以说："我是鸟妈妈，大家都是小鸟，现在你们要跟妈妈飞到草地上去玩啦！"然后带领幼儿在音乐伴奏下做鸟飞动作，教师张开手臂："小鸟飞时翅膀要张开，像我这样飞，像我这样踮起脚尖轻轻地飞。"比较复杂的音乐游戏要根据游戏中的角色，分解出若干个基本动作，用动作练习的方法先让幼儿熟悉，然后再进行累加。但也要注意，分段练习过多有时会失去游戏性。

第四，有些音乐游戏的组织需要小步递进。如《小花猫和小老鼠》开始不进行追逃，教师严格要求幼儿跟着音乐做动作，动作要准确，形象协调、富有韵律感。然后再加上猫追、老鼠逃的环节。此外还要让幼儿不断明确游戏的规则，鼓励幼儿遵守规则，以培养反应能力、自制能力与团队意识。

第五，做好个别辅导工作，培养能力强的幼儿担任游戏中的"小老师"，帮助能力差的幼儿。或先请一小组幼儿玩游戏，其他幼儿观看，再让小组幼儿带动全班一起练习。

第六，简单游戏或幼儿已经熟悉的游戏，教师要逐步退出，在旁边指导、提示，发展幼儿的独立性与创造性。

4. 拓展音乐游戏

已经熟悉的游戏教师可鼓励幼儿自行玩耍的基础上，提出新的拓展要求，不断加深游戏的内容，增加新的游戏规则，以提高幼儿游戏能力，进而培养幼儿创造性。

为了提高拓展游戏的积极性，可利用辅助材料如纱巾、彩带、乐器等来增加兴趣。

三、幼儿音乐律动能力的培养

以往人们通常是以幼儿能否唱歌、能否演奏乐器来评判其音乐能力。如果一个幼儿很有音乐天赋，但他对音乐的接触只有唱和奏，那么对幼儿来说还不算是全然地感受和体验音乐。真正的音乐教育应让幼儿能完全地体会、感受音乐，让幼儿有充分的机会去听、唱、玩、创造、探索和肢体律动等。

（一）运动觉的发展

1. 组合动作能力发展

幼儿的动作发展是一个从单一动作到组合动作，从大肌肉动作到小肌肉动作，从粗糙动作到精细动作的发展过程。一般来说，2 岁左右的幼儿能够自如地行走、爬，拍、推、拉等；到 3 岁左右，幼儿能够基本掌握拍手、点头、摇头、晃动手臂、用手拍打身体部位等动作，同时能够伴随节奏性强的音乐拍手，转圈、摇摆身体等。如在唱儿歌《泰迪熊》时，幼儿可以边唱或边听边做动作：

泰迪熊泰迪熊转个圈，

泰迪熊泰迪熊摸下地，

泰迪熊泰迪熊上楼梯，

泰迪熊泰迪熊关上灯，

泰迪熊泰迪熊说晚安。

这首旋律简单的儿歌，歌词动作单一简洁，幼儿可以跟着音乐做"转圈，摸地，走楼梯、关灯、说晚安"的动作。

2. 动作协调性发展

随着幼儿动作发展的分化和逐步精细，幼儿到了 4 岁左右，逐步会做上下肢体联合的复合动作，其动作的协调程度以及对动作的速度、幅度的表现力也会逐步发展起来。这个阶段的幼儿对音乐体验的动作表现将更加丰富，认知能力和肌肉控制能力也会进一步发展，他们对动作的认知基本可以做到流畅、准确的表达。

在发展复合动作的同时，4～5 岁的幼儿能够合拍跟着音乐做动作，此时基本以 2/4 拍、4/4 拍为主，2/4 拍节拍感为强—弱，4/4 拍的节拍感为强——弱——次强——弱。比如，强拍可以拍腿，弱拍可以拍手，次强拍可以拍肩膀表示，以变化打击身体不同部位的动作加以训练，其动作的协调性也可以得到更好的发展。

而 5～6 岁的幼儿，动作将进一步精细，身体（腰部、躯干）——腿，手臂——肘——手腕——手掌——手指关节都可以进行动作，而且动作控制能力更强，身体的平衡感、协调性明显提高。如在学习 3/4 拍时，在强——弱弱节拍感的感受体验基础上，强拍以拍腿表示，弱拍以拍手表示，上肢肢体可以准确协调地完成。这时的幼儿可以尝试学习华尔兹舞，加深对 3 拍的节拍感。

（二）音乐感的发展

1. 音乐听觉的培养

音乐听觉能力是体验和表现音乐的重要能力之一。音乐首先是听觉的艺术、音响的艺术。在音乐要素的学习中，无论是旋律、节奏、节拍，和声，还是曲式与风格都需要敏锐的音乐听觉。没有音乐聆听，就无所谓音乐的发生。

动作和声音的联结从一开始就要紧密地建立起来，就和听觉刺激与生理反应要紧密结合起来一样。幼儿音乐律动学习的重要任务就是使幼儿能将肢体运动和声音的感觉结合并且内化，通过"刺激——反应"的学习模式，以听觉刺激来获得肢体反应，再反复地进行体验和巩固记忆，以达到能力上的迁移。这将有助于幼儿听觉即时反应能力的发展。

在律动教学中，我们通常用口令，乐器等作为信号，让幼儿聆听并对其做出反应。有时也会让幼儿通过聆听音乐的进行和停止来改变方向并迅速做出身体上的反应，以此方法来培养幼儿听音乐的注意力和对音乐的快速反应能力。如在进行音乐律动活动中的"即时反应练习"时，幼儿根据教师所给的速度行走，与此同时教师可以演唱或演奏音乐，教师随时喊数字口令，如"4"，幼儿停止行走，同时按所给的数字拍手，如"1、2、3、4"，当然也可以大声念读节拍，念读时切记要保持速度上的均匀。通过这样的练习，幼儿的听觉能力及快速反应能力可以得到很好的刺激与培养。

2. 音乐节奏感的培养

律动与音乐要素有着直接的联系，通常能最先打动人心灵的音乐要素就是节奏了。当幼儿在探索他周围的世界时，节奏就在透过感官刺激后引起的动作反应中不知不觉地获得发展。幼儿从起床到打哈欠，刷牙、跑来跑去，或者在跳绳，拍球等运动中，又或是在玩积木敲敲打打时，这些节奏性的经验就在生活中不断被积累，这非常有助于幼儿节奏本能的发展。

除了上述动作性的节奏经验之外，也有模仿生活中人或事的其他节奏经验，这些经验主要是来源于视觉、听觉，触觉的，如模仿火车进站，模仿马蹄声等。虽然幼儿不知道这些节奏的涵义，但是在平时的日常活动中，为了发展幼儿的节奏潜能，教师常常通过律动引导幼儿的节奏本能，以强烈的节奏型动作经验，有效地转换为音乐的节奏，从而发展幼儿的音乐能力，帮助幼儿接受音乐节奏的概念。

（三）肢体表现力的发展

幼儿音乐律动教学，能够让幼儿的肢体表现力得到充分发展。锻炼肢体动作时，要密切联系幼儿的生活环境，在生活中提取律动素材。幼儿随音乐模仿常常会从日常生活实践中提炼出节奏性较强的动作。如对日常生活中常用动作的模仿；刷牙，洗脸，照镜子等；

对自然现象的模仿：小树长大，花儿开放、刮风、下雨，雪花飘等；对各种劳动形象的动作模仿：擦桌椅、扫地、洗手绢等；对各种动物形象或动作的模仿：青蛙跳、小鸟飞、鸭走、鱼儿游等。

（四）创造能力的发展

幼儿律动可以激发幼儿创造能力的发展。音乐在幼儿掌握一些律动的基本动作后，可以逐步引导幼儿对动作进行大胆的创编。如幼儿在原地和空间动作时，发挥创造精神，在律动表现层次上进行伸展，弯腰，屈身等动作探索；在律动方向上进行前、后，两侧，对角、曲线等尝试；在身体的重要部位上大胆运用肘、鼻子、手指、脚趾等肢体语言；在律动速度上进行快慢的改变等。这些动作的变化都需要幼儿充分发挥想象力，创造出自己喜爱的表现性动作，启发幼儿全部感官和机能，找到"发现自身"的表现方式。

结合动作的音乐教学内容是非常丰富的，它可以包括声势、身体各部位的动作，以及这些动作在时间、空间中的变化，再加上身体的造型活动，配合游戏，形体表演，乃至与即兴的民族民间集体舞结合起来的表演等。将这些内容交叉，融合，就又可形成新的音乐律动内容。

第二节 幼儿韵律活动的教材选择与处理

韵律活动的材料包括动作、音乐和道具。韵律活动的材料有时是现成的·教师只需拿来熟悉以后即可运用。但有时候，有幼儿感兴趣的音乐，却没有动作说明，这时就需要教师对音乐进行动作化处理。

一、幼儿园韵律活动的选材

为幼儿选择韵律活动材料时，从三个方面来考虑。

（一）动作

为幼儿选择动作要从幼儿的兴趣出发，考虑他们的动作发展能力。

1. 选择动作类型

（1）3~4 岁

3~4 岁幼儿应以模仿动作为主。如打鼓吹号，开车划船，洗脸梳头以及各种动物，各种交通工具，各种自然现象等的模仿动作。

3~4 岁幼儿对随音乐做熟悉的基本动作也有兴趣。随音乐做这些熟悉的动作，既轻松又有节奏感，与日常生活中做这些动作大大不同。所以，可以较多地选择如走步、拍手、点头、摇头、摸脸蛋、揪耳朵等基本动作。

另外，有些基本舞步，如小碎步、小跑步等，能够结合幼儿所熟悉的事物，以模仿动作的形式提供给他们，如小碎步开飞机；小碎步学小老鼠跑来跑去；小跑步学骑自行车等。

（2）4~6岁

4~6岁幼儿仍然对模仿动作有浓厚兴趣。因此，仍应多选模仿动作。

随着年龄的增长，幼儿韵律活动经验增加，中班以后，许多幼儿特别是女孩子开始对动作的形式美产生兴趣。因此，在为4~6岁幼儿选择韵律动作时，需要逐步增加舞蹈基本动作的内容，以满足幼儿的发展需要。

2. 把握动作难度

幼儿的动作发展主要有三条规律：从大的整体动作到小的精细动作；从单纯动作到复合动作；从不移动动作到移动动作。

（1）3~4岁

3~4岁幼儿最容易做的是不移动的单纯上肢大肌肉动作。如站着或坐着用手、手臂做模仿动作或用手做拍击动作。随后，幼儿可以逐步学会单纯的下肢动作，如踏步、走步、小碎步等。最后，在上述基础上幼儿才能逐步学会做简单的上下肢联合移动动作，如边走边打枪；边走小碎步边做小鸟扇翅膀的动作等。

另外，3~4岁幼儿一般比较容易接受连续重复的动作。动作变换一般应在段落之间进行，偶尔也可以在乐句之间进行。

（2）4~6岁

4~6岁幼儿可以较多地学习移动动作（其中可包括腾空过程的跑、跳动作）和复合动作，也可以学习手腕、手指、脚腕、眼睛、肩膀、膝盖等部位的比较精细的动作。随着幼儿记忆和反应能力的提高，动作变换可以较多地在乐句之间进行，甚至偶尔也可以在乐句之内进行。

总的来讲，幼儿动作能力的发展是有限的，应尽量先从单纯的、不移动的、大肌肉的分解动作入手。如在学习侧点步手腕转动时，应在分别学会侧点步和手腕转动以后，再进行复合动作的学习。

需要指出的是，当幼儿结伴做动作时，由于要注意到相互间的配合，同种动作的难度便相应提高了。因此，在为各年龄班幼儿选择结伴韵律动作时，应考虑幼儿是否有相应的单独做动作的经验做基础。

（二）音乐

为幼儿选择的韵律活动音乐，应具有以下特点：

1. 节奏感强，结构工整多重复

节奏感强的音乐，能够激发幼儿进行韵律活动的欲望。结构工整多重复的音乐，能够降低幼儿活动的难度，更容易引发幼儿用动作来表现自己感受的愿望。

2. 旋律明快，形象鲜明

为幼儿选择韵律活动的音乐应该是明快而优美动听的。动听的音乐容易引起幼儿的好感，同时，形象鲜明也是使音乐能够吸引幼儿的重要条件之一。特别对于模仿动作和表现情节、情绪的舞蹈来说，音乐的鲜明形象就显得更为重要。

在选择韵律活动音乐时，还应注意多选不同节奏、不同性质、不同风格的音乐，以扩大幼儿的音乐眼界，提高他们对音乐做出动作反应的能力。如可以为同一种动作选用不同的音乐，以锻炼幼儿的迁移能力；也可以为不同的动作选用同一曲音乐，使用时可根据具体要求改变音乐的某一种或几种要素（如音区、速度、力度等），使音乐的性质发生变化，以锻炼幼儿的应变能力。

歌舞游戏或含有类似成分的其他类的音乐游戏，其音乐选择与韵律活动的音乐选择基本相同：如多使用歌曲和便于幼儿哼唱的乐曲，要求节奏鲜明，结构工整便于幼儿用动作表现等。

表演游戏的音乐，一般要根据情节和角色表现的需要来选择。不同的音乐之间对比性要强，以便幼儿区别和表现。

音感游戏的音乐，需要根据游戏设计的听辨要求来选择，要求听辨的部分，内容形象夸张，音质清晰干净，能为特定年龄幼儿感知。

最后，还需特别强调的是，在韵律活动进行中，要十分注意音乐速度的把握。在为3岁左右的幼儿伴奏时，应注意用音乐去跟随幼儿的动作；待幼儿逐步学会用动作跟随音乐以后，宜先选用中等速度；待幼儿控制自己动作的能力逐步增强后，才可采用稍快、稍慢的速度和速度的逐渐变化。

（三）道具

在幼儿的韵律活动中，大部分情况下并不使用道具。在需要使用道具的情况下，所选道具应具有以下特点：

第一，能增加活动的趣味性，提高动作的表现力，因此，所选道具不宜过大、过重，使用技巧也不宜过于复杂。

第二，能增强幼儿的美感，引发和丰富幼儿的想象、联想，因此，所选道具不宜过于粗制滥造，也不宜过于讲究逼真。

仅向幼儿提供某种线索，供幼儿自己去选择道具，或仅向幼儿提供某种材料，让幼儿自己去制作道具等，这对发展幼儿的想象能力和动手能力大有益处。

这些道具既可增加韵律动作组合的趣味和表现力，又不影响移动和做动作。能创造性地使用简单的道具。如一面铃鼓，有时是乐器，有时又是帽子，有时是扇子，有时又是篮子。再如一条纱巾，捏在手里是一朵花，披在肩上是蝴蝶的翅膀，垂在脑后是一根长辫子，扎在腰里又是一条围裙，拿在手里舞动，一会儿可以是轻风，一会儿可以是白云，一会儿可以是柳枝，一会儿又可以是水草……

二、幼儿韵律动作组合

第一，按情节内容组合。这种组合方式最容易引起小年龄幼儿的兴趣，易于幼儿掌握。

第二，按身体部位的某种秩序组合。这种组织方式有利于培养幼儿的秩序感。如《加沃特舞曲》伴奏下的晨间律动。

第三，按音乐重复与变化的规律组合，即音乐相同做相同的动作，音乐不同做不同的动作。这种组织方式有利于幼儿感知音乐的结构。

第四，按对称的原则组合。如在右边或向右做一个或一组动作之后，再在左边向左做一个或一组相反的动作。这种组织方式有利于发展幼儿的均衡和对称意识。

第五，按主题动作组合。即在一个韵律动作组合中，某一个特定的动作反复出现或反复变化出现。这种组织方式有利于发展幼儿的整体统一意识。

第三节　幼儿韵律活动的设计与指导

一、幼儿韵律活动的目标

（一）小班

第一，喜欢参加集体的韵律活动和音乐游戏。

第二，能跟随音乐的节奏做简单的基本动作和模仿动作，并能跟随音乐变化改变动作。

第三，学习一些较简单的集体舞，初步熟悉在圆圈上活动的空间感觉。在没有队形规定的情况下能够自己选择活动的空间，在空间中移动时能够不与他人碰撞。

第四，初步尝试和体验用动作、表情和姿态与他人交流的方法和乐趣。

（二）中班

第一，喜欢参加集体的韵律活动和音乐游戏。

第二，能跟随音乐的节奏做简单的基本动作、模仿动作和舞蹈动作，并注意随音乐的改变而改变动作的力度、速度等。

第三，学习一些基本的舞蹈动作和集体舞，在集体舞活动中能熟练地在圆圈上走动与进出，愿意与圈上的幼儿结伴游戏。

第四，享受并体验用动作、表情和姿态与他人交流的方法和乐趣，初步尝试用创造性的动作自发地随音乐自由舞蹈的乐趣。

第五，能够在动作表演过程中使用一些简单的道具。

（三）大班

第一，喜欢参加集体的韵律活动和音乐游戏，喜欢自发地随音乐自由舞蹈。

第二，能跟随音乐的节奏较准确地做各种稍复杂的基本动作、模仿动作和舞蹈动作组合。

第三，积极体验用动作、表情和姿态与他人交流的方法和乐趣，并在合作表演的过程中尝试用创造性的动作大胆、主动地表现。

第四，进一步丰富舞蹈动作语汇，在掌握一些基本的舞蹈动作和集体舞队列的基础上，熟悉双圆圈的集体舞空间方位，能熟练地交换舞伴。学习创造性成分的稍复杂的舞蹈组合，初步了解一些创编韵律动作组合的规律。

第五，能够在动作表演过程中学习选择并较熟练地使用一些简单的道具。

二、幼儿韵律活动教学的指导方法

（一）集中幼儿注意力，营造轻松的活动环境

具体方法如下：

第一，教师用前倾的、低位置的、柔软的体态面对幼儿；用亲切的、柔和的目光注视幼儿；用轻柔的、小幅度的、近距离的方式去接触幼儿；用柔和、亲切、缓慢、情感重音清晰的语言对幼儿说话。这些方法有助于年龄较小的幼儿在放松的状态下把注意力集中到教师身上。

第二，教师用充满活力的、姿势多变的体态面对幼儿；用亲切、愉快、有幽默感和鼓励性的目光注视幼儿；用速度、力度变化丰富且强调语义和情感的语言向幼儿说话。这些方法有助于年龄较大的幼儿迅速提高兴奋水平，把注意力集中到教师身上。

（二）引发幼儿学习的内驱力

具体方法如下：

第一，欣赏在前，即将完整的舞蹈（或舞蹈中最富吸引力的动作）、完整的舞蹈音乐

（或片断）的欣赏活动安排在整个活动的开端，让美好的音乐舞蹈艺术形象直接引发幼儿对后继学习的"期待"。

第二，将有趣的学习环节前置。即将韵律教学中对幼儿最具吸引力的动作学习、队形变化学习或人际交往方式的学习环节安排在整个教学活动的开端，直接引发幼儿对后继学习的"期待"。

第三，帮助幼儿感知理解记忆动作。具体方法如下：

1. "边示范边讲解边练习"

般适用于动作学习难度低、队形变化少、舞蹈结构简单的舞蹈，方法是"讲一步，做一步"，直到幼儿完全连贯地独立地表演为止。

2. "分解"动作

对于稍难的动作可采用这种方法，如"手绢花"动作可以分解为：手心向上——上抬——快速翻转或手心向下——下落。另外，许多队形、空间变化的过程也是可以分解的，如男女舞伴面对面相互环绕的动作就可以分解为：面对面接近——稍错位形成右肩对右肩——再向右移动成背靠背——稍错位形成左肩对左肩——退回出发点。

3. 累加法

这是一种在空间意义上的循序渐进的分解。根据舞蹈的动作特点，可以将难点前置，组织幼儿先行学习熟练之后，再与简单的部分累加成完整的舞蹈。如《森林郊游》可先学习第二段的基本舞步，再创编第三段合作交往的方式，最后将第一段走圈与前面的难点部分累加成完整的集体舞。

4. 使用"舞谱"和"语言线索"

使用"舞谱"（表现舞蹈结构的图画）和"语言线索"（表现舞蹈情节的故事，或节奏性童谣），可以有效地提高幼儿对动作的感知、理解和记忆。

三、幼儿园韵律活动的程序设计

活动程序合理与否，不仅是教育目标能否有效达成的重要因素，也是幼儿能否在学习活动中长时间地保持身心舒适、愉快的重要保障。在这个问题上，最根本的处理原则就是"动静交替"。真实的韵律活动教学情境中的动静交替不仅仅只是运动和静止的交替，还应该包括：运动量的交替、熟悉与变化的交替、思考与表现的交替、不同活动媒介的交替等。只要教师能努力在程序设计中注意安排节奏松紧合理的变化，幼儿的学习就能够舒适愉快。

（一）韵律活动常规的教学程序

结构	功能	指导
故事	感受结构	简洁
动作	匹配动作	规定或自编
音乐	和乐律动	原地—独立
拓展	多样体验	合作、竞争；集体舞

1. 故事指引

故事表达音乐节奏，基本结构与风格，要求简洁明了。

2. 感受并学习动作

可以是教师编好的动作，也可以是幼儿自编的动作。同时，动作学习可以结合节奏性语言提示与图形谱，或道具辅助。

3. 熟悉音乐，匹配动作

第一，由教师哼唱旋律，慢速匹配动作。

第二，由教师哼唱旋律，较快速匹配动作。

第三，尝试结合音乐。

第四，熟练结合音乐。

第五，由坐着随音乐动作过渡到站立随音乐动作。

4. 拓展性活动

主要是增加合作、空间变化、道具辅助等多种体验机会，丰富幼儿韵律活动的经验，发展他们的空间合作交往能力。

（二）韵律活动设计的几个要点

1. 动作

动作是韵律活动作品的"血肉"或"色彩"。动作学习不仅能够帮助幼儿积累越来越丰富的动作表达语汇，而且有助于幼儿发展"模仿""迁移""探索""创编"等各种基本学习能力。

（1）动作学习的一般原则

①从容易做的动作开始。

一般遵循以下规律：

拍腿——拍头——拍手——拍肩——踏步——走步；

不移动——移动；

上肢动作——下肢动作；

单一动作——组合动作。

②从容易做动作的速度开始。

一般遵循以下进程：

幼儿感到舒适的速度开始（开始的速度一般在每分钟 120~136 次）——稳定的速度——有变化的速度——儿童有意识的稳定的速度与有变化的速度结合使用。

③从容易的节奏开始。

一般遵循以下规律

无节奏——有节奏；

均匀节奏（单一节奏）——非均匀节奏（有长短搭配的节奏）。

（2）动作学习的开始方式

①从"动作观察"开始

从观察开始的处理不是仅限于观察教师的示范，而是从更为开阔的思路出发，不仅可从观察"实物"、观察"直观教具"、观察"影像制品"、观察"舞蹈作品"等各种观察活动开始，还可以从观察幼儿同伴、回忆原有经验，或在欣赏美术、文学作品后的动作表述交流活动开始……

②从"动作模仿"开始

传统的动作模仿学习中，幼儿模仿的学习对象主要是教师。但是现在幼儿除了可以模仿教师以外，还可以模仿同伴、社会生活中的其他人的活动以及周围社会、自然环境中的各种事物等提供的造型形象和运动方式。

③从"动作迁移"开始

传统的舞蹈教学中，教师总是让幼儿感觉是在学习一个个全新的动作。在为"学会学习"而学和为"迁移而教"等现代教育理念的启发下，从"动作迁移"开始的教学设计，逐渐成为教师教学设计的重要备选思路。

④从"动作探索"开始

"探索"，是指寻找和尝试各种未知的可能性。动作探索，是尝试各种未知的做动作的可能性。这种活动通常都从"提问式"的教学引导开始。教师在提问后的任务是鼓励幼儿尝试，反馈幼儿的尝试，组织幼儿交流以及帮助幼儿分析、整理探索的规律。

⑤从"动作创编"开始

"动作创编"与"动作探索"略有不同。探索活动会给幼儿更多的自由探索的时间和空间，而创编活动则强调幼儿学习创编的知识技能，探讨创作所追求的审美标准，掌握更多动作表达的"字、词、句、段落、篇章"语汇。所以，这种活动大多是从动作探索开始，但以后教师会有更多地参与和引导。

2. 音乐

音乐的进入，可以从音乐的某要素，如"声势节奏""语音节奏"开始，也可以从音乐的某一局部，如"动机""乐句"开始，还可以从有音乐伴随的画面，如"舞蹈表演""配乐美术作品""动画片欣赏"开始等。

音乐与动作匹配遵循循序渐进，由易到难的原则。

（1）念——唱——奏——放音乐

从教师念诵口令（节奏）来匹配动作过渡到唱口令，过渡到慢速唱旋律，再过渡到快速唱旋律或钢琴弹奏旋律来匹配动作，最后过渡到随音乐匹配动作。

（2）单句——单段——多段——完整作品

从典型乐句开始匹配动作到单独段落匹配动作，从分段音乐匹配动作到整首音乐动作匹配。

3. 队形

幼儿园的舞蹈队形学习，是发展幼儿空间概念和人际交往能力的重要渠道。有些从基础队形学习开始进入的集体舞蹈教学设计，能够迅速地帮助幼儿了解舞蹈的整体"骨骼"或"轮廓"，形成舞蹈形象的整体感和与众多同伴共舞的集体感。通常选择这类舞蹈作品所含基本动作比较单纯，难度也不应太高，以便使幼儿能够集中精力于空间变化和人际交往之中。

思考题

1. 什么是幼儿园韵律活动？
2. 幼儿园韵律活动的类型有哪些？各类型的特点分别是什么？
3. 音乐游戏有哪些类型？
4. 简述幼儿动作发展的规律。
5. 为幼儿选择韵律活动音乐时应注意哪些问题？
6. 幼儿韵律动作组合有哪些方式？
7. 简述不同年龄段幼儿园韵律活动的目标。
8. 幼儿园韵律活动常规的教学程序是什么？
9. 幼儿园韵律活动中动作学习的一般原则是什么？

第四章 幼儿的歌唱活动教学

本章导读

歌唱活动是幼儿园音乐教育活动的重要组成部分。本章从幼儿歌唱时的发声方式入手，阐述了在幼儿园歌唱教学中怎样发展幼儿嗓音的艺术表现力，以及在具体的教学活动中怎样选择教学内容和材料，并利用实际教学案例对于新歌教学的十种导入方法进行了说明。此外，本章还强调了歌唱教学的趣味性和创新性，阐述了怎样用有趣的方式和幼儿共享歌唱活动的快乐，以及如何在歌唱教学中培养幼儿的创造性和创造精神。

学习目标

1. 了解歌唱活动的教学内容；
2. 掌握歌唱活动材料的选择；
3. 掌握新歌教学导入；
4. 掌握歌唱活动和游戏的结合；
5. 熟悉创造性歌唱教学。

第一节 歌唱活动的教学内容

幼儿园的歌唱活动泛指所有运用嗓音进行的艺术表现活动。因此，除了通常意义上的学习演唱歌曲以外，还应该包括自由地哼唱，自由地念念有词，有节奏地说，说、唱及动作表演等各种方式相结合。在这类活动中，发展的标准主要体现在以下两个方面：合理使用嗓音，用不伤害自己发声器官健康并且获得良好音色的方式歌唱；能够用歌唱的方式自娱自乐，并合理地表达自己的感情。

一、共鸣位置与歌唱的美好音色

帮助幼儿获得正确的共鸣位置和美好自然的声音的方法主要有以下三种：教师和同伴

的正确榜样——口面腔共鸣和向前唱；轻声入手，养成有控制的情感表达习惯；从较高音区开从上逐渐向下唱。

（一）教师和同伴的正确榜样——口面腔共鸣和向前唱

"口面腔共鸣和向前唱"是中国母语语言发音最自然的方同时也是获得童声清澈明亮音色的最自然的方式，这种发音方式也是避免幼儿将声音压在喉咙里或压进胸腔里的最自然的防范措施。

研究人员通过长期的研究发现，作为肌肉精细运动自我反馈调控的一种模式，如何进行口面腔共鸣，如何向前唱，是很难通过语言来交流，也不大可能通过视觉或触觉来交流的。但是，通过听觉，人们可以自然模仿和接近周围其他人的发音共鸣方式，如：在同一个家庭中，甚至在同一个语言文化地域中，人们说话、歌唱的共鸣方式，在总体上是十分类似的。幼儿园歌唱教学研究的结果也证明，只要教师和同伴能够提供正确的发音共鸣榜样，几乎每个幼儿都能够自然掌握"口面腔共鸣和向前唱"的歌唱发音模式。

（二）轻声入手和有控制地进行情感表达

幼儿园歌唱教学中普遍存在的问题是大声喊叫。当幼儿用喊叫的方式歌唱时，他们身体的大部分共鸣腔并没有很好地参与共鸣。因为在这种情况下，幼儿的发音器官通常都处在非自然的、过度紧张的状态之下，甚至会因为胸部、颈部肌肉过分紧张而造成三种不良状况：一是压迫血管，使颈部血管向外暴起，大量血液非正常地涌向脸部；二是压迫气管、阻碍气息顺畅地通过咽喉；三是引起整个肌体的紧张和四肢都会出现不自觉的强直状态。

全身性的强直状态可以由非自然的发声方法所引起，是非自然内部状态的外部信号。这种非自然的体态和声音不但会通过内部的反馈造成歌唱者不舒适，而且还会造成倾听者不舒适的感觉。

在非压抑的情况下，尤其在自由、自然地进行歌唱的情况下，幼儿所发出的声音总是比较自然、舒适、松弛和美好的。而且，在这种情况下，幼儿唱走音的情况也会大大缓解。所以，轻声，用耳语似的感觉开始唱，已经成为幼儿歌唱的入门要诀。

有些曾经尝试过用轻声入手教学的教师可能会发现，一要求幼儿轻声，幼儿就会没声，即便有声，音色也总是不够清澈明亮，缺乏童声磁性。研究也已经证明，在轻声入手的初期，幼儿的音色的确会让人感到软弱一些，因为幼儿在生理和心理上都还没有完全达到协调。在有着轻声入手良好习惯的班级，演唱完全没有记忆负担和技术负担的熟悉歌曲时，一旦情绪、情感进入适宜状态，明亮、美好、富于感染力的歌声就会自然出现。所以，教师不必过分担心轻声入手会造成失去美好童声音色的问题。但是，教师必须注意前面所指出的先决条件是"在非压抑的情况下"。由于幼儿年龄小，自我调控的能力还相当弱，而且几乎没有形成自我调控的内部感觉标准，再加上幼儿心理承受能力也相当弱，当教师发出要求轻声歌唱的指令以后，希望遵循指令的紧张感和对何谓轻声标准的惶惑感，迫使幼儿很难保持非压抑的身心状态，当然也就不可能发出自然美好的声音了。

所以，在指导幼儿做"轻声入手"的歌唱练习时，教师不应该直接用指令的方式要求幼儿压低音量。真正聪明的办法是：用富于感染力的、口面腔共鸣向前发音的、耳语般轻柔的声音来对幼儿讲解要求，发出邀请和做出歌唱示范，提供的琴声前奏和伴奏的感觉也是一样的标准。

同样，教师也不应该要求幼儿大声唱，因为，这种直接指令会同样造成幼儿的紧张和惶惑。所以最聪明的办法还是由教师做出正确、美好的榜样。此外，作为教师还应该明白，即使你所唱的是一首很令人鼓舞和兴奋的舞蹈歌曲或行进歌曲，也都并非需要使用很大的力气来演唱，我们要努力争取做到"声音不大气势大气"。而"气势大"的关键体现在咬字、吐字所造成的声音表情和由内部情感体验所引发的体态（包括面部）表情上。

（三）从较高音区开始逐渐向下唱

婴幼儿最先获得的音区是在与口面腔共鸣相适应的中音区，即在每秒钟振动 440 次的标准音——小字一组的 a，也就是我们通常所说的 C 调的中音"la"的附近。新生婴儿刚开始学习发音时音区还要稍稍偏高一点，通常的共鸣位置都在眼睛附近，所以我们总是觉得婴儿的声音比较尖亮。随着年龄的增长，幼儿的共鸣位置会逐渐下移。到了 3 岁左右，有的幼儿说话唱歌的位置会掉到喉咙里甚至喉咙以下。由于幼儿下面部位的共鸣腔成熟得比较晚，幼儿应用下面部位共鸣腔的能力也成长得比较慢，所以，有关专家建议，在对 3 岁幼儿进行集体歌唱发音教学时，应从重新唤醒婴儿时期的高位置发音的感觉开始。

为了更自然地让幼儿学会使用美好的嗓音，教师在幼儿园的集体歌唱活动和其他有关活动中可以采取以下三点措施。

第一，利用各种机会自然地引导幼儿发出从高处滑向低处的声音，如讲故事中模仿刮风或流星从天上划下来等；

第二，歌唱定调时尽量保证大部分的音高在 C 调"fa、so、la"周围；

第三，学唱新歌之前先唱一两首音域较窄的有趣小歌，从较高的调开始向下移调，作为嗓子的"热身运动"。

二、咬字、吐字、气息与歌唱的情感表达

帮助幼儿获得清晰准确的表现内容和富于感染力的表达情感的方法主要有以下几种：教师和同伴的正确榜样；从情感体验入手，由内向外，以情带声，身体自然参与体验和表达；教师从歌曲情感分类分析入手，结合歌曲的情感表达，指导幼儿自然应用各种基本的演唱方法；教师的伴奏以及讲解和提示语

为了帮助幼儿清晰准确地表现内容，富有感染力地表达情感，教师应时时处处给幼儿做出正确的歌唱榜样。为此，教师应尽量争取有更多机会直接面对幼儿歌唱或带着幼儿歌唱，应经常使用不带伴奏的清唱和稍带夸张口型的歌唱，并且随时注意自己在歌唱时，情感表达的准确性和感染性。具体可从以下几个方面进行。

（一）咬字、吐字与情感表达

中国传统声乐理论最讲究的技能之一就是"字正腔圆"。"字正"要求的是：发音时字头、字腹、字尾的准确到位和恰到好处。"准确到位"的目的是要使听者能轻松听出唱者所唱的是什么内容；"恰到好处"的目的是要使听者听得舒适、入正确地保持字腹和正确地收出字的尾韵不仅是为了使听者能听清所唱的内容，也是为了唱出有适宜共鸣的、圆润的歌声。由于幼儿是通过模仿来学习歌唱的，所以作为歌唱范例的主要提供者，教师在吐字发音时，首先自己要能做到"字正腔圆"。

一般来讲，目前幼儿园教师比较容易犯的错误有两种。一种错误是不太注意认真发出没有唇、齿、舌破擦动作的声母。如：在"摇啊摇，摇啊摇，我的娃娃要睡觉"这一句歌词中，"摇""啊""我""娃""要"这些字都含有不带破擦动作的声母——"y"和"w"，因为两个声母开头的字，都是不容易发清楚的。在教师不特别注意的情况下，整首歌唱下来，往往只能听清楚"睡觉"两个字，而这两个字的声母，恰恰都是带有破擦的——"sh"和"j"，解决这个问题的办法是：在内口腔中另外"做"出一个字头的破擦动作。缺乏经验的教师可以自己慢慢摸索这种"做"的感觉，评价的标准就是字头能够让人听得清晰自然。教师比较容易犯的第二种错误是：把字头"咬死"，把字腹、字尾"咬偶"，或平均用力地强调出每一个字的每一个部分。解决这个问题的办法是：反复朗诵歌词，注意倾听或请别人倾听自己的发音是否清楚，是否自然流畅，是否富有情感感染力。

咬字、吐字技能的使用，不仅对清晰表达歌唱内容十分重要，而且对歌唱情感感染的强烈程度也是十分重要的。有力的声音通常是由咬字吐字的较强力度、较快速度和较强的气息流动共同造成的。而柔和的声音通常是由咬字吐字的较弱力度、较慢速度和较弱气息流动共同造成。

（二）气息与情感表达

音与音之间气息流动模式所造成的断顿、跳跃、连贯等音响特征，也是歌唱情感表达的重要影响因素。在歌唱实践中，由咬字、吐字和气息应用共同构成了与情感表达紧密相连的演唱方法，各种唱法所暗含的情感表达意义也常常通过文字或符号在乐谱中提出。文字提出的唱法表情要求有：柔和地、跳跃地、坚定有力地、雄壮有力地或宽广地、豪迈地等。符号提出的唱法表情要求有："⌒"连音记号，"▼"跳音记号，">"重音记号和"—"保持音记号等。

（三）咬字、吐字、气息与情感表达

咬字、吐字和气息方法使用的一般规律是：演唱优美、温柔、悲伤的歌曲，多采用较慢速度、较弱力度和相对更连贯、更柔和的气息流动方式，用比较形象的词来说就是"推"出去的，我们把这种唱法称为"抒情曲的唱法"；演唱活泼、欢快、轻松的歌曲，多采用适中的力度，较快的速度和相对更有弹性、更短促、更不连贯的气息流动方式，咬字、吐字的方式是"弹"出去的，通常称为"舞曲"的唱法演唱坚定有力、朝气蓬勃的歌曲，多采用较强的力度，较快的速度和相对较短促但比"跳音唱法"稍长的、不连贯的气息流动方式，咬字、吐字的方式是"打"出去的，可以把这种唱法称为"进行曲的唱法"；演唱沉稳、有力的歌曲，多采用较强的力度，较稳健的速度和相对绵长的、不完全连贯的气息流动方式，这种气息流的头部比"进行曲"的气息流的头部还要更大一些，尾部也要更长一些，咬字、吐字的方式是"爆发"出去的。在幼儿园常用这种方法来演唱劳动歌曲，所以也可以称为"劳动曲的唱法"。

注意：以上分类仅仅只是为了能简单地说明问题。实际上，不但表现军队的、运动员的、小朋友的、小动物的进行曲各不相同，就是同样表现小朋友的进行曲，做操的、郊游的也各不相同，而且在不少歌曲中，段与段，句与句，甚至上句与下句之间也可能采用不同的方法来处理。如：《国旗国旗多美丽》是一首进行曲风格的作品，但同时又是一首抒情歌曲，如果仅仅把它处理成一种风格的演唱方式，肯定不能贴切地表达歌曲的情感。所以作为一个好的教师，应该在备课时认真地分析体验歌曲的感情性质，力争为歌曲确定一套更为合适的演唱设计。

三、歌唱活动的教学内容

（一）歌曲

歌曲是用音乐的方式演唱出来的文学。在幼儿园中，幼儿不仅可以演唱成人专门为幼儿创作的歌曲，还可以演唱传统的童谣以及由幼儿自己创编或即兴创作的歌谣。

（二）歌唱的表演形式

根据幼儿音乐活动的特点，歌唱表演包括以下几种形式。

1. 独唱
一个人独立地歌唱或独自歌唱。

2. 齐唱
两个或两个以上的人在一起整齐地演唱完全相同的曲调和歌词。

3. 接唱

包括个人对个人的接唱和小组对小组的接唱。常见的形式是半句半句地接唱或一句一句地接唱。

4. 对唱

包括个人与个人、小组与小组、个人与小组（或集体）之间的问答式地歌唱。

5. 领唱齐唱

一个人或几个人演唱歌曲中主要的部分，集体演唱歌曲中配合的部分。

6. 轮唱

两个小组（声部）一先一后按一定间隔开始演唱同一首歌曲。如：间隔一小节的轮唱《闪烁的小星》和间隔

（三）歌唱的简单知识技能

幼儿园阶段，幼儿可以掌握的简单知识技能主要有以下几项。

1. 正确的歌唱姿势

包括身体正直，两眼平视，两肩放松，两臂自然下垂，坐着唱歌时不将椅子坐满，不靠在椅背上等。

2. 正确的发声方法

包括下巴自然放松，嘴巴自然打开，自然地向前发音，既不肆意叫喊，也不刻意控制音量等。

3. 正确的呼吸方法

包括自然呼吸，均匀用气，吸气时不耸肩，一般不在句子中间换气等。

4. 正确的演唱技能

包括注意先准确地辨别、理解和形成清晰的印象（音响表象），然后再在熟练掌握的基础上轻松自如地演唱等。

5. 自然、恰当的表达技能

包括自然舒适地歌唱，有理解、有感情地歌唱，自然、恰当地运用声音表情、面部表情以及身体动作表情，不故意做作。有感情地歌唱主要是指在内心已经产生了相应情感体验的基础上，运用咬字、吐字、气息断连变化以及速度、力度变化等演唱技巧进行歌唱。这种运用一定的演唱技巧借助歌声传达出的内心情感，可以被称为声音表情。当然，对于幼儿来说，运用这些技巧的程度是十分低浅的。

6. 正确、默契的合作技能

包括注意倾听自己和他人的歌声，一起歌唱时不使自己的歌声突出，轮流歌唱时准确

与其他人或其他声部和谐衔接，配合歌唱时努力保持各个声部之间在音量、音色、节奏上的协调性，以及在内心情感体验、声音表情、面部表情（包括目光交流）、体态动作表情交流配合方面的协调性等。

嗓音保护的知识技能包括不长时间大喊大叫和唱歌，不在剧烈运动时大声叫喊和唱歌，不在剧烈运动后马上唱歌，不在空气污浊的环境中唱歌，不迎着风唱歌，不在伤风感冒、咽喉发炎的时候唱歌，唱歌时注意努力保持身体、心情、表情、嗓音的舒适状态，感到不舒服时会暂停、休息或自我调整等。

第二节　歌唱活动材料的选择

歌唱的材料主要是歌曲，歌曲是由歌词和曲调两部分组成的。因此，为幼儿选择歌曲应该同时兼顾歌词和曲调两个方面。

一、歌词的选择

（一）内容与文字具有童趣并易于记忆和理解

幼儿的生活经验还很有限，理解事物和语言的能力也比较低。所以，选择歌词的内容、语词和语法应首先能为幼儿理解，否则，很难引起他们的兴趣和情感共鸣。其次，歌词的内容、形象应是幼儿比较熟悉和喜爱的。如：动物、植物、自然现象、交通工具、文具、玩具、身体部位，以及幼儿自己的生活活动和幼儿熟悉的成人的生活活动等。再次，歌词的结构应是简单多重复的。结构简单是指句子中所含的词汇较少，语法结构较单纯；多重复主要是指句子与句子之间长度、结构、节奏相同或相似，甚至在旋律、节奏和歌词方面有较多完全相同的地方。结构简单多重复的歌词不但易于儿童理解、记忆，而且也给幼儿提供了更多自由编填新歌词的机会。

（二）歌词内容应富于爱、富于美、富于想象、富于教益

幼儿是单纯的，他们对于爱、美和自由具有天然的追求倾向，因此所选歌词应该具有由押韵或其他规律重复形成的形式美，并且应该经常使用象声词、衬词、感叹词、无意义音节等富于自由性、新颖性和情感性的材料。在内容美方面，好歌词经常使用拟人、比喻、夸张、诙谐等富于幻想的表现手法，将童心、童趣和爱的情感注入歌曲所表现的事物或事件中，以便能通过在情感上对儿童的打动、吸引来达到审美教育和思想教育的目的。

（三）歌词形式与内容应适合用动作表现

幼儿的活动总体上是不分化的。无论是说话还是歌唱，都常常以动作相伴随，加之幼

儿尚处在语言学习的早期阶段，以动作来辅助语言的理解和表达，是该阶段幼儿学习语言的心理需要。因此，如果所选歌词本身比较适宜用动作表现，则歌曲更容易为幼儿所接受和喜爱。另外，这种边唱边做动作的方法不仅有利于幼儿记忆歌词、发展节奏感、提高动作的协调性，而且也能更好地帮助幼儿表达情感。

此外，在选择歌词时，还要注意处理好幼儿现实发展与未来发展之间的关系，既要照顾幼儿现实的生活经验、兴趣爱好、语言理解和表达能力的发展水平，又要留心歌词所暗含的能促进幼儿向更高水平发展的教育因素。如：有些幼儿暂时还不能够完全理解的歌词，由于配上曲调后有节奏、有韵律、易于上口、易于记忆，可以为幼儿愉快地接受和储存起来。随着幼儿经验的不断积累和深化，这些内容随时随地都会被激活起来，被结合到各种新经验中去。只要教育者在选材比例上注意以容易理解的内容为主，选取少量不太容易理解和暂时不能理解的歌曲为辅，逐步积累和逐步消化，对幼儿的语言、文化知识和思维能力的发展都将是有益的。

二、曲调的选择

（一）音域较狭窄

幼儿一般不宜唱过高或过低的音。因为只有在适合的音域内歌唱，幼儿才比较容易唱出自然优美的声音，也只有在适合的音域歌唱，才不容易"唱走音"。所以，在为幼儿选择歌曲时，不应该选择音域过宽的作品。平时幼儿唱歌时出现喊叫或走音的现象，也往往与歌曲的音域不合适有关。一般来讲，各年龄阶段的合适音域为：

2~3 岁：e^1—g^1

3~4 岁：d^1—a^1

4~5 岁：c^1—a^1

5~6 岁：c^1—c^2

总体上，在集体教育情境中，所选歌曲的音域应当控制在上述范围之内，偶尔有个别音超出这个范围时，只要不是长时值的，不停留在强拍上的音，出现的次数不太多，也是可以接受的。

选择歌曲的音域与选择歌曲的调高有关，教师还应该根据上述的音域范围来为歌曲确定合适的调高，有些教师往往习惯于将音域在 3~5 度之内的歌曲全部定在 C 调上。实际上，这种处理时常是错误的。

c^1–d^1–e^1–f^1–g^1–a^1–b^1–c^2

do re mi

do re mi fa so

do re mi fa so la si do′

从上面的示例可以看出，如果一首歌曲只含有 do re mi 三个音，最为合适的调高应该是 E 调。如果一首歌曲只含有 do re mi fa so 五个音，最为合适的调高应该是 D 调。一般来讲，个人的音域总是从一个相对狭窄的音域开始逐渐向高低两个方向扩展的。所以，婴儿时期就已经获得的音域永远是每个人感到最舒适最美好的音域。

（二）节奏较简单

节奏在这里作广义理解，包含狭义的节奏——时值的长短关系、节拍和速度。

幼儿一般不适合唱过于复杂的节奏。为 4 岁以前的幼儿选择歌曲时，曲调中的节奏应主要由与幼儿自然生理节奏（如脉搏）相适应的，均匀的二分音符、四分音符和八分音符构成的节奏组成，偶尔也可以出现含有附点音符的节奏。为 4~6 岁的幼儿选择歌曲时，可选择含有少量十六分音符的节奏，附点节奏出现的次数也可以稍微多一点，还可以出现少量含有切分音的节奏。

为 3 岁以前幼儿所选歌曲的节拍，最好以 2 拍子和 4 拍子为主。在 3~4 岁之间，偶尔也可以选择一些 3 拍子的歌曲。为 4~6 岁的幼儿选择歌曲时，除了一般仍然以 2 拍子和 4 拍子的歌曲为主以外，可以开始较多地选择 3 拍子甚至 6 拍子的歌曲。另外，在 4~6 岁之间，还可以注意选择一些含有从弱拍开始的乐句的歌曲，以便发展幼儿对"弱起"节奏特殊趣味的敏感性。

用较快的速度或较慢的速度歌唱，对幼儿来讲都是比较困难的。因为幼儿呼吸比较浅也比较短，而快速度和慢速度的演唱却要求能有较深的呼吸和较长的气息支持。所以，在为 4 岁以前的幼儿选配歌曲时，应注意采用中等的速度。4~5 岁的幼儿比较容易兴奋，除了可以适当选择比较轻快活泼、速度稍快的歌曲以满足他们的需要以外，还应该注意多选择一些安静柔美、速度稍慢的歌曲以陶冶性情。5~6 岁的幼儿已经开始有了一定的情感自控能力，控制发音器官、呼吸器官的能力也有了一定的进步。所以，这时可以为他们选择速度稍快或更慢一点的歌曲，还可以选择一些含有速度变化的歌曲，以适应他们歌唱表现能力发展的需要。

（三）旋律较平稳

幼儿一般不适合唱旋律起伏太大的歌曲。一般来讲，他们比较容易掌握的是三度和三度以下的音程，同音重复也包括在内。对小二度音程（即半音），4 岁以下幼儿还不太容易唱准，所以为 3~4 岁幼儿选择歌曲时，应注意多选以五声音阶为主的旋律。在四度以及四度以上的大音程中，幼儿比较容易掌握的是四度、五度和八度音程。对六度和七度音程，即使是 6 岁甚至 6 岁以上的儿童也是不太容易唱准的。因此，在为幼儿选择歌曲时，宜多选择旋律比较平稳的歌曲。三度以上的跳进可以使旋律更加生动活泼，有一点跳进也可以使幼儿逐步适应音程的跳进。但总的原则还是：跳进不宜过多，跨度不宜过大，特别不宜有连续的大音程跳进。

（四）结构较短小工整

幼儿一般不宜唱结构过于长大的歌曲。为 4 岁以下幼儿选择的歌曲，以含 2~4 个乐句为宜，总长度一般在 8 小节左右。为 4 岁以上幼儿选择的歌曲，可含有 6~8 个乐句，总长度也可增至 16~20 小节。

为幼儿所选歌曲的乐句也不宜过长。在中等速度的情况下，2 拍子或 4 拍子的歌曲一般以每句 4 拍为宜，3 拍子的歌曲一般以每句 6 拍为宜。5~6 岁的幼儿在速度较快的情况下，偶尔也可以唱含稍长句子的歌曲。但总的来讲，为幼儿所选歌曲的结构还是以短小为宜。

幼儿不宜唱结构过于复杂的歌曲。为 4 岁以下幼儿选择的歌曲，多数应是结构比较工整的。也就是说，乐句与乐句之间在长度上是相等的，在节奏上是相同或相似的，而且一般应该是没有间奏、尾奏等附加成分的。为 5~6 岁幼儿选择的歌曲，已经可以有间奏和尾奏，偶尔也可以唱一些不工整的乐句，但总体上还是应以工整为宜。4 岁以前幼儿所唱的歌曲，大多数应为一段体或一段体的分节歌。5~6 岁幼儿偶尔也可以唱一些简单的两段体或三段体的歌曲，但总体上还应以一段体为主。

（五）词曲关系较单纯

幼儿一般不宜唱词曲关系过于复杂的歌曲。4 岁以前，幼儿所唱的歌曲大多数应该是一个字对一个音。4 岁以后，可以逐步掌握一个字对两个音的词曲关系。5~6 岁的幼儿还可以逐步适应一个字对多个音的词曲关系。但总的来讲，为幼儿所选的歌曲在词曲关系方面还是相对单纯为好，一字一音的关系应是主流。

三、歌曲的总体选择

歌曲是幼儿园音乐教育的主要内容之一，也是对幼儿进行教育的主要媒介之一。因此，教师在选择歌曲时，除了应注意可接受性以外，还应注意教育性。换句话说，就是所选择的歌曲不仅是幼儿容易理解和掌握的，而且具有思想性、艺术性以及内容、形式、风格等方面的丰富性和多样性，应注意多选我国具有民族风格的优秀作品，同时兼顾世界各国和各民族的优秀作品。

第三节　新歌教学导入

幼儿园集体歌唱活动开始程序的设计，是指在幼儿园集体音乐教学情境中，幼儿第一次接触一首新歌曲的活动设计，也是歌唱教学系列活动中第一层次的活动设计。以下建议的方法如果应用得合理，不但能够减轻教师教授和幼儿学习的负担，提高有限教学时间段内的教学效率，而且还能够使平淡枯燥的新歌教学活动变得生动活泼，富有情趣。

一、从动作开始的设计

该方法的适用范围主要是这样一类歌曲：词曲简单多重复，特别是歌词内容为直接描述动作过程或是富于动作性的。但有些时候，这种方法有更广泛的适应性，如动作可以暗示幼儿歌曲中比较特别的旋律、节奏或不容易记住的歌词等。这种方法在操作程序方面最典型的特征就是"从动作开始"或"动作在前"。

第一，教师提出并直接展示一种或一套简单有趣的动作或动作游戏，在幼儿对教师提供的动作进行模仿或游戏的时候，教师开始演唱或者播放新歌，为幼儿的活动伴唱。

例如儿歌《头发肩膀膝盖脚》。

歌词："头发肩膀膝盖脚，膝盖脚，膝盖脚，头发肩膀膝盖脚，头发肩膀膝盖脚。"

①教师提出游戏方式：全体幼儿先把双手轻轻放在脸颊上，教师喊出身体某一部位的名称时，全体幼儿以最快的速度将双手移到该部位上去。

②教师随意地喊，有时快有时慢，使幼儿感到紧张有趣。

③教师改用歌词中的顺序喊，并逐步加快，让幼儿逐步发现其中重复的规律。

④教师改用歌唱的方式发出指令，让幼儿逐步熟悉歌曲的整体形象。

第二，教师提出某种形象或活动，邀请并指导幼儿用自己创造出来的动作进行表现。在教师带领下，幼儿对创编好的成套动作进行模仿或练习时，教师同时开始演唱或播放新歌，为幼儿的活动伴唱。

例如儿歌《毕业歌》。

歌词：第一部分"时间时间像飞鸟，滴答滴答向前跑，今天我们毕业了，明天就要上学校"。第二部分"忘不了幼儿园的愉快欢笑，忘不了老师们的亲切教导"。第三部分"老师老师再见了，幼儿园幼儿园再见了，等我戴上红领巾，再向你们来问好"。

①教师邀请幼儿创造两种身体动作，分别表现钟表秒针滴答运动的样子和大自鸣钟摆锤敲正点时运动的样子。前者应该小而短并且比较轻快，后者应该大而长并且

②教师演唱歌曲。第一、三部分唱得轻快，第二部分唱得深情，并同时邀请幼儿边听边根据音乐的性质自选合适的动作与自己的歌声相配。

③教师引导幼儿发现：歌曲第一、三部分的曲调相同，轻快活泼；第二部分的曲调不同并且是深情的。

④教师出示挂图，一边带领幼儿做动作一边范唱歌曲。

第三，对于有些词曲难度都比较大的歌曲，也可以采用教师直接展示或引导幼儿创编一套伴随歌词朗诵进行的动作或动作游戏，第一次活动学习伴随动作进行歌词朗诵，第二

次活动学习演唱歌曲并进行相关的游戏活动。

例如儿歌《都睡着啦》。

①教师出示挂图，引导幼儿观察并体验歌词的意境，然后一边引导幼儿观察挂图，一边带领幼儿做动作和朗诵歌词。

②引入游戏。在带领幼儿做动作和朗诵歌词的过程中，加入游戏：被教师拍到头的幼儿，在念和做"都睡着啦"这一句歌词时，自动走到中间的空地上蹲下做睡着状。歌词全部念完后被教师拍到头的幼儿当小白猫。猫一叫，所有幼儿都应立即上位，作为小白猫的幼儿可以追捉没能及时上位的幼儿。（第一次活动）

③教师出示挂图，引导幼儿体验歌词的意境并回忆歌词，然后带领幼儿复习动作和歌词，有配琴教师的班级，可用琴声跟随教师和幼儿的朗诵。

④教师带领幼儿边做动作边练习，将歌词填入曲调唱出（注意唱出意境）。

⑤引入游戏。教师请一部分幼儿扮演歌曲中的角色，可以戴头饰也可以用动作表示，另一部分扮演"星星仙子"，在演唱"都睡着啦"一句时，用动作"施魔法"。当唱到"我们不要把他们吵醒"一句时，下位去轻轻抚摸已"睡着"的幼儿，唱到最后一句时也做睡着状。其他游戏方法如前述。

二、从歌词创编开始的设计

该方法的适用范围主要是一些词曲内容简单多重复、歌词语法结构单纯清晰、具有某些语言游戏性质的歌曲。当然，对于有经验的教师来说，这种方法也会有比较广泛的适应性。这种方法在操作程序方面的最典型特征就是："从歌词创编开始"或"歌词创编在前"。

第一，教师直接提供新歌的第一段歌词，并用边演唱边做动作表演的方式引发幼儿的兴趣，帮助幼儿理解，记忆"歌词的表述结构"。然后紧接着邀请幼儿创造性地提出另外的新形象，由教师将幼儿提出的新形象填入歌曲"替换"掉原歌词中的相应部分并演唱出来。如此反复，逐步邀请幼儿尝试进行新词的直接填唱。

例如儿歌《胡说歌》。

①教师直接演唱第一段的歌词。该歌曲实际上只是将唯一的一句歌词"你把袜子穿在耳朵上吗？"一共重复了五遍。

②教师再演唱一次并邀请幼儿和教师一起跟随歌声做相应动作。

③教师邀请幼儿提出生活中其他非正常的穿戴方式，并帮助幼儿用与歌词相同的表述结构将新的形象编成歌词。接着再邀请幼儿创编相应的身体动作。

④教师演唱新编填出来的第二段歌词，并邀请幼儿和教师一起随歌声做新创编出来的有关动作。

第二，教师提供某种情境，引导幼儿用语言来表述这种情境，然后再由教师将幼儿提出的语言组织成歌词并演唱出来。

例如儿歌《再见吧，冬天》。

①教师提出情境：冬天就要离去，大家怀念冬天中许多美好的事物，对冬天说再见，并且希望冬天再来。

②教师邀请幼儿提出各自对冬天的美好印象，如下雪、结冰以及各种有趣的冬季游戏等。

③教师将幼儿提出的某一事物编填到歌词中唱出，如：再见吧雪花！再见吧雪花！再见吧冬天！希望你再来吧！

④教师邀请幼儿按照歌词的结构自己组织歌词，并和创编的幼儿一起将新词配上曲调唱出。

三、从情境表演开始的设计

该方法的适用范围主要是这样一些歌曲：歌词内容所反映的是一些简单的，幼儿可以"一目了然"的情境或事件，而且这些情境和事件也是幼儿可以用自己的语言表述出来的。该方法在操作程序上最典型的特征就是："从情境表演开始"或"情境表演在前"。

这里所说的情境表演在实际操作中可以有各种不同的方式，可以是由教师或幼儿在现场做的哑剧表演或歌舞表演；也可以是由教师或幼儿利用木偶或其他功能类似的教具和学具做的情境表演；还可以是由教师在投影屏幕或电视屏幕上播放的有关情境表演。

在以上各种可选方式中，首选的方式是各种现场的哑剧表演。现场哑剧表演的长处是：其一，表演者在时空方面与观赏者最为贴近，更容易相互吸引和交流；其二，表演者离观赏者最近，便于观赏者注意和看清表演的细节；其三，表演者不需要做太多的准备；其四，一般不需要额外的经济投入。当然，其他各种方式的适当穿插使用也可以丰富幼儿的学习体验。

另外，这种情境表演的设计应该重点突出，表演动作要能点睛、出彩，而不是面面俱到、平铺直叙。

第一，教师表演，用动作象征性地表述全部的歌词内容。

例如儿歌《谁饿了》。

①教师表演，用动作象征性地表述全部歌词内容。如："一只大猫出来了"（模仿该动物走路的样子），"肚子饿得咕咕叫"（表现出肚子难受的样子），"看见了小老鼠"（做出看见食物很惊喜的样子），"啊呜啊呜吃完了"（先做出狼吞虎咽的样子，再做出吃饱后很满足的样子）。

②教师邀请幼儿猜想教师表演的是一件什么事情：一开始是谁来了？它怎么了？后来它突然看见了什么？最后它又怎么了？

③教师根据幼儿的猜想，组织歌词并配合前述的表演动作演唱给幼儿听。歌词可以是

任何动物以及它们喜爱的食物。

④教师邀请幼儿一起随歌声做动作。

第二，教师邀请本班或其他班级的个别幼儿事先准备好表演，或教师临时邀请个别幼儿配合教师进行表演。该表演象征性地表述全部歌词内容或只是提示了歌词的主要内容。

例如儿歌《小小蛋儿把门开》。

①教师请一位幼儿"躲"到一幅"蛋"的图画后面（"蛋"图的中间有横向裂纹，上部可以打开，后面是空的，幼儿的头部可以露出来），并在其他幼儿看不见的情况下，给该幼儿戴上一个小鸡的头饰。

②教师告诉其他幼儿，自己将去"敲门"，让幼儿猜想门开以后会有谁走出来。

教师"敲门"，打开图的上部，戴小鸡头饰的幼儿将头部露出来，教师绕到图后牵着"小鸡"的手将他领出来，鼓励他用小鸡的叫声向其他人问好。

③教师拥着扮演小鸡的幼儿演唱歌曲。

④教师重复上述程序，每次更换一位幼儿和一种卵生动物的头饰。

四、从故事讲述开始的设计

该方法的适用范围主要是这样一些歌曲：歌词含有相对完整的故事情节，表述的内容和语言结构也都较前一种稍复杂些，通常含有难以用动作来表现的时间、地点以及环境描述、情节发展和人物对话等。另外为了更好地帮助幼儿理解、体验和记忆，往往在讲故事时配合以图片或活动的图景。在采用这种设计处理时，教师应该十分明确，要解决的问题核心是帮助幼儿弄清和记住歌词、语法结构和内容的逻辑顺序。因此，气氛、趣味的渲染应该注意为理解和记忆服务，而不应过分，造成喧宾夺主的结果。

该方法在操作程序上最典型的特征是："从讲故事开始"或"故事在前"。

第一，教师讲故事时，需要经常使用对话的方式而不是独白的方式，以更好地调动幼儿倾听和理解的积极性。

例如儿歌《迷路的小花鸭》。

①教师出示挂图，引导幼儿观察：图上有一个池塘，池塘边有一棵柳树，柳树下有一只小小的花鸭子，小花鸭正在伤心地哭。接着教师请幼儿猜想：小花鸭为什么要伤心地哭？最后，教师完整地讲述第一段歌词中的故事，告诉幼儿：因为小花鸭"迷路"了，找不到自己的家，找不到自己的妈妈了，所以它正在哭着叫妈妈呢！

②教师指着挂图，把第一段歌词所讲的故事清唱给幼儿听。

③教师邀请幼儿一起来猜想：后来是谁看见了小花鸭？他是怎样帮助小花鸭的？帮助小花鸭的人心里高兴会怎样做？

④教师根据幼儿的猜想改编第二段歌词中的故事，并清唱给幼儿听。

第二，教师与幼儿一起讲故事，激励幼儿仔细观察，调动幼儿原有经验帮助理解。

例如儿歌《蝴蝶花》。

①教师出示挂图。图上有一个小朋友正在捕捉草地上停着的一只蝴蝶。

②教师指着挂图讲故事，要求幼儿观察。然后总结：这个小朋友看见草地上"有一只小小的花蝴蝶"，他"轻轻地走过去想要捉住它"。可是一直走到蝴蝶跟前，蝴蝶也没有飞走。小朋友很奇怪：为什么蝴蝶不害怕我呢？

③教师邀请幼儿猜想：为什么蝴蝶不害怕？

④教师揭出谜底："哦！原来是一朵美丽的蝴蝶花！"教师配合表演动作演唱该歌曲。

五、从歌词朗诵开始的设计

与适宜采用故事讲述导入的歌曲相比，这类歌曲中歌词的语言逻辑更加复杂，而情境性、故事性却又比较弱（当然，故事性较强的歌曲也可以采用此种方法）。这种方法的特点是将歌词单独分离出来，用儿歌或诗歌的教学方法来进行教学，分散词曲的同时也降低了学习的难度，并在第一阶段的教学中，把幼儿的注意力更有效地集中在歌词的音韵节奏等方面，而在第二阶段的教学中，可以把幼儿的注意力更有效地集中在曲调和词曲的关系上。

该方法在操作程序上最典型的特征是：从"学习歌词朗诵开始"或"歌词朗诵在前"。

例如儿歌《蜜蜂做工》。

歌词："嗡嗡嗡嗡嗡嗡，大家一起来做工，来匆匆，去匆匆，做工兴味浓。春暖花开不做工，将来哪里好过冬，嗡嗡嗡嗡嗡嗡，别做懒惰虫。"

①教师教幼儿学会朗诵歌词。

②教师示范用较快的速度吟唱歌词，即用类似唱歌的方法朗诵。该方法注意突出歌词的节奏以及每句终结处所押的"ong"韵和"阴平""阳平"的音调变化。

③教师鼓励幼儿和自己一起吟诵歌词，并同时用琴声为幼儿的吟诵伴奏。

④教师鼓励幼儿集体独立吟诵歌词，并请幼儿同时注意跟随琴声的伴奏。

六、从游戏开始的设计

的教育中，这种游戏歌曲都是在学玩游戏和玩游戏的过程中自然而然学会的，后来不知何时教师开始把游戏和歌曲分开了·作为两个独立的内容来教授，这也就把原本自然的活动人为地弄得不自然。现在，我们所要做的只不过是把事情恢复到它的本来面目。

该方法在操作程序上最典型的特征就是："从游戏开始"或"游戏在前"。

例如儿歌《丢手绢》。

①教师教幼儿玩丢手绢的游戏。教师当丢手绢的人，并在每次从头开始玩时自己清唱

歌曲。

②幼儿轮流当丢手绢的人，教师在每次从头开始玩时带领全体幼儿清唱歌曲。

③大家一起轮流当丢手绢的人，每次改由丢手绢的人清唱前三句，其他人一起清唱最后两句。

七、从填充式参与开始的设计

可以使用填充式参与导入方法的歌曲虽然不多，但对合适的歌曲恰当地使用会得到很好的效果。使用填充式参与方法的歌曲的主要特点是：歌曲中含有不断重复出现的、简单的词曲内容。

该方法在操作程序上最典型的特征是：在教师第一次范唱歌曲时，幼儿就用朗诵或歌唱的方式参与，幼儿参与的部分主要是歌曲中不断重复的部分。

例如儿歌《顽皮的杜鹃》。

歌词："当我走在草地上，咕咕，听见杜鹃在歌唱，咕咕。当我轻轻走过去，咕咕，杜鹃飞向小河旁，咕咕。我又赶紧跑过去，咕咕，它又飞向远方，咕咕，咕咕，咕咕……"

①教师提出和幼儿一起玩一个小朋友和杜鹃鸟捉迷藏的游戏，并和幼儿一起讨论杜鹃是怎样叫的。

②教师用一根树枝挡住自己的脸，邀请幼儿在教师的脸露出来时，整齐地按照规定的节奏和音高唱"咕咕"。

③教师完整地范唱歌曲，并邀请幼儿在教师把脸从树枝后面露出来时整齐地唱"咕咕"。

八、从副歌开始的设计

"副歌前置"的方法主要是针对带有"副歌"的、比较大型的歌曲提出的。由于副歌通常都是为增加气势、强调主题而特别设计的，所以，在创造手法上也更强调重复。副歌一般都更加容易理解，更加容易激发情绪，也更加上口。所以，先学会唱副歌，然后在教师范唱整首歌曲时邀请幼儿用演唱副歌的方式参与，往往会收到事半功倍的效果。

该方法在操作程序上最典型的特征是："从副歌开始"或"副歌在前"。

例如儿歌《秋天多么美》。

①教师邀请幼儿做一个"看样学样"的游戏。一共两个动作：拍腿和挥手。教师即兴地重复或变换动作，幼儿即兴反应跟随。

②教师边唱副歌边做动作，并要求幼儿注意观察：教师在唱什么歌词的时候做什么动作（教师在唱"来来来"的时候拍腿，在唱"秋天多么好"的时候挥手）。

③教师教幼儿初步学会边唱副歌边做动作。

④教师出示挂图，指点着挂图上的有关内容清唱整首歌曲。在副歌开始前教师用"来……"字重新给幼儿起音，并用指挥手势邀请幼儿参与进来。

九、从无意义音节玩唱开始的设计

所谓"无意义音节"是相对有意义的歌词系统来讲的。有时候我们邀请幼儿用"啦啦啦""嘟嘟嘟""滴滴答答"的方式或用唱乐谱唱名的方式来玩玩唱唱，往往也可以起到增加情趣、降低困难的效果。这些"奇奇怪怪"的声音，可以由教师向幼儿提出建议，也可以由教师鼓励幼儿进行创造。

无意义音节玩唱的方法可以放在任何程序之中，如果作为导入的程序就要安排在新歌学习的开始部分。

第一，这种处理可以为较小年龄幼儿设计，作为歌曲学习的导入步骤，把这个程序安排在幼儿第一次接触新歌的时候。

例如儿歌《小乐器》。

①教师提供若干打击乐器，分别演奏，让幼儿一一倾听它们的声音和节奏。

②教师鼓励幼儿用动作和嗓音分别模仿它们的声音，并用琴声给幼儿伴奏，使幼儿能够逐步模仿出这些乐器的声音。

③教师继续鼓励幼儿自己想象出各种"奇怪"的乐器，发出"奇怪"的声音。如："叽咕叽咕""咔啦咔啦"等。

④教师帮助幼儿把这些新发明的乐器声音填到音乐中唱着玩。

第二，这种处理也可以为较大年龄的幼儿设计，作为对歌曲新的表演处理，可以把这个程序安排在比较靠后的部位。

例如儿歌《邮递马车》。

①教师教幼儿学会用打击乐器为这首歌曲伴奏。

②教师引导幼儿创造无意义音节，要求能够表现出马车声由远渐近义由近渐远的形象和人们迎接邮递马车时的愉快心情。

③教师评价，归纳幼儿的意见，调整自己原先的设计。

④教师与幼儿一起尝试演唱新处理过的歌词。

如以下范例：

第1~2句：无意义音节——"du"；

第3句：无意义音节——"da"；

第4句：无意义音节——"la"；

第5~6句：歌词——"听啊，听啊，听啊，听啊，马车来了！邮递马车心爱的马车"；

第 7 句：无意义音节——"la"；

第 8 句：无意义音节——"da"；

尾声：无意义音节——"du"。

十、从直观形象开始的设计

该方法的适用范围主要是这样一些歌曲：歌词含义对学习歌曲的幼儿来说不够明确，歌词的先后顺序比较容易混淆。过去许多教师已经习惯使用图片等直观形象来帮助幼儿学习，但仍然不能够突出重点，有时不但没能帮助幼儿，反而干扰了幼儿。因此，在这里重新提出这种方法，是要请教师特别注意方法的采用与解决幼儿学习困难之间的关系。

（一）突出顺序法

例如：在《来了一群小鸭子》歌曲中，歌词为："小白鸭、小黄鸭乐得嘎嘎叫，小灰鸭、小黑鸭吵着要洗澡。"幼儿的实际困难是：由于何种颜色的鸭子在前在后是没有什么顺序可言的，所以，在图画中，鸭子按歌词中颜色出现的顺序排列比只画一池塘鸭子更加有助于幼儿的记忆。

再如：在歌曲《小鼓手》中，歌词为："花儿听了微微笑，草儿听了点点头，小鸟听了跳起舞，小朋友听了多高兴。"由于这些事物的先后顺序和它们的活动没有直接关系，所以，仅按歌词中的顺序排列表现这些事物活动的图片，与一张包括小鼓手在内的所有歌词内容的图片相比，更加有助于幼儿注意力的集中。以上两例所用方法可称为"突出顺序法"。

（二）突出重点法

例如：在歌曲《画妈妈》中，幼儿的实际困难是：总会忘记第一段的第一句是"小蜡笔画呀画"，而第二段的第一句则是"好妈妈笑哈哈"。所以，教师在范唱前应该特别强调是用"小蜡笔"来画妈妈，并在范唱第一段歌词的同时，用黑颜色的笔来画出妈妈的脸（如在黑板上画则用白粉笔）。在范唱第二段前，教师将笔换成红色的，在唱"笑哈哈"时画出妈妈的大嘴巴，在唱"胸前戴朵大红花"时，在妈妈脸的斜下方画出一朵大红花。除此以外，在幼儿尚未达到熟练之前，教师最好每次都要在开始唱第一段前用"拿笔的动作"提示幼儿唱"小蜡笔画呀画"，在开始唱第二段前用"指点图上妈妈嘴巴的动作"提示幼儿唱"好妈妈笑哈哈"。这种方式可称为"突出重点法"。

（三）突出关系法

例如：在歌曲《大馒头》中，对于没有相应生活经验的幼儿来说，实际的困难是弄不清馒头、面粉、小麦和农民伯伯之间的内在关系。所以，教师提供的画面应该突出歌词中表述的这种内在关系，同时教师在范唱和带领幼儿练习时，每次都应该依次指点各个形象，以帮助幼儿记忆，直到幼儿能够自己想出属于自己的记忆方法为止。这种方式可称为"突出关系法"。

（四）突出结构法

例如：在《毕业歌》中，由于音乐的第一、三部分相同而歌词不同，歌词的第二、三部分都提到了幼儿园和老师，但先后顺序却是颠倒的，所以，幼儿经常会出现唱唱就不知道自己到底唱到哪里去了的情况。因此，教师可以画一张类似下面结构的图画：

第一行，红色：一个带有翅膀的闹钟内一位去上学的孩子

第二行，黄色：一群孩子面一位教师

第三行，红色：一位教师一群孩子一位戴红领巾行队礼的孩子

当然教师在教学过程中仍然要引导幼儿注意图画提供的记忆线索。以下程序及方法供参考。

第一，参见动作导入法第二个范例的第 1~3 程序。

第二，教师范唱，特别注意指点第二、三行的第一、二个形象。

第三，幼儿学唱，教师特别注意提前指点第二、三行的第一、二个形象。

第四，如果幼儿独立歌唱时仍有困难，教师可引导幼儿再次观察讨论图画上的顺序，或引导幼儿尝试闭上眼睛想象图画上有关部分的位置形象。

这种方法可以被称为"突出结构法"。

（五）突出情节法

例如：在歌曲《蝴蝶花》中，故事由一个错误的判断开始，发展到错误的行动，接着发展到疑惑，最后再发展到"恍然大悟"。如果直观形象展示能够突出这样的情节发展线索，不但歌词记忆的困难程度会大大降低，而且对歌词内容、情感的理解和表达的深切程度也会大大提高。

最后还需强调的是，所有的手段都是为达到目的而创造和采用的，这里分析的只是一小部分比较典型的问题以及有关的解决办法，而且这些办法也不是唯一的。如果教师在使用这些方法时碰到了问题，请再仔细检查你所选用的方法是否合适，你所选用的几种方法是否相互配合，或者你所设计的程序在细节上是否合理，以及在实际实施的过程中是否犯有其他技术性的错误，千万不要简单机械地对待书本所提供的知识经验。

第四节　歌唱活动和游戏的结合

怎样提高教育教学活动的趣味性一直都是教师比较关注的问题。但是，由于歌唱活

动，特别是新歌教唱活动，需要幼儿通过注意倾听教师的范唱，注意倾听和理解教师对歌词内容的讲解，注意努力地记住和再现歌词和曲调，注意调控自己的歌声和相关的表演等，所以，即便是在本身就与游戏相伴的游戏歌曲的教学设计上，教师一般也都习惯于在新歌学会之后再将游戏的内容累加上去。而在新歌学习的过程中，教师一般使用新颖别致的教具、学具和自身演唱的热情来引发幼儿的学习兴趣。

趣味性实际上是一个很难下定义的概念，通俗地讲，一个事物或者活动的趣味性，就是指它能够吸引人投入玩赏，并沉浸于其中的快乐的性质。所以，如果幼儿在学习新歌的过程中，能够有一些有趣的事情做，感觉很好玩，那就是在游戏，就可以说这个新歌学习的过程具有趣味性。以下是一些相关的范例。

一、从开始处进入的游戏

大部分教师都很熟悉的传统范例恐怕要数《丢手绢》了。从前的孩子很小的时候，就在街头巷尾、谷场和家院中玩丢手绢的游戏，并在此过程中学会了唱《丢手绢》的歌曲。一代又一代的儿童学会了唱这首歌曲和玩这个游戏，又将它们一代又一代地传了下来。全世界各民族都有着类似的歌唱游戏，全世界各民族的儿童也都有着类似的、自然的学习方法和学习过程。这种方法一般是：教师（或任何先学会的人）边唱歌边带领大家做简单的游戏动作，歌曲唱完后，某个或某些与音乐的结束发生关系的人需要被"罚"做一些特别的事情，如追跑、表演或担任下一任单独游戏者等。在反复游戏的过程中，虽然学会唱歌并不会被认为比获得游戏快乐更重要，但学会唱歌是不成问题的。

歌曲活动《懒惰虫》的设计就是借鉴了这种在玩的过程中顺带学唱新歌的模式，与《丢手绢》不同的是，需要个别游戏者比较严格地按照音乐的节奏来"点数"其他游戏者，待歌曲唱到结束，唱最后一个"虫"字时谁被"点"到，谁就要创造性地表现一个自己对被人称作懒惰虫的态度。在有的设计中，这种在传统游戏中常被称为"点兵点将"的游戏，可以贯穿始终，但在有的设计中，初步学会唱以后则还可能变换其他的演唱方式，如创编新歌词黏黏虫、糊涂虫等。

歌曲活动《头发肩膀膝盖脚》的设计是借鉴了传统亲子游戏中的身体部位指认、触摸和快速反应游戏的模式。

①教师说哪个身体部位的名称，幼儿就触摸身体的哪个部位（没有固定规律）。

②教师说哪个身体部位的名称，幼儿就触摸身体的哪个部位（按照歌词出现的规律）。

③教师唱哪个身体部位的名称，幼儿就触摸身体的哪个部位（按照歌词规律）。

④教师唱哪个身体部位的名称，幼儿就触摸身体的哪个部位（自由变化速度，增加反应趣味和难度）。

歌唱游戏活动《森林中的小矮人》的设计也是借鉴了这种在玩"点兵点将"游戏的过程中顺带学唱新歌的模式。游戏的具体玩法如下：

①全体幼儿背对教师，跟着教师演唱，并随歌曲自由做动作；

②教师在歌唱期间用大衣服将其中一位幼儿"偷藏"起来；

③教师在唱最后一句歌词时按节奏一字一人地点数，最后由被点到的幼儿来猜：被教师藏起来的幼儿是谁。如猜错，教师重新唱最后一句，重新点数猜谜的人，直到被藏起来的幼儿被猜出为止。

二、从中间处插入的游戏

新授歌曲活动《小老鼠打电话》的设计也是借鉴了"点兵点将"的游戏模式，只不过在这一设计中，游戏是从中间插进来的。

例如歌曲《小老鼠打电话》。

①如一般常规歌曲教授程序，从范唱和讲解进入。

②专门学唱拨电话号码的乐句。用"点兵点将"的游戏模式，点到谁，谁就扮演猫。后面大家一起扮演猫来拜访老鼠的情节。最后老师再独唱"原来号码拨错了"。

③教师完整演唱并带领幼儿完整表演和游戏，教师只强调幼儿努力唱清楚拨电话号码的乐句，其他乐句任由幼儿自由学唱（重复次数根据具体情况定）。

歌曲活动《敲小鼓》的设计用的是一种即兴创造和快速反应的游戏模式。

①教师即兴创造各种声音，幼儿模仿。

②教师范唱歌曲。

③教师邀请幼儿模仿歌曲中段两种鼓声处的演唱。

④教师引导幼儿即兴创编歌曲中段两种鼓声，并练习演唱。

⑤教师完整演唱并带领幼儿完整演唱和做动作，教师只强调幼儿努力唱清楚歌曲中段两种鼓声处的乐句，其他乐句任由幼儿自由学唱。

⑥教师邀请幼儿用自己的代用品模仿教师敲鼓的方式，为自己演唱的歌曲伴奏，教师应特别提醒幼儿注意伴奏的声音要和谐，不能"压倒"歌唱的声音。

三、在结束处插入的游戏

在传统音乐游戏中，真正被看作是游戏的部分都是在歌曲结束处插入的。如：《秋天》在结束处玩扫落叶、烧枯叶的游戏，《堆雪人》在结束处玩冰雪融化的游戏，《袋鼠妈妈》《熊和小孩》《兔子和狼》《找小猫》《网小鱼》等，几乎都是在歌曲唱完后安排了大家已经比较熟悉的追——逃或寻找——躲藏的游戏情节。下面这些范例可能带给大家一些新思路。

《除草歌》在最后安排了"苗好"和"苗死"两种结局，要求幼儿仔细倾听教师或其他指定人员的朗诵和演唱，然后再做造型表现。

《蝈蝈蛐蛐》在最后安排了"点兵点将"的游戏，或谁动就"罚"谁的游戏。被"大公鸡啄到"的幼儿需要对"要不要当爱吹牛的人"的问题进行创造性地"表态"。

《都睡着了》在学会唱歌后进行分角色表演游戏。没有被要求担任特殊角色的幼儿扮演小朋友，表现不要把别人吵醒，自己也幸福安睡的情景。

《五只小猴子》在活动快结束时，离开座位表演，教师用即时贴给幼儿贴上摔出的"大包"，最后还可以拨电话喊救护车。

《三只老虎》最后可以假装妈妈打屁股，假装哭，假装说"打得不疼"，假装调皮地大笑。

四、贯穿始终的游戏

有些歌曲本身唱的就是一种游戏的过程，如《猜谜歌》《猜拳歌》《老鹰捉小鸡》等。对这种类型的歌曲，教师有可能设计在整个新授的过程中始终维持一种游戏氛围。

例如歌曲《猜谜歌》。

①猜简单的，比较容易得出唯一答案的谜语，同时感受歌曲结束处需要唱出的部分。

②猜谜底稍开放的谜语，同时反复练习如何将不同歌词填入结束处需要唱出的部分，并且唱出来。

③幼儿轮流独立创编新的谜面，并尝试用歌曲规定的方式朗诵出来；其他幼儿猜出谜底，并尝试用歌曲规定的方式演唱出来。中间允许中断思考和讨论。

④教师鼓励并帮助幼儿尽可能连贯地进行谜语问答。由此可见，提高歌唱教学的游戏性本身是需要创造的。教师需要破除不必要的束缚，即唱歌就是以学会歌曲和提高声乐技巧为主要目的的活动，就是以倾听、模仿、练习为主要手段的活动。打开眼界，看看自然状态下的儿童是怎样学习唱歌的，想想自然状态下你自己是怎样学习唱歌的，唱歌是为了快乐，试着把自己曾经享受过的各种游戏快乐的因素添加到你的歌曲教学设计中来。当然，歌曲本身的游戏因素也是应当努力选择和挖掘的。如果歌曲比较一般，能不能尝试把歌曲稍稍改变一下呢？读后面的范例时，你可以仔细地留意一下，许多歌曲实际上都被教师们改造过了。为了引起读者的注意，我们还请设计教学程序的教师特别指出他们在何处做了改变以及为什么要做这些改变。你可以从这些范例中受到启发，去做自己更有创意的工作。

第五节　创造性歌唱教学

教师示范、幼儿模仿的教学方法，许多年来一直都被看作是幼儿园集体歌唱教学的唯一方法，而且实践也已经证明这类方法对幼儿的音乐成长是有益和有效的。然而，近年来，随着人们教育观念的不断进步以及教育目标体系的不断发展，学习歌曲和学习歌唱的技能已经不再是歌唱活动的仅有目的了。在被扩充进来的教育目标中，发展幼儿的创造性或创新精神在 80 年代中期以后成了相对更受重视的目标之一。于是，幼儿园的教师们开始注意另外一些非正规的、非严格模仿的歌唱活动，并开始逐步将从事这类活动的方法有机地组织到幼儿园的歌唱活动中来。

这类活动，最初起源于幼小儿童的自发性歌唱，用"传统的正规音乐活动"的目标衡量，这类歌唱活动似乎更接近于玩笑或胡闹。但是，如果从近代儿童发展的某些标准看，这类活动顺应了幼儿自由地探索、表征周围世界（其中也包括音乐世界）的自然需求。因此，这类活动在发展幼儿对音乐的积极主动的态度倾向和探索、创造音乐的意识与技能方面是极有价值的。在世界各国儿童的自然生活情境中都能够观察到大量的这类行为：儿童会自发地重复某些歌曲中他们感兴趣的部分；或心血来潮地将某个突然萌发出来的古怪想法取代原有的歌词，唱到歌曲中去；或者将歌曲填上新词配上自己发明的身体动作以相互交流、相互取笑，甚至会因独自反复玩弄这些自己的"发明创造"而自得其乐。如果你是一个有心的观察者就会发现，这些创造者们往往会不厌其烦地重复自己的创作，几小时、几天、几周，甚至更长时间。他们会沉浸在"自己的歌曲"演唱中，表现出极大的快乐和满足。一旦其中某个作品得到"儿童社会"的公认，也会迅速地在孩子们中间流行起来。究其原因有如下几种：第一，在特定的曲调中，儿童要将自己的意思用新编的歌词唱出来，起码也要能够在感性层面上掌握这一特定曲调的句法和节奏特征。因此，这种活动能够满足儿童认识音乐、把握音乐的需求。第二，儿童所唱的是他们自己想出来的、自己认为最有意思的事情，因此，这种活动能够满足儿童内在进行情感交流的需求。第三，儿童在这种活动中可以感受到自我表达以及人际交流的乐趣，发展其"音乐是自我表达和人际交流手段"的音乐价值观念。第四，儿童创造意识及创造能力成长的需求也同时会在这种活动中得到很好的满足。

在幼儿园目前的歌唱教学活动中，常见的创造性歌唱教学主要有创编新歌词，创编歌表演动作，处理歌曲的演唱表情、演唱形式以及即兴歌唱说话四种形式。

一、创编新歌词

创编新歌词的教学活动应该注意以下几点：选择简单多重复，适于幼儿创编的歌曲；只教授一段歌词作为创编的样板；预先做好必要的知识准备，以保证活动具有良好的创造气氛和审美气氛；创编中应注意集体参与创编和歌唱的密度，以保证活动中大多数幼儿都有机会动脑、动口、动手；创编中应注意控制好编唱时间的长短，以保证活动结束时具有"余兴未尽"的气氛；创编中应注意适当强调创编结果的个人独创性和审美性，以保证编唱的结果能够给幼儿留下美好的印象。

（一）一般教学步骤

创编新词的活动可以根据歌曲、幼儿以及教师教学设计的具体需要，安排在教学系列层次活动的任何一个程序中。下面请看几个范例。

儿歌《做做拍拍》：

歌词："摸摸耳朵，摸摸耳朵，拍拍手（整首歌曲只有这一句歌词，一共重复了4次）

程序安排：新歌导入程序

①教师提问：老师今天有没有带耳朵来呀？老师的耳朵在哪里？谁愿意上来指给大家看一看？……你想不想摸一摸老师的耳朵？再摸一摸你自己的耳朵，然后告诉小朋友，老师的耳朵和你的耳朵一样不一样？……摸耳朵开心不开心？真开心！那我们一起来拍拍手！

②教师范唱歌曲，同时做相应的动作，并用体态和眼神邀请幼儿和自己一起做动作。

③教师提问：摸耳朵真有趣，我们还能想出别的更有趣的动作吗？谁愿意来试试看？如刮鼻子、伸舌头、敲脑门等。

④教师继续范唱幼儿新编的歌词并带领幼儿做动作。

儿歌《加油干》：

歌词："加油干呀么嗬嗨，加油干呀么嗬嗨，老师和小朋友们一二三四，加油干呀么嗬嗨。"

程序安排：新歌练习并学习领唱齐唱的程序

①在幼儿初步熟悉歌曲的基础上，教师提出活动要求：这位司机叔叔的卡车陷到烂泥里面去了，我们一起来帮他把卡车推出来好吗？现在我来唱"用劲推呀么"，你们来唱"嗬嗨"；我来唱"老师和小朋友们"，你们喊"一二三四"，然后大家一起唱"用劲推呀么嗬嗨"。

②教师领唱，幼儿参与齐唱。

③教师提出邀请：哪位小朋友能够想出一种要用劲干的工作，我们就请他来担任领唱！

④教师帮助每一位志愿者编填新歌词并完成领唱的尝试。

注意：在同一次活动中，如果加入了演唱形式学习或练习的内容，就不应再要求幼儿编第二种新歌词。

（二）一般注意事项

1. 小班的歌词创编活动需要注意的主要问题

第一，所选歌曲的音域一般应在六度以内；词曲的结合方式应一字对一音；曲调的节奏一般应以二分、四分、八分音符为主；每个乐句在长度上一般应相等；整首歌曲的长度一般不应超过八小节，以减轻幼儿学习、掌握的负担。

第二，歌曲的旋律、节奏、歌词中应含有较多的重复成分；每段中最好只含有一种形象或动作，以减轻幼儿记忆、反应的负担。

第三，歌词中所含的词汇一般应多为名词、动词或象声词；句子的结构应相对简单；创编时只需幼儿用少数"替换词"来替代原歌词中相应位置上的词汇，一般无须幼儿重新组织句子，以减轻幼儿语言表达的负担。

第四，最初学习时，应多采用在教师的具体帮助下，一位幼儿想出相应的形象或词句，集体一起唱出的方法，待比较熟练后再鼓励幼儿更为独立地唱出新词，以减轻幼儿情绪方面的负担。

第五，教师应特别注意鼓励"参与"精神，对反应较慢、发展暂时滞后的幼儿，教师应给予平等的机会和更加具体的帮助，一般不宜催促，也不应漠视或放弃，以减轻幼儿在自尊、自信成长方面的压力。

2. 中班歌词创编活动中需要注意的主要问题

第一，为中班幼儿选择的歌曲音域可以稍宽一些，一般约在七到八度之间。如果偏低的音经常成群地出现，可以相应提高调高水平；如果偏高的音出现频繁，且时常在强音上延长，则可相应降低调高水平，以使大部分的音高在 C 调的中音 do 到高音 do 之间。

第二，在节奏方面可以有少量的附点音符和十六分音符；词曲结合的方式上也可以有少量一字两音甚至一字多音的情况。但总的来讲，新因素增加的速度不宜过快，大部分的情况还是应该与小班接近。

第三，歌词内容方面，与小班相比，中班幼儿可以加入更多的新知识或间接经验。句子中所要求改变的成分也可以比小班稍多，改变的方式也可以比小班稍复杂。在进行创编活动之前，教师应检查本班幼儿在日常生活及其他教育教学活动中，获得的知识、经验里是否有可以相互利用的地方，如果确实需要，教师也可以在语言、常识或其他有关教育活动过程中，顺带进行一些必要的知识经验和语言组织技能方面的准备，以使幼儿在进行歌词创编活动时，能够体验到更多创造的快乐和音乐享受的快乐。

第四，从小班就开始进行歌词创编活动的幼儿，这方面的能力会发展得比较快一些。但教师在企图下放中班教材时一定要持谨慎的态度，因为不适宜的难度会使幼儿因畏难情绪而降低热情。围绕一首歌曲进行的创编活动进行到一定程度就应该暂停，因为再好的材料和活动，如果连续使用，也会使幼儿因生厌而降低热情。

3. 在大班歌词创编活动中需要注意的主要问题

第一，在材料选择和学习要求上可以比中班稍难，但仍应谨慎地把握尺度。

第二，教师在教授原歌词和曲调时应该尽量教得扎实，以使后面的学习和创编能够在比较完善的审美情境中进行。

第三，在有基础的班级中，可以考虑逐步加快编唱的速度和提高编唱的独立性要求，以便对能力逐步增长起来的幼儿产生更有力的挑战。

第四，对有合作基础的班级还可以逐步增加合作性的创编活动，以锻炼幼儿的合作能力。如果采用中班难度的歌曲，在学习反应上则要求：教师在弹歌曲的前奏时允许小组讨论、协商～前奏结束时整个小组全体成员必须整齐地一起唱出新编出的歌词等。

4. 大、中、小班在歌词创编活动中需要注意的一般问题

第一，教师一般只向幼儿提供一段歌词。

第二，教师应针对自己班上幼儿的具体情况做好创编要求和程序设计，与创编有关的知识、经验、技能准备情况，应以幼儿自身的实际基础为着眼点，必要时也可顺带利用其他活动，但一般不应为准备而准备。

第三，教师应注意努力提高创编活动参与的"密度"，减少等待、游离于活动边缘的状态，使大多数幼儿都有较多的机会动脑、动嘴和做动作，并享受创造和分享创造成果的快乐。如：在含有较多重复句子的歌曲中，一位幼儿编唱出第一句后，其他幼儿就可以马上参与进来，唱出其他重复的句子；或由一位或几位幼儿提出建议，再由幼儿或教师组织大家一起用其中某一种或几种分工合作的方式把新的创作展示出来。

第四，教师应注意在一次音乐活动中把握好创编时间的长短。最理想的时间控制标准是：全体幼儿在整个创编的时间段中保持了高度的参与积极性，教师能恰好在幼儿的积极性大面积下降之前终止活动或转入新的活动，为活动创造出意犹未尽的气氛。如果教师把握幼儿情绪状态方面的经验不足，也可以在最初时采用比较机械的方法，即将整个创编活动控制在 5~8 分钟之内，或者将独立创编的幼儿人数控制在 3~5 人以内。歌曲创编内容本身比较复杂，或较复杂的演唱方式、合作训练也包括在学习内容之中时，只创编两种以内的新歌词效果更好。

第五，教师应注意使创编的结果达到相对完美的程度，质量比数量更为重要。对于创编中产生的具有独创性和审美性的例子，教师可以稍加评说，并提供机会让幼儿多唱几次，实际感受这些优秀范例的独特之处，不断提高幼儿自身对独创性和审美性的独立判断能力。同时教师还应努力和帮助幼儿提高演唱的熟练程度和完美程度，不断提高幼儿对活动的自我享受水平，让每一次活动都能够给幼儿留下美好的印象。

二、创编表演动作

创编表演动作的教学活动需要注意以下几个方面：

第一，即兴创编活动与引导创编活动区别对待；

第二，结构性动作、情节性动作、情感性动作区别对待；

第三，在引导创编的活动中，创编的数量以"够用"为限度；

第四，在即兴创编的活动中教师应主要以"反馈"的相互展示、交流、学习来丰富幼儿的创编思路；

第五，在引导创编的活动中教师应主要以提问和提供思考线索，提供改善建议的方式来丰富幼儿的创编思路；

第六，知识准备、数量限制、独创性、审美性要求等与"创编新歌词"相同。

（一）一般教学步骤

创编表演动作的活动可以根据歌曲、幼儿以及教师对教学考虑的具体需要，安排在教学系列层次活动的任何一个程序中。下面请看几个范例。

儿歌《小老鼠和小花猫》

歌词："一只小老鼠，瞪着小眼珠，龇着两颗小牙，长着八字胡。一只小花猫，喵喵喵喵喵，吓得老鼠赶快往回跑。"

程序安排：新歌导入程序

①教师出示挂图，挂图上突出地画着小老鼠的眼睛、牙齿和胡须。

②教师一句一句地向幼儿提供歌词内容，鼓励幼儿用自己想出的动作来表现画面和歌词的内容。

③教师将幼儿创编的动作组织起来，一边朗诵歌词，一边表演给幼儿看。

④教师一边范唱歌曲，一边表演给幼儿看。

儿歌《胡说歌》

歌词："你把袜子穿在耳朵上吗？（休止两拍）你把袜子穿在耳朵上吗？（休止两拍）你把袜子穿在耳朵上吗？袜子穿在耳朵上吗？你把袜子穿在耳朵上吗？（休止一拍）"

程序安排：新歌练习并学习动作创编的程序

①在初步熟悉原歌曲的歌词和教师所提供的动作的基础上，练习演唱第一段歌词，并在教师带领下边唱歌词边做动作。在唱歌词的时候拍腿，一拍拍一次，下面加线处为"弱起拍"，不做动作。在休止处轻轻向下拉耳垂，一拍拉一次。

②教师引导幼儿创编新歌——其他特别的打扮，并鼓励幼儿在展示自己的新歌时，也展示自己的新动作——玩弄被特别打扮了的身体部位，类似向下拉动耳垂的动作。

③教师或提出创新意见的幼儿，带领大家练习并享受新创作的作品。

（二）一般注意事项

大、中、小班的歌词创编活动中需要注意的一般问题。

第一，即兴创编活动与引导创编活动应该区别对待。即兴创编的活动特点主要是幼儿在前，以幼儿的意见为主，教师根据幼儿的创造结果，再提供自我发展完善的机会或建设性的参考意见。引导创编的活动特点主要是教师在前，教师的潜在意见（不在幼儿创编前直接提出的意见）为主导性的意见，在幼儿提出创编意见后，教师再根据幼儿的意见重新组织自己的原有设计。

第二，结构性动作、情节性动作、情感性动作应该区别对待。结构性动作创编强调的是：通过创编理解和展现特定的结构，如段落、句子歌词内容的重复变化，前奏、间奏、尾奏等。情节性动作创编强调的是：通过创编理解和展现歌词内容中的人物和故事情节。情感性动作创编强调的是：通过创编理解展现歌曲的主要情绪、情感氛围。突出重点地要求和辅导，会有助于幼儿发展不同创编手法与表达要求之间的关系，也同时有助于"分兵出击，各个击破"。

第三，在引导创编的活动中，创编的数量以够用为限度，即如果只需要一个动作，在比较合适的动作出现后，该种动作创编就可以告一段落了。因为无限制地创编多余的新动作，会阻碍幼儿完整地享受成果，也容易造成兴趣的减退和注意力的分散。

第四，在即兴创编的活动中，教师应主要以"反馈"和相互展示、交流、学习的方式来丰富幼儿的创编思路。教师的"反馈"是指教师用语言或动作将幼儿的创造再现出来。因为幼儿年龄小，许多创作都是在不完全自觉的情况下自然流露出来的，而且往往做完就忘记了。所以，在这种情况下，教师有必要帮助幼儿记录，并把幼儿的成果"放大"后再展现给全体幼儿，以便产生更大的教育效果。同样，教师组织幼儿相互展示、交流、学习，也是为了达到更好地利用幼儿教育幼儿，扩大教育效果的目的。

第五，一般情况下，教师在进行引导创编之前都要自己先创编好一个"样本"，这个样本体现了教师希望幼儿通过创编将要掌握的有关知识和技能。但是，在实际的创编教学中，教师一般并不直接提供自己的样本，因为这样会限制幼儿的思路，同样也会限制教师从幼儿那里获得启发。好教师应该能够灵活地通过提问和提供思考线索、提供改善建议等方式来丰富幼儿的创编思路，同时好教师也应该能够灵活地通过吸收幼儿的意见来丰富自己的创编思路。

第六，知识准备、数量限制、独创性、审美性要求等与"创编新歌词"相同。

三、处理歌曲的演唱表情和演唱形式

处理歌曲的演唱表情和演唱形式的活动一般不会作为独立的新授活动来安排。在处理歌曲的演唱表情和演唱形式的活动中，一般应注意以下几个方面的问题。

第一，教师提供的"感知体验处理榜样"的活动在前，引导幼儿进行"榜样经验迁移"的活动在后。这是由于幼儿积累的歌曲处理经验很少，所以教师必须有意识地向幼儿提供自己的处理榜样以帮助幼儿大量积累经验。

第二，教师应尽量对幼儿的各种独特处理做出积极的、建设性的反应，即教师应首先帮助幼儿寻找自己处理的、独特而又合理的理由，而不应轻易地否定幼儿的意见。即使你认为幼儿的意见确实有不太合理之处，也应该选择建设性的表述方式。

第三，数量限制、独创性、审美性要求同前。

四、即兴歌唱说话

即兴歌唱说话活动是用歌唱或类似歌唱的方式来进行对话、讲故事或其他语言活动。这种活动在历史上曾经普遍存在于家庭中的亲子交往活动和幼儿的社交游戏活动中。幼儿在这种活动中不仅学习音乐、锻炼语言和交往能力，更重要的是学会以幽默乐观的态度来对待生活。

歌唱说话活动完全可以在任何音乐或非音乐的活动中进行，在即兴歌唱说话活动中，最重要的是为幼儿创造出一个宽松自由的活动气氛。教师与其他幼儿的良好榜样也是影响活动教育效果的另一个重要因素。

在幼儿园能够进行的即兴歌唱说话的音乐形式主要有以下几种。

（一）近似旋律的歌唱

这种歌唱其实更像是一种故意的、怪腔怪调的朗诵。一本正经地做这样的事情，往往另有一番情趣。

（二）同音歌唱

这种歌唱其实就是任意找出一个音高，将一个或者几个句子中的每一个字都用这个相同的音高来唱。到了想换音高时，再换成另一个音高继续演唱。

（三）模音歌唱

这种歌唱方式其实就是由教师或能独立唱出旋律的幼儿先唱出一句有明确旋律的歌词，然后由其他幼儿即兴将其他后续歌词编出并填入该旋律唱出来。

（四）置换词曲

这种歌唱其实与创编新歌词很类似，即将结构类似的歌曲、戏曲或诗歌重新组合。如：将两首歌曲的歌词互换，或将熟悉的不同四句七言古诗填入一首熟悉的黄梅戏曲调唱出来等。

（五）即兴歌唱

真正意义上的即兴歌唱是指在歌词和旋律上都更具有自由创造意味，在旋律和歌词的形式上也更完整的歌唱。幼儿在这种歌唱中会自然地将原有的各种相关经验拼接起来，使唱出的即兴作品更像是某个熟悉作品的改编版或几个熟悉作品的"拼盘"版。

虽然这样的活动对于幼儿并不是非常困难，但对于习惯了模式化歌唱活动的教师来说，反而会觉得不那么容易进行。

总之，有兴趣开拓自己和幼儿视野的教师们可以大胆地尝试创造性的歌唱活动。

思考题

1. 回忆你自己的相关经验，然后和同学讨论，在集体中歌唱最重要的价值是什么？

2. 自由组成小组，改编或创作一个3分钟左右的短剧，尝试用即兴歌唱说话的方式来表现全部的内容。最好能够用一种游戏性的放松状态来对待班级的交流演出。

3. 选择一首歌曲，尝试为幼儿设计一个具有游戏性的集体歌唱教学活动。先全班进行；再分成小组进行，全班交流；最后独立设计，小组交流。

第五章　幼儿打击乐演奏活动教学

本章导读

　　了解幼儿打击乐演奏能力的发展、打击乐器分类与使用方法、学习编配打击乐曲以及组织幼儿打击演奏活动的步骤和方法等打击乐演奏活动的基本常识是组织幼儿音乐活动必备的专业知识，同时认识到组织打击乐演奏活动应建立常规的重要性。这样才能从幼儿兴趣出发支持孩子们的敲敲打打。

　　打击乐器是靠击打或碰撞而发声的乐器。按照材质可分为：金属、木质、皮革三类。打击乐器演奏教学作为幼儿园音乐教学内容之一，不仅能帮助幼儿发展大肌肉和小肌肉动作，还能在愉悦的参与中初步掌握乐器演奏的一般知识和技能，发展节奏感。培养幼儿的合作、创造、组织、纪律、责任的意识和能力。

学习目标

1. 了解幼儿打击乐演奏能力的发展特点与各年龄段演奏活动的目标。
2. 认识和会使用常用打击乐器，能自制一部分打击乐器。
3. 掌握为音乐作品配器的基本常识，能组织幼儿打击乐演奏活动。

第一节　幼儿打击乐演奏能力的发展特点

　　幼小的孩子由于对声音的敏感和兴趣，使得他们喜欢敲敲打打制造出不同的声音。幼儿打击乐器就是一种符合孩子敲打兴趣的音乐材料，打击乐器以其外形美观、种类丰富、操作简单深受幼儿的喜爱。幼儿打击乐演奏能力也是有一定规律可循的，下面分别从乐器使用、随乐演奏、合作协调三方面对两个年龄段幼儿加以分析：

一、3~4 岁幼儿打击乐演奏能力的发展

（一）乐器使用

乐器的使用能力指的是在操作乐器和控制乐器中，能使乐器发出特定音响的能力。

3~4岁幼儿会对日常生活中发出声响的玩具和物品产生好奇，总是会主动地尝试去弄响它们，在探索中他们获取了最早的声音经验。针对这一阶段幼儿的生理发展特点，主要选择锻炼手臂大肌肉的打击乐器。如：铃鼓、串铃、响板、打棒等。当然，也要针对幼儿爱探索的年龄特点，引导幼儿对钥匙、碗筷、积木、盒子、不同材质的桶进行玩耍。在游戏的过程中让幼儿积累不同声音经验，培养幼儿对声音高低强弱和长短的敏感程度。

（二）随乐演奏

随乐演奏的能力指的是能够运用打击乐器和音乐协调一致地进行演奏的能力。这里的协调一致是指幼儿能够熟练地运用打击乐器，并按照音乐伴奏中的节拍、速度、力度等要素的变化而进行变化的演奏。

3~4岁的幼儿获得的演奏经验比较有限，他们自身的随乐性和意识能力较差，很难用准确的节奏和适宜的音色来表现。尽管如此，大多数的幼儿还是会拿起手中的乐器尝试着表达自己对音乐的感受。因此，教师应该根据幼儿不同的情况，选择适合他们的打击乐器和打击乐作品。让幼儿随着打击乐演奏活动的逐渐深入提高随乐意识，发展幼儿的动作协调能力，最终达到让大多数的幼儿基本能够合拍地随音乐演奏。

（三）合作协调

乐器演奏活动中的合作协调主要是指在演奏过程中注意倾听自己、同伴、集体的演奏，并努力使每一个人、每一个声部的演奏都能服从整体音响形象的塑造要求。构成乐器演奏的合作协调能力的基础是：对各种音响关系（个人演奏音响、声部音响、整体音响）的倾听、判断、调节能力。

3~4岁的幼儿的自控能力较差，相互之间的配合协调能力也较差，在体会合作的活动时相对比较困难。教师应采用积极有效教学方法，例如：让幼儿通过体验演奏同一种乐器感知与他人合作的打击乐演奏。养成听音乐、看指挥，初步体会同时开始和同时结束的合作协调。

二、4~6岁幼儿打击乐演奏能力的发展

（一）乐器使用

4~6岁的幼儿已经获取了一定的演奏经验，随乐性有了大幅度的提升，无论是随乐性上还是从动作协调能力上都有了很大程度的发展。肌肉的协调能力较强，反应能力增强，精细动作能力大大提高。这一阶段的幼儿喜欢用不同方法尝试同一种乐器；愿意探索不同材质和种类乐器的音色；愿意使用带一定音色变化的打击乐器。

4~6岁幼儿在乐器的选择上要注意，针对幼儿能力发展特点，打击乐器选用木鱼、蛙

鸣筒、双响筒、三角铁等以发展幼儿精细动作为主，锻炼双手协调配合，音质较好的乐器。以大动作与精细动作相结合的演奏为主。同时，可以加入对演奏用力方式方法有较高要求的乐器。如蛙鸣筒刮奏、三角铁震奏、铃鼓摇奏、响板捏搂和小镲擦奏等锻炼幼儿持续用力、均匀用力、手腕的能力发展以及手眼协调的能力。

（二）随乐演奏

4~6岁的幼儿动作能力、表现能力和音乐感受能力都有了很大程度的发展，幼儿不仅可以做到合拍的跟随音乐演奏乐器，更喜欢去倾听很多好听的声音，可以反映出简单的稳定拍子、准确把握丰富的节奏型，有较强的动作能力与表现能力。

在跟随音乐演奏中，能在幼儿教师的引导下准确地理解音乐的内容及形象，演奏中除了可以分辨出经常见到的乐器，听辨出乐器不同的音色，还能使用不同的演奏方法使各种乐器表现出的不同音色，从而展现出不同音乐形象。可以准确地把听觉中的音乐反映到动作和打击乐器上来。将基本音符如：二分音符、四分音符、八分音符的时值长短和简单节奏型以及2/4、3/4、4/4的节拍用打击乐器表现出来。能够将声音的强弱准确的辨别反映出来并有意识的控制。能够辨认简单旋律和节奏模仿部分的相同部分，并且反应演奏出来。他们还能凭借自己的音乐感觉记忆简单的音乐旋律，表现出边哼唱边演奏乐器。

（三）合作协调

4~6岁的幼儿合作协调能力有了较大的发展，已形成了较强的团队意识，能够主动地与他人配合，有较高的演奏积极性和表现意识。他们不仅能够对指挥者演奏要求做出快速准确的反应，还可以与伙伴默契配合，能够处理好2~3个声部的协作演奏，并且部分幼儿初显领导意识，自愿做演奏指挥者，渴望用简单的肢体动作和图谱指挥"团队"。

第二节　幼儿打击乐演奏活动的目标与内容

幼儿打击乐演奏活动目的是让幼儿享受演奏打击乐器快乐的过程，发展幼儿运用打击乐器进行艺术表现的能力，积累一定的音乐经验，提高幼儿音乐感受与表现水平，从而促进幼儿身心全面发展。

一、幼儿打击乐演奏活动的目标

"幼儿打击乐演奏活动目标"并不是具体的一个活动的目标，而是具体活动上位的、较为宏观的总体目标和分年龄段的目标，是具体活动目标制定的方向性依据。

（一）幼儿打击乐演奏活动的总体目标

对于幼儿打击乐演奏活动的总体目标我们采用通常的目标表述形式，从认知、情感和技能三个方面作简单概括。

1. 认知目标

能够认识、辨别各种常用打击乐器及音色特点；掌握一些简单的节奏型；了解有关打击乐器的基本知识；能够理解指挥的手势含义并与指挥相配合。

2. 情感目标

喜欢参与打击乐演奏活动；乐意探索乐器的不同演奏方法和尝试创造性地表现；积极体验并享受与他人合作演奏的快乐。

3. 操作技能目标

熟练掌握一些常用打击乐器的演奏方法；能够在集体的演奏活动中有意识地控制、调节自己奏出的音色，使其与集体的演奏相协调；能够学习并掌握使用、调整和保护乐器的一些简单规则。

（二）幼儿打击乐演奏活动的年龄阶段目标

1. 小班

第一，喜欢敲敲打打发出声音，学习使用几种简单的打击乐器（响板、木鱼、棒子、手串铃等）进行演奏。

第二，能为简单、短小的歌曲或乐曲进行简易伴奏（四分、八分音符节奏）。

第三，初步学习看指挥，能基本整齐地开始和结束。

第四，初步培养打击乐演奏和收发乐器常规。

第五，能够运用打击乐器进行简单的创造性声音表现，体验打击乐演奏活动的乐趣。

2. 中班

第一，喜欢操弄打击乐器，在小班基础上再认识和使用一些打击乐器（串铃、铃鼓、双响筒等）。

第二，喜欢参加集体打击乐演奏活动，能用乐器为歌曲或乐曲进行不同节奏伴奏，能进行简单轮奏。

第三，养成看指挥的习惯，在集体演奏中能与他人协调一致。

第四，养成良好的收发乐器常规，能比较自觉地遵守打击乐演奏活动的基本规则。

第五，能够主动探索乐器音色的不同表现作用，并从中体验创造性演奏活动所带来的快乐。

3. 大班

第一，学习并掌握更多的打击乐器的奏法。（三角铁、镲、蛙鸣筒、鼓等）

第二，主动组织或参与集体打击乐演奏活动，可进行齐奏、轮奏、合奏。

第三，能按指挥的手势，进行快慢、强弱等变化的演奏。

第四，能自觉遵守打击乐演奏常规，养成爱护乐器的习惯。

第五，能参与打击乐配器设计，创造性地进行节奏和声音表现，体验表现手法的多样性。

二、幼儿打击乐演奏活动的内容

（一）幼儿打击乐演奏活动分类

目前，幼儿打击乐演奏活动从课程实施的角度可以分为两种形式，一种是以区角自主游戏为主的个别化活动或自由小组化活动；另一种是以集体教学为主的集体演奏活动。

在集体演奏活动中从活动内容上又可以分为：以演奏为主的打击乐活动和打击乐部分参与的音乐综合活动。

第一，以演奏为主的打击乐活动是传统意义上的打击乐演奏活动，活动内容为一个完整作品，从头到尾音乐与打击乐交相呼应，或者无音乐伴奏完全由打击乐演奏完成作品。

第二，打击乐部分参与的音乐综合活动目前在幼儿园比较常见，打击乐器只是参与到音乐综合活动的一部分或一个环节。打击乐的运用目的是以多种形式让幼儿玩音乐、以多重感官感受音乐，从而使幼儿更深入细致地感知音乐作品，如为歌曲选择合适的乐器、编配合适的节奏型伴奏，同时打击乐器的加入能够保持和提高幼儿对玩音乐作品的兴趣，使综合音乐活动更加丰富多彩。

（二）幼儿打击乐演奏活动材料

1. 幼儿常用打击乐器分类

幼儿常用打击乐器按照音响特点分类可分为：旋律乐器、强音乐器、弱音乐器、散响乐器、特色乐器；按照制作材质分类又可分为：木质乐器、金属乐器、皮革乐器；按照有无固定音高分类又可以分为：有固定音高打击乐器，也称音条乐器，如木琴、铝板琴、音筒、音块等。无固定音高打击乐器，如：大鼓、手鼓、铃鼓、碰铃、木鱼、蛙鸣筒、沙锤、双响筒等。

2. 幼儿常用打击乐器介绍

（1）大鼓

桶状的共鸣箱上方或上下两端用皮革缝制，靠用鼓槌敲击振动发出声音，鼓心和边缘部分音色不同，鼓心音色浓重低沉，边缘音色单薄脆硬。演奏时一般右手持槌敲击。可敲击鼓心和边缘，也可敲击边框部分。

（2）军鼓

金属框架的两端蒙着塑料或皮革制成的圆鼓。军鼓的型号千差万别，其直径和深度不相同。靠用鼓槌敲击振动发出声音，拧松弦后鼓会发出低沉、暗淡的声音。也可以在鼓面放一块布，产生弱音效果。

（3）手鼓

手鼓也叫作单皮鼓。用皮革蒙在木制框上，靠手敲击发出声音。鼓心和边缘部分音色不同，鼓心音色柔和，边缘音色明朗。

（4）邦戈鼓

邦戈鼓也叫古巴小鼓。鼓面以动物皮制成。通常成对使用，两个鼓相隔5度，按C-G定音。音色高昂嘹亮，极具穿透力。它分为"手击"或"槌击"两种演奏方法。大的鼓奏低音，小的鼓奏高音。

（5）碰铃

碰铃又叫碰钟、小铃。用一根绳子连接的一对金属小铃，通过相互碰撞，发出声响，碰铃音色清脆，属于高音打击乐器，可用来表现音乐的强弱拍，停止声响可采用将碰铃放于身体合适部位。

（6）三角铁

三角铁是一种钢制的三角形打击乐器。声音清脆而有穿透力，属于金属类。无固定音高。在音乐的强拍和弱拍上都可使用。

（7）钹

钹又称镲。属金属类打击乐器，无固定音高。两个圆铜片，中心鼓起成半球形，正中有孔，可以穿绸条等用以持握，两片相击作声。也可用鼓槌敲击，表现力很丰富。

（8）锣

锣属金属类打击乐器。是铜制结构，身为一圆形弧面。演奏时用左手提锣身，右手拿槌击锣。一般中央部分略凸，声音低沉、共鸣强，声音有延续性，多用于强拍上渲染气氛。

（9）串铃

串铃是用马蹄形状或合成球状体的金属串成的若干个小铃，通过摇晃和抖动引起震动发出声音。在音乐的强拍和弱拍上都可使用。

（10）铃鼓

铃鼓是用皮革（或塑料）蒙在带有可活动的金属小钱的木质围框上，通过手指（或手腕、肘）的敲击或手腕的抖动，摇晃引起的振动发出声响。具备铃和鼓两种乐器的音色。可使用鼓的演奏方式，用手掌或身体部位击鼓面，也可用手腕连续抖动的方法，使之产生颤音的效果。

（11）木鱼

木鱼属木质类乐器，是由木头刻制而成，形状如鱼头状或鱼状，中间空而头部开口的乐器，通常配一根木质打槌。一般演奏的方法是左手持"鱼的尾部"，右手持棒敲打鱼头的顶部。

（12）蛙鸣筒

蛙鸣筒又名"鱼蛙"，属木质类乐器。发出的音色类似青蛙的鸣叫，故因此得名。是由一节毛竹或木头制成的刻有一道道棱子的筒状乐器，再配有一个木质打棒组合而成。演奏的方法有两种：一种为左手持蛙鸣筒，右手持棒刮奏。另一种是用棒敲奏。

（13）双响筒

双响筒属木质类乐器。是圆柱形的，两头是开口的木筒中间有节，手柄在中间。音色清脆，没有连续性。左右两端发出的高低音相差五度，通常用来模仿马蹄声。演奏时，左手持双响筒，右手拿敲打的木棒。可敲击一端，也可同时交替敲击两端。

（14）响板

由一对贝壳形状的扁木片构成。属木质类乐器。两个木片上都拴有细绳，可套在手指上。无固定音高。音色清脆透亮。

（15）打棒

打棒属木质类乐器。是由两根硬木棒互相敲击发声的乐器，声音清脆悦耳。

（16）沙锤

沙锤的外形似椰子，壳内装有铁砂，下端有手柄，两只一副。其音色干脆轻柔。演奏时双手握住手柄，平行端起，由手臂带动手腕的上下振动发声。

上述乐器是没有固定音高的打击乐器。选择使用这些乐器，要根据幼儿的演奏能力发展特点。只有选择合适的乐器，才能取得好的音响效果。在幼儿园的打击乐演奏活动中也经常会使用一些有固定音高的打击乐器，用作演奏旋律或伴奏。常见的有以下几种。

（17）木琴

木琴是由13个长短不同的木质音条按照基本音级的高低排列起来。演奏时，双手拿槌，可敲击也可刮奏。使用不同材质的木槌会产生不同音色。可作为旋律声部，也可作为伴奏声部。分为：低音木琴、中音木琴和高音木琴。

（18）铝板琴

铝板琴是由13个长短不同的铝板条按照基本音级的高低排列起来。演奏时，双手拿槌，可敲击也可刮奏。使用不同材质的木槌会产生不同音色。因其音色柔和，延续音较长多作为伴奏声部。分为：低音铝板琴、中音铝板琴和高音铝板琴。

（19）钟琴

钟琴同样由13个左右长短不同的金属音条按照基本音级的高低排列起来。演奏时，双手拿槌，可敲击也可刮奏。其声音清脆，音区较高。多作为旋律声部。

（20）音块

音块有 8 块，所以又叫八音铝板琴。使用两个琴槌敲打，音色清脆悦耳。既可分开单个敲打，也可随意组合敲打。

（21）音筒

音筒共有 8 只，靠敲打身体不同部位发音，也可敲打桌面和地面发音。是多人协作演奏的打击乐器。

3. 自制幼儿打击乐器简介

随着打击乐活动的广泛开展，在没有条件的幼儿园可以因陋就简自制打击乐器来使用。我们可以根据打击乐器的发音特点，利用生活中的各种废旧材料自制打击乐器。在自制这些乐器的时候，既要力求声音悦耳、动听，同时还要保证制作过程和使用过程中材料的安全性，使打击乐教学活动更加丰富，同时又培养幼儿的动手及创造能力。

教师需引导幼儿在平时细心留意、收藏生活中废旧的、相互碰击能发出声响的塑料制品、竹木、金属等材料，以便为自制打击乐器做好准备。可收集的材料有：金属月饼盒、纸箱、纽扣、餐盘、钢管、饮料瓶、铃铛、葫芦、木质算盘珠、自行车的铃铛、树杈等。辅助材料有：针线、丝带、筷子、布头、细铁丝、沙子、酒类包装袋、毛衣签、彩色包装纸、颜料、钉子、锤子、胶等。下面列举几种利用这些废旧材料制作的打击乐器。

（1）替代鼓和自制鼓

鼓在幼儿打击乐活动中是件常用的乐器，如果实际条件所限，没有合适的鼓可用，我们一方面考虑替代；另一方面考虑自制。

①鼓的替代物

生活中能替代鼓的音效物品有很多，如带膛的书桌、箱子、塑料盆、塑料桶等敲击时能发出低沉声音的物品。在为幼儿寻找鼓的替代物时，应选择便捷、安全的生活物品。敲击时，可用手也可用木棒做鼓槌敲鼓。

②鼓的制作

主要材料有硬纸板、丝带、胶、彩笔或彩纸等。制作：先把纸板圈成一个圈，再把纸板做成两个圆，打孔，用胶粘在圈的两端，用丝带连接固定，并做一定装饰。

（2）杈杈铃

杈杈铃是类似散响乐器中的棒镲一样的自制乐器，手握木柄掂或摇发出声音。制作杈杈铃主要的材料有 Y 形树杈、金属瓶盖或小铃铛等。制作：先把树杈剥皮刨光，然后在两叉顶端打孔，把瓶盖或小铃铛用金属丝穿起来固定在杈杈上。为了安全，注意把金属丝处理好，如把金属头弯到孔里，也可用胶带缠好。同时为了美观可用彩色丝带、毛线、颜料装饰杈杈铃。

（3）碰铃

碰铃是用废旧的自行车铃铛盖制作的，类似金属类乐器碰铃。可用红线绳穿起来，也可用螺丝相对固定在木柄上，两个一对互相碰撞发出声音，还可直接用两个铃铛碰撞。

（4）手串铃

把收集的大小铃铛，用线绳穿起来，或固定在布条上、粘扣带上，摇动发出声音。

（5）响板与竹板、响木

①响板：用硬纸板折叠一次后做成两片同样的、各种形状的响板外壳，注意两片是相连的，然后各穿两个孔穿上皮筋，在里面系紧，用两个结实的贝壳扣住粘牢。就可把皮筋套在拇指和中指上开合敲击发出声音。（核桃皮响板制作方法相同。）

②竹板：用粗的竹子破开、截断做成竹片，刨光后打孔用布条或线绳穿起来，可穿两片，也可穿多片。

③响木：找两根木质比较硬的木棍，剥皮、刨光、装饰后，互相击打发出清脆的声音。

（6）沙球

生活中能做沙球的物品比较多，如饮料瓶等各种容器。

（7）糖葫芦捶

糖葫芦捶是用废旧的算盘珠、竹筷子穿在一起，固定住，互相敲击发出清脆的声音。

（8）三角铁

用粗的钢筋弯成三角状，再用金属棒敲击发出拖长音的声音。注意钢筋和金属棒的断面要圆滑不能伤手。

（9）锣

找一个圆形或方形金属月饼盒盖，在边沿打一个小孔，用25厘米左右长的丝带从小孔里穿出打结；取一块布折叠几次后包在筷子顶端用丝带系紧做成敲击的槌。幼儿一手提起丝带，一手握槌敲击盒盖中间部位发出声音。

4. 幼儿打击乐演奏活动的音乐材料

幼儿打击乐器的演奏往往依附于音乐曲调，因此音乐作品的选择极为重要，并不是所有的歌、乐曲都适合作为打击乐器的乐曲来演奏，而是要选择一些节奏鲜明、结构工整、曲调优美和形象生动、特点突出的歌、乐曲才能激发幼儿内心的情感，唤起幼儿学习的兴趣。例如，小班的打击乐曲，最好是选择幼儿比较熟悉的歌曲或韵律活动的音乐，一般是节奏简单、结构短小的单乐段体为宜。中、大班的打击乐曲，音乐的节奏相对小班幼儿可以稍复杂一些，结构也可长一些，可选择二段体或三段体的音乐，一般是段落之间有明显对比变化的为宜。除此之外，还可以根据实际情况的需要对乐器的发声方式及音色进行探索，引导幼儿做一些"配乐故事""音响故事"，或为儿歌、童谣即兴演奏等创造性的活动。

在幼儿园的音乐教育活动中，打击乐作品一般指的是以下两种类别的教材：一种是已配器的某个特定的歌曲或乐曲，可以是教师事先自己设计编配的打击乐，也可以是别人编配好的教材；另一种是未配器的歌曲或乐曲，是一种在教师有计划、有组织地引领下，逐步指导幼儿进行配器与演奏的教学活动。这种探索性的教学将给幼儿以更大的自主空间，充分发挥幼儿演奏的积极性，提高幼儿的想象力和创造力。

三、幼儿打击乐演奏活前的配器与记谱

（一）幼儿打击乐演奏活动的配器

"配器"一词源于"管弦乐"，也称"配器法"，它属于作曲理论的范畴。主要研究各种管弦乐器的运用和相互间的配合，以达到充分表现音乐作品的主要内容和艺术效果。幼儿打击乐配器指的是为选择的乐曲材料进行伴奏的活动形式，它的意义在于在幼儿参与感受协调悦耳配器音响的同时，帮助幼儿更好地了解作品的内容和风格、形象和情感。幼儿打击乐演奏活动能否充分与音乐作品达到高度的协调统一，准确生动展现音乐作品的情绪和风格、结构和形象取决于配器。

1. 一般配器原则

幼儿打击乐配器要考虑幼儿的实际能力、音乐表现与音响和谐等因素。

（1）幼儿年龄发展水平的适宜性

打击乐器选择与配器要随着幼儿年龄特点变化，遵循从大肌肉到小肌肉、手眼协调能力逐渐增强的动作发展顺序。要遵循小班演奏节奏型简单、变化对比少一般以齐奏的方式演奏。

（2）音乐与乐器的适宜性

配器要考虑打击乐器音响效果能够做到与原有音乐的情绪风格和结构相统一，并且富有变化，具有趣味性。

发音低沉或拖长音的乐器适宜出现在强拍或强位，高音乐器或不拖长音乐器适合出现在弱拍或弱位，适合细碎密集的节奏型。

（3）音响效果的和谐性

注意乐器结构，音量大的及穿透力强的乐器如锣、镲、三角铁件数要少些，音量小的乐器件数要多些，注意布局结构，持音量大的乐器和摇响乐器的幼儿安排在后面，持音量小的乐器的幼儿安排在前面，使用同类乐器的幼儿集中安排在一起，以达到整体音响和谐动听的效果。

2. 一般配器方法

变化对比手法是为幼儿打击乐演奏活动配器的主要方法。首先分析音乐的曲式节拍、

旋律节奏的特点，找出呼应、对比、变化的地方，然后通过配器中不同乐器和节奏、速度、力度的变化对比来表现音乐的变化。

（1）强弱对比

将声音低、音量大的乐器用于强拍，例如：鼓类。将声音高音量小的乐器用于弱拍，例如：双响板等。这种对比配器可以使音乐中的强弱对比更加清晰，音乐形象更加突出。

（2）音色对比

在音乐的乐句或者是乐段出现变化时，可以用更换乐器的方式体会变化。也可以在呼应或重复的乐句中加入不同的乐器，使音乐富有新鲜感。

（3）节奏对比

节奏对比常用的方法有两种：一种是加强旋律的编配手法，就是根据旋律的节奏特点来编写节奏，一般乐器节奏乐句与旋律节奏乐句基本一致，使旋律在节奏乐器的陪衬和烘托下表现得更加充分。

（4）速度的对比

根据音乐的需要用变化打击乐器的速度快慢展示情绪和形象的变化。

（5）力度的对比

配器过程中可通过单独演奏和集体演奏或通过更换乐器的种类，增加或减少乐器数量的方法产生力度的对比。

（二）幼儿打击乐演奏活动的记谱

幼儿打击乐演奏活动的记谱方式主要有两种：通用谱和变通谱。

1. 通用记谱

通用记谱是成人常见的传统记谱形式，即简谱记谱和线谱记谱。

（1）简谱记谱

打击乐器演奏的音符用"×"表示，演奏时值与音乐中简谱记谱发一致。

（2）线谱记谱

打击乐器演奏使用一线谱和线谱音符的符号表示。

2. 变通记谱

为了增加音乐的直观性和趣味性，方便幼儿辨识和运用打击乐器演奏，学前教育专家和一线幼儿教师们，对打击乐演奏活动规律在长时间的实践研究和反复运用的前提下，逐渐形成了适合幼儿打击乐演奏记谱的方法，目前叫作变通记谱。下面选取幼儿打击乐演奏正在探索普遍使用的三种记谱方式进行介绍：

（1）动作记谱

动作记谱是用身体动作表现配器的方案。身体动作可以表现节奏、音色、速度、力度的变化及其结构。在动作记谱中，可以用节奏动作、模仿动作、舞蹈动作、滑稽动作来做材料。使用动作记谱要注意两点：一是不宜用笨拙的肢体动作表现比较密集的节奏；二是身体动作不宜太难，应避免动作对于幼儿掌握总谱内容造成不必要的困难。

（2）图形记谱

图形记谱是使用形状和色彩表现配器的方案。形状、色彩可以表现节奏、音色、速度、力度的变化及其结构。在图形记谱中，可用几何图形、乐器音色的象征图、乐器形象简图来做乐谱的材料。要注意不宜搞成"通用记谱"的图形解释方案，避免复杂化、细致化的设计。

（3）语音记谱

语音记谱是用嗓音表现配器方案。嗓音可以表现节奏、音色、速度、力度的变化及其结构。在语音总谱中，可用有意义的字、词、句、象声词、衬词和无意义的音节来作乐谱材料。尽量要使创造出来的语音总谱有趣、易记、上口。

变通记谱之所以称作"变通"，表示其记谱灵活生动，没有固定的模式，有效减轻了幼儿的认知负担，增强了感知音乐的乐趣。但需要说明的是这种记谱不像传统的简谱和线谱记谱那么精确，存在着规范性问题，质量也参差不齐，使用时应随时注意。

第三节 幼儿打击乐演奏活动的组织与指导

打击乐演奏的教学应该循序渐进地进行，教学步骤与方法要根据教材的具体情况而定。演奏活动多为集体活动，演奏最终能够达成，依赖于生动、有趣、带有多种变式的练习过程，辅助方法有传统教学中常用的示范法、模仿法和语言提示法以及目前广泛应用的图谱法、创作法等，在实际教学中应灵活结合使用。下面针对两种不同类别的幼儿打击乐演奏活动分析其活动过程与方法，并提出组织活动过程中需要注意的问题。

一、组织幼儿打击乐演奏活两的常规步骤

（一）以演奏为主的打击乐活动

1. 认识打击乐器，探索演奏方法

在教师介绍前，可为幼儿提供观察、玩耍，自己去探索打击乐器发声方法和音色特点的机会。然后，教师再通过生动、形象的语言以及教师的示范演奏等方法向幼儿介绍各种不同的乐器，了解乐器的名称、外形、构造、音色特点等。在这个基础上，通过示范、模仿练习等方法指导幼儿正确使用打击乐器，逐一尝试各种乐器的演奏方法。

如果所运用的打击乐器是幼儿已经学过的，那么学习的侧重点则是复习与巩固，或者

可视情况省去这一过程。

2. 熟悉和欣赏打击乐曲

向幼儿简单介绍打击乐曲的名称、内容、性质，然后由教师弹奏乐曲或播放音响，使幼儿初步感受乐曲的基本风格、曲式结构、速度、力度和节奏特点等。

3. 感知打击乐曲的配器，练习基本节奏型

在初步熟悉打击乐曲之后，教师应引导幼儿了解打击乐曲的配器情况，例如，共配置了哪些乐器，哪些乐器及哪些声部在演奏中起主要作用，主要的节奏型是什么，在乐曲中的表情作用等，以帮助幼儿对打击乐曲有一个整体的认识。同时，教师可通过示范、讲解、节奏练习等方法，带领幼儿进行基本节奏型的学习，为顺利地进入乐曲演奏做好准备。

4. 徒手练习演奏

在幼儿了解配器的基础上，按各自不同的演奏谱进行分声部分组徒手拍击节奏练习，也可让幼儿采用模仿某一乐器的演奏动作或用噪音发出相应的响声来进行练习，这样能取得较好的效果。徒手练习的时间不宜太长，不要等到幼儿完全掌握再拿乐器练习。因为，在乐器使用的过程中可以继续学习相关的节奏型和演奏法。长时间的徒手练习会降低幼儿学习的积极性，不利于幼儿音乐能力的发展。

5. 分段练习演奏

有的打击乐曲具有不同的对比乐段，可以让幼儿分段掌握。如：中班节奏乐《喜洋洋》是一首中速、欢快、热情的单三部 A、B、A 的曲式结构。A 段：欢快、热情；B 段抒情、喜悦。所配置的节奏型和有关打击乐器的演奏方法不相同，所以，可让幼儿分段掌握，一段一段练习。

6. 持乐器合奏练习

在分段、分声部练习的基础上，指挥幼儿持乐器随音乐进行多声部合奏。为了使幼儿易于学习，可以一次递增一个声部进行，以致达到完整的合奏。在合奏时要求同伴间要互相倾听、互相配合，养成良好的倾听习惯和合作意识。

另外，在合奏中，教师的指挥是其中的重要角色，不但可以帮助幼儿很好地掌握作品的整体音响结构，而且还是幼儿学习指挥的最佳的示范榜样。因此，教师指挥的动作必须明确、准确，要饱满热情。在合奏练习中，要逐步培养幼儿担任指挥，教给幼儿指挥的简单方式，使幼儿从指挥的学习体验中不断加深对作品整体音响形象的认识，获得美的享受。

（二）打击乐参与的音乐综合活动

此类型活动目前在幼儿园比较常见，打击乐是整个综合音乐活动的一部分或一个环

节。打击乐的运用目的是以多种形式玩音乐、以多重感官感受音乐，从而使幼儿更深入细致地感知音乐作品，如为乐曲或歌曲选择合适的乐器、编配合适的节奏型等，同时打击乐器的加入能够保持和提高幼儿对玩音乐作品的兴趣性，增加综合音乐活动的丰富多彩性。

打击乐作为活动的一部分或一个环节，打击乐加入时，幼儿应对音乐作品已有了一定的熟悉程度，对乐曲或歌曲的情绪性质、风格、内容、节奏、乐句、乐段等特点有一定印象。运用打击乐的步骤具体如下。

1. 用有趣的方法引入打击乐的参与

教师根据打击乐作品的特点，灵活选择语言（如讲故事、回忆性谈话、朗诵儿歌等）、教具（如图片、玩具、实物、多媒体课件等）等方法导入主题，引起幼儿学习的兴趣。例如，组织《玩具兵进行曲》的打击乐演奏活动时，首先，出示课件图片，同时教师引导幼儿观察："请小朋友看看，这些士兵在做什么？对，他们在奏乐呢！让我们和他们一起玩好不好？"

2. 为音乐作品创编节奏型

在熟悉打击乐曲的基础上，教师引导幼儿编排出多种节奏型进行练习，可以让幼儿分组讨论与设计，分组展示与交流。然后，由教师将每组幼儿的设计进行总结整理，初步确定演奏所用的节奏型。

3. 徒手随乐练习新的节奏型

在确定演奏所用的节奏型的基础上，组织幼儿逐一练习。然后，按各自不同的演奏谱进行分声部分组徒手随乐拍击节奏练习。最后，指导幼儿以不同的节奏动作来表示不同的节奏型，分组进行多声部练习。

4. 选择打击乐器，配乐演奏

教师引导幼儿根据打击乐曲的情绪性质、风格、节奏特点等选择恰当的打击乐器，并与节奏动作相匹配进行配乐演奏。练习时，可一次递增一个声部进行，逐渐达到完整的合奏。

5. 探索不同的配器，随乐演奏

教师应启发引领幼儿运用增量法与减量法、替换法、润色、填空等变异、探索的方法改变节奏与乐器音色，使之形成对比与变化，产生新的配器方案，取得和谐、生动的音响效果。如《粗心的小画家》，可以尝试把木鱼替换为圆舞板，把沙球替换为小鼓；另一方面，可启发幼儿尝试铃鼓的演奏在第一乐段休止，第二乐段领奏的问答式设计，形成音色、力度上的对比变化。可见，配器方案是可以多种多样的。教师对幼儿的稚嫩创作应给予表扬和肯定。

在引导幼儿创编演奏的活动中，教师要事先做好充分的准备，要对打击乐曲进行分析、研究，设计编制好可能演奏的打击乐谱，而在组织幼儿进行创编配器的过程中，教师又不能把自己的设计强加于幼儿，应充分发挥幼儿的主动性和创造性，并给予适当的帮助，不断提高幼儿的想象力与创造力。

二、幼儿打击乐演奏活动应注意的问题

（一）创设音乐区角，全面开放打击乐器

为了便于幼儿玩耍、操作、探索，熟悉打击乐器，进一步激发幼儿学习演奏的兴趣，教师应创设音乐区角，在区角里放置不同的打击乐器和一些相对固定的材料：如音响录放设备，表演用的道具，节奏卡或相关的图谱等。创设音乐区角，提供相应的机会和条件，满足幼儿表演的欲望，有利于发展幼儿的音乐素质和能力。

（二）充分利用废旧材料口制打击乐器

幼儿园如无条件购置打击乐器，或配置不齐全，不能满足教学的需要，教师可以自己或指导幼儿一同参与制作打击乐器。如用易拉罐、塑料瓶等分别装入豆子、砂子、小石子，可制作成沙球；用树杈、饮料瓶盖或铁皮盖等制成手摇铃；用竹板制作响板；用罐头盒蒙皮革或不蒙皮革制作小鼓；用玻璃杯、酒瓶、碗盛水后用小竹棒或筷子敲击也能演奏旋律等。自制打击乐器，不仅充实了打击乐活动的器材，而且还培养了幼儿的创造性思维和动手能力。

（三）善于捕捉生活素材，激发幼儿想象和创造

在我们的周围环境中，无论是自然界还是现实生活到处都有好的教材。如：窗外动听的鸟叫声；街头嘈杂的汽笛声；空中震耳的雷鸣声；活动室里的阵阵欢笑声……这些都是我们的教材，我们要把握机会，随机拉入课堂采用打击乐进行表现。拍拍手、跺跺脚、扭扭腰、点点头、捻捻指、拍拍椅子……再配以不同的乐器演奏，生动有趣的音响效果就产生了。

4. 设计与恰当运用"变通总谱"

教师要在对教材深入分析的基础上，结合各种变通总谱的设计要点进行设计。如关于"图形总谱"的设计，跳跃的旋律可用短线或圆点表示，连贯、优美的旋律可用连线或圆形表示，兴奋、激烈的音乐可用曲线或三角形表示等。再如"语音总谱"的设计，所用的语言应简单、有趣和易于上口。像《欢乐舞曲》节奏鲜明、中速欢快，由四个乐句构成，可为其设计语言节奏：小鸡小鸡高兴叽叽叽，小鸭小鸭高兴嘎嘎嘎，小兔小兔高兴蹦蹦跳，大家高兴一起跳跳舞。而在"动作总谱"的设计时应力求简单易学，注意动作的难易和音乐节奏的变化要相匹配，也就是不要在音乐节奏较密集的地方安排较快、较难的动

作；节奏密集时可拍手、拍退，而节奏较疏时则可踩脚或捻指。

5. 鼓励幼儿积极参与配器

在探索性打击乐演奏教学中，教师要引导、协助幼儿，鼓励幼儿积极提出建议，将已获得的经验进行迁移，尝试为歌（乐）曲编配打击乐进行有创意的演奏活动，发展幼儿的想象力和探索精神。

组织演奏时，应合理安排打击乐器的配置和队形，将同类乐器安排在一起，这样以便指挥，音色也更为集中。演奏中要求幼儿注意演奏的方法，采用适当的音量，养成互相倾听的习惯，追求协调一致、和谐动听的效果。

6. 帮助幼儿学习"看指挥"与"当指挥"

在幼儿的打击乐演奏活动中，"指挥"包含有两重含意：一是"看指挥演奏"的能力；二是"指挥演奏"的能力。由于幼儿年龄小，音乐经验少，这里的"指挥演奏"主要是学习如何开始、结束、交替、轮流演奏和击打出演奏的节奏型，并且能够在需要时做一些模仿乐器演奏的动作来指挥。幼儿在这种学习演奏中，能较好地学习如何与人沟通、合作以及协调，从而获得快乐和自信，这对幼儿的音乐素质能力和非音乐素质能力的发展有着积极的作用。具体而言，幼儿应学习掌握的指挥技能包括："准备""开始"和"结束"的动作，要求动作简洁、明确，能让演奏者清楚、明白并做出反应；善于运用相关的动作来表现出节奏和音色的对比变化；与演奏者积极交流，以较好的体态和表情调动演奏者的热情，指挥的动作要与音乐作品相适应。

7. 建立打击乐演奏活动常规

打击乐演奏活动中要注重培养幼儿良好的活动常规，这是活动顺利开展和有序进行的根本保证。集体打击乐演奏活动的常规包括有：明确演奏开始和结束的音乐信号并能做出积极的反应；看指挥演奏并积极交流，演奏时养成倾听整体音响效果的习惯；注意控制演奏的音量，努力做到与集体协调一致；按要求交换乐器演奏；遵守乐器的发放、收取、分类收藏的原则等。

合理地分发与收回打击乐器，打击乐器的分发与收回一般有两种方式，一是活动前将乐器分声部或分组放在幼儿座椅下面，可节省活动时分发乐器的时间，有利于保证教师组织教学的流畅性；另一种方式是现场分发，这样教师可根据情况灵活掌握，但占用了一定的练习时间，对幼儿的练习会有所影响。两种方式各有利弊，在实践中应视实际情况来安排。如果幼儿已形成良好的打击乐常规，可让幼儿自己拿取乐器，更好地发挥幼儿的主动性。

收回乐器时，一般是让幼儿轻轻放回到座椅的下面，或派几个幼儿有序地到每人身边收取，或是教师按组或声部发箩筐让幼儿从左到右一个一个依次放回，或是由幼儿自己放回到指定的地方。如果打击乐练习是活动的最后一个环节，就可以让幼儿边演奏乐器边走出教室，把乐器集中放在门口。

思考题

1. 不同年龄段幼儿打击乐演奏能力的发展特点是什么？
2. 幼儿打击乐器如何分类？幼儿常用的打击乐器有哪些？如何使用？
3. 结合打击乐作品实例分析打击乐配器的方法。
4. 请选择一首音乐作品进行幼儿打击乐配器。
5. 请使用废旧物品，动手动脑做一至两件幼儿打击乐器。

第六章 幼儿集体舞活动教学

本章导读

舞蹈可以分为自娱自乐的自娱舞蹈、适应空间变化与社会性交流的集体舞蹈、发展表现欲望与表现能力的表演舞蹈等类型。在幼儿园音乐教育领域，舞蹈主要指集体舞蹈，旨在提升幼儿空间适应能力与社会性交流能力。构成集体舞的动作类型可以是由人类自然动作与模仿动作构成的律动，也可以是需要专门练习的由下肢基本动作与审美化上肢动作构成的舞蹈。在幼儿园音乐教育领域，集体舞的动作主要由律动构成。

幼儿园集体舞教育活动是指以一个音乐作品为单位，基于对此音乐作品的感受与身体动作表现，最后走向具有舞伴与队形、集体协作完成的律动表演，从而促进幼儿音乐能力与社会性发展的一种音乐实践活动。

1. 了解集体舞对幼儿的发展价值；
2. 熟悉集体舞教育活动的关键经验及其指导要旨；
3. 掌握集体舞教育活动的设计与组织。

第一节 集体舞对幼儿的发展价值

幼儿园集体舞的本质是集体律动，在动作学习要求上基本没有挑战，活动过程中主要的关注点或挑战是幼儿的社会性交流状况、做移动动作时的空间协调和与他人合作的能力、随乐的能力。集体舞对幼儿的发展价值也体现在这三方面。

一、社会性发展价值

集体舞是一个群体一起舞蹈。在欢快或悠扬的音乐声中，人们迈着轻快优美的步子，用肢体、眼神，甚至语言进行着有张有弛的情感、信息交流，人的社会性交往需求得到极大的满足。幼儿园集体舞活动最大的价值也正是为幼儿提供了在轻松愉悦的气氛中进行同伴间情感交流的机会，学习同伴间情感交流的多种方式，从而提高幼儿社会性交往能力，并获得人与人之间友好交流所带来的愉悦与情感满足。在集体舞中，与舞伴进行情感交流的方式大概有以下四种：第一，非接触性动作交流方式，如招手、点头、邀请礼仪动作等。第二，语言交流方式，如说"你好""Hello""Hi"等。第三，眼神交流方式，如与舞伴对跳时用眼睛看着舞伴、微笑。第四，身体接触交流方式，如与舞伴碰四肢、拥抱、握手等

二、空间适应与协调能力发展价值

集体舞要求在队形中完成动作表现，这种动作表现涉及脚步移动时的方向、距离、力度把握等众多空间适应水平。更重要的是，需要参与的每一个人在方向、距离、动作等方面保持一致。如果不一致，需要及时做出调整，以便集体舞能顺利进行，这种调整基于幼儿的动作与空间协调能力。如果幼儿园经常开展集体舞教育活动，能有效促进幼儿空间适应能力与协调能力的发展。

三、音乐性发展价值

（一）获得动作的随乐能力

在能用身体动作表达音乐的节拍、句子、段落，表达队形的变换、更替等条件下，集体舞的社会性满足才能充分实现，而社会性满足又会成为幼儿学习集体舞的强大动机与兴趣所在。一方面，集体舞教育活动要从幼儿已有的动作水平出发，遵循循序渐进、由浅入深的教学原则；另一方教育活动需要把持住社会性交流目标与音乐性目标两者之间的张力。如果集体舞教育活动能很好地遵循循序渐进、由浅入深的教学原则，同时在活动过程中保持社会性交往与音乐性的双目标意识、那么，集体舞活动对幼儿动作随乐能力的培养就是润物细无声、自然而然的。

（二）获得音乐中的动作即兴能力

集体舞的动作与音乐是循环往复的，具有较高的重复性，所以，队形变换与动作即兴成为集体舞追求变化与新颖的两个要素。通过队形变换获得新舞伴，带来社会性交流的新内容、新刺激；通过即兴动作表演，获得集体活动中的个体凸显，主体性发挥到极致。同时，在流动的音乐中进行个体的即兴动作表演，这是对音乐能力的极大挑战。在教学策略使用恰当的前提下，集体舞这一活动形式能很好地促进幼儿即兴动作能力的发展。

第二节　集体舞教育活动的关键经验

本节内容围绕幼儿五项集体舞关键经验展开，具体的关键经验如下。

关键经验1：合拍做动作（用身体动作表达出音乐节拍的稳定特质）；

关键经验2：合句段结构做动作（用身体动作表达出音乐形象的细节）；

关键经验3：随乐合作做动作（在与同伴正常交流、保持正常队形的前提下，合拍合句段结构做动作）；

关键经验4：用动作描述音乐内容与形式（包括对音乐内容的动作探究与对音乐元素、音乐情绪特征的动作表现）；

关键经验5：用语言描述音乐内容与形式（包括用语言描述身体动作、音乐内容、音乐元素与情绪特征）。

一、集体舞关键经验的分类

五项集体舞关键经验可以分成三类：节奏关键经验1（合拍做动作、合句段结构做动作）、节奏关键经验2（随乐按规则做动作）与描述关键经验（用动作描述音乐的内容与形式、用语言描述音乐的内容与形式）。

在集体舞活动中，节奏关键经验被分为动作合乐与随乐合作做动作两个类别，动作合乐是随乐合作做动作的基础。在这里，"动作合乐"的动作是指在个体空间范围内不与他人发生关系的动作，其实质是原地动作。在一个具体的集体舞活动中，原地动作合乐是音乐感受环节完成的一个标志。当幼儿能够自如地对音乐作品进行原地动作表现后，才进入具有"集体舞"意味的、在队形中集体随乐做动作的环节。能够在队形中有序开展做动作、交换舞伴、队形变动等活动，是幼儿获得随乐合作做动作关键经验的标志。描述关键经验还是指对音乐的内容与形式进行动作与语言的描述，在任何音乐教育活动类型、所有音乐教育过程中，这两项描述经验都如影相随，集体舞教育活动中也不例外。

二、集体舞关键经验的指导要旨

集体舞教育活动也是针对一个音乐作品展开的音乐实践活动，所以，对这一音乐作品的欣赏与感受是活动展开的第一步。鉴于此，节奏经验中的合拍做动作、合句段结构做动作与描述关键经验，其指导要求与欣赏活动中的指导要求是一样的，在此不再赘述。集体舞活动不同于其他类型活动的关键经验是随乐合作做动作的关键经验，下面着重阐述这一关键经验的指导原则。

（一）随乐合作做动作的指导原则

在集体舞教育活动中，幼儿随乐合作做动作一定是以合拍、合句段结构做动作为前提的。当幼儿能独立地合乐做动作时，集体性合作化的动作表现才能进行。但是，即便幼儿具备了个体合乐做动作的条件，如果在引导过程中教师缺少一些最基本的常规与指导策略，让一群幼儿在队形中有序随乐做动作也是很困难的事。

这也是幼儿园不太容易开展集体舞教育活动的原因所在。下面是指导幼儿随乐合作做动作的几项教学要旨或原则。

1. 建立队形中合作做动作所必需的常规

能很快执行手腕花或白手套的佩戴。针对教师的常规包括：①知道示范时如何站位；②知道预令如何准备与发出；③能熟练执行幼儿集体合作做动作时的几种常规队形变换方式。

2. 随乐合作做动作目标要在有序的动作层级推进中完成

集体舞活动并非一开始就让幼儿站在队形中。就像打击乐活动一样，活动中幼儿真正拿乐器的时间只占整个活动时间的四分之一左右，在集体舞活动中，幼儿进入队形、进行舞蹈的时间也只占整个教育活动时间的四分之一左右，更多的时间是在位置上感受音乐，原地用身体动作表现音乐。

在幼儿进入随乐集体合作做动作（队形变换）之前，幼儿动作学习的其他层级一般有：①上肢动作；②原地动作；③无队形变换动作。对合作要求很高的队形变换做动作是幼儿动作学习的最后一个层级。

（二）随乐合作做动作（队形与舞伴变换）的活动类型

随乐合作做动作的类型就是指集体舞中队形变换的类型。下面我们以一个音乐作品为例，来说明幼儿集体舞中最常见的几种队形变换与舞伴变换方式。

1. 队形变换方式

（1）队形一：散点，自由邀请舞伴

全体幼儿成散点队形。

A 段：自由寻找自己的舞伴。

B 段：与舞伴面对面，做四种小动物的模仿动作。

C 段：做教师预设动作。

音乐循环时，A 段为重新寻找舞伴的段落，B、C 段不变。

（2）队形二：链形，出现领头人

全体幼儿前后排队，后面幼儿的双臂搭在前面幼儿的肩上，队形成为弯曲的链形。队形之首第一个幼儿为领头人，一遍音乐结束后，领头人跑到队形的最后，第二个幼儿成为新的领头人。

A 段：全体做双手交替转动开火车的动作，领头人带领全体幼儿弯曲地向前跑动。

B 段：领头人做出四个自己想出来的动作，其他幼儿迅速模仿。

C 段：做教师预设动作。

音乐循环时，原领头人跑向队形最后，第二个幼儿成为新的领头人，带领队伍重新开始舞蹈。

（3）队形三：单圈，甩手换舞伴

A 段：全体面朝圈上，"1、2"报数。报"1"者，双手手心朝上放在肩头；报"2"者，双手搭报"1"者手上。

第一句：前四拍等待不动，后四拍，报"2"者把报"1"者用双手从身前甩到身后。整个过程中，报"2"者始终不动，报者由前位移到后位，并成为后一个舞伴的前位。

第二句：前半句与新舞伴重新组成手搭手的组合，后半句动作同第一句。

第三句：同第二句。

第四句：同第三句。

B 段：领头人由教师随意指定，其他形式不变。

C 段：动作不变。

（4）队形四：单圈，S 形换舞伴

A 段：全体面朝圈上，"1、2"报数，然后，报"1、2"数者面对面。

第一句：前四拍，两人右手握右手；后四拍，两人都朝前走。

第二句：同第一句。

第三句：同第一句。

第四句：同第一句。

B 段：所有报"1"者为领头人，做即兴动作，报"2"者模仿报"1"者做动作。

C 段：动作不变。

（5）队形五：双圈，外圈行走换舞伴

A 段：双圈队形，里、外圈面对面。

第一句：前四拍，里圈不动，外圈把右手指向下一个舞伴；后四拍，外圈走向手指的新舞伴，并与里圈的新舞伴握手。

第二至匹句：同第一句。

B 段：里圈的幼儿做领头人，做即兴动作，外圈幼儿模仿里圈幼儿的动作。

C 段：动作不变。

（6）队形六：双圈，外圈 S 形行走换舞伴

A 段：双圈队形，里、外圈面对面。

第一句：前四拍，里圈不动，外圈走向下一个舞伴的背后；后四拍，里不动，外圈拍拍里圈舞伴的肩。

第二句：前四拍，里圈不动，外圈再走向下一个舞伴的前面；后四拍，与新舞伴打招呼。

第三、四句：同第一、二句。

B、C段：同A段

（7）队形七：双圈，里、外圈同时换舞伴

A段：双圈队形，里、外圈面对面。

第一句：前四拍，里、外圈同时伸右手，向右与下一个舞伴握手；后四拍，握手的里圈两人换位置。

第二至四句：同第一句。B、C段：同A段。

2. 舞伴交换方式

在集体舞教学中，队形变换经常是在交换舞伴的过程中完成的，交换舞伴的过程就是一次队形的大变动。所以，交换舞伴一定会出现队形的变化。这里，我们再强调一下舞伴交换的几种基本方式：单圈甩手交换，单圈S形行走交换，双圈外圈行走交换，双圈外圈S形交换，双圈里、外圈同时S形交换。具体换法，在上面讲解队形变化时已经涉及，现在把其中几种再用语言口令讲解一下。

（1）单圈S形行走交换

单圈"1、2"报数者，面向圈上，然后面对面。交换语言口令：（握手预备）向前走，背靠背。

（2）双圈外圈行走交换双圈，里、外圈面对面。

交换语言口令：向前走，握握手。

（3）双圈外圈S形交换

双圈，里、外圈面对面。

交换语言口令：走到背后拍拍肩，走到前面握握手（走之前，右手指向下一个朋友）。

第三节　集体舞教育活动的设计与组织

一、集体舞教育活动的设计

集体舞教育活动设计是依据集体舞关键经验，选择音乐作品，处理音乐作品，选择教学方式，对幼儿施加教育影响的方案；也是对影响集体舞教育活动的主要因素，如教育目标、教育内容、教育方法、教师与幼儿以及环境媒介等进行合理而系统的编制和处理的过程。

（一）活动材料的设计

集体舞活动的材料包括音乐作品、动作与队形、视觉媒介等。材料设计一般包括以下四方面内容：音乐作品选择、音乐内容形象挖掘、视觉媒介设计、动作与队形编排。

1. 集体舞音乐作品选择要点

（1）音乐句段结构比较工整，拍点比较明确

音乐的句子结构工整是指一段音乐中所有的句子拍数相同，如所有句子都是一句 8 拍或 16 拍。音乐的段落结构工整是指段落中所有的句子都很工整，同时，段落与段落之间没有过渡句、过渡段，段落转换很容易被辨认。音乐的拍点明确是指音乐配器风格给出了重拍并很有规律。一般而言，集体舞的音乐句段结构都很工整，拍点都很明确，这是由幼儿音乐与动作发展水平决定的。但是，不是绝对不能出现结构不太工整、拍点不太明确的音乐。如果教师已经找到让儿童理解与表达这些不工整音乐的途径与方式，那么，尝试挑战也未尝不可。

（2）音乐的旋律清晰，形象鲜明

就旋律清晰而言，幼儿喜欢主调音乐，所有音乐必须要有明确的主旋律让他（她）们哼唱，否则他（她）们将难以跟随音乐进行舞蹈。如果音乐的形象特别适合动作模仿、情节表现、情绪表达等，那么，这种音乐就是形象鲜明的。音乐的形象鲜明是激发儿童从事音乐表现活动的重要条件。

（3）音乐的速度适宜

音乐速度是评价幼儿音乐能力的重要指标。3 岁时，要由音乐速度去配合幼儿的动作；到 4 岁时，幼儿能主动用动作配合中速的音乐；再到 5 岁时，幼儿能主动用动作配合稍快与稍慢的音乐。教师要有意识地关注儿童舞蹈时对音乐速度的内在要求。如果音乐材料的其他方面都很适合幼儿，只是速度方面有一些问题，那么我们就可以用科技手段调整音乐的速度。

2. 音乐内容形象挖掘

幼儿对某一音乐作品的感受程度是受这一作品内容形象被挖掘程度制约的，音乐内容形象被挖掘得越生动，越接近幼儿的生活与趣味，幼儿越容易感受到这一音乐作品。事实上，这里所说音乐内容形象挖掘方式也就是音乐作品的欣赏方式。下面，我们介绍幼儿园集体舞活动中的音乐内容形象挖掘方式。

（1）音乐内容形象的情境性挖掘

音乐内容形象的情境性挖掘是指用人物、动物行为构成的具体事件去解释音乐的一种音乐作品内容具体化方式。幼儿园音乐欣赏活动基本上采用这种方式，其他活动类型也经

常采用这种方式。在集体舞活动中，音乐内容形象的情境性可以以故事的方式展开，也可以指向幼儿的生活情境。

①指向幼儿生活情境的情境性挖掘——舞曲《摘橘子》

音乐内容情境：一群孩子背着篓筐到了橘园，看到橘子后招呼伙伴，然后，大家一起摘橘子。摘橘子动作为用剪刀剪下橘子，再把橘子放进篓筐。

动作设计：

队形：双圈。

A 段

A 段 a：

第［1］小节：第一、二拍，双手放在双肩，做背篓筐的动作，脚上做跑跳步两次，一拍一次，共两拍；第三、四拍，双脚并拢，停止，同时头转向舞伴，对看。

第［2］至［4］小节：同第［1］小节。

A 段 b：

第［1］小节：右手臂在右侧高举，左手臂放左侧身旁，两手一拍一次，做招呼动作。

第［2］小节：动作同第［1］小节，方向相反。

第［3］、［4］小节：同第［1］、［2］小节。

B 段

B 段 a：

第［1］小节：第一拍，右手伸出食指与中指，做剪刀状，剪橘子，左手手掌手心朝上平放，做接橘子的动作；第二拍，双手做把橘子放进篓筐的动作。第三、四拍，同第一、二拍。

第［2］至［4］小节：同第［1］节。

第［5］至［8］小节：重复第［1］至［4］小节。

活动过程建议：

●欣赏环节。

-出示幼儿在橘园采橘的照片，与幼儿讨论采橘的方法与心情。

-教师随 B 段音乐示范剪橘子的动作，请幼儿评价这样采橘子对不对。

-幼儿随 B 段音乐采橘子。

-教师随 A 段 b 的音乐示范打招呼、喊同伴采橘子的动作，请幼儿观察打招呼的动作是怎样做的，做了几次。

-幼儿随 A 段 b 的音乐做打招呼的动作。

-教师请幼儿背上篓筐，在原地做背篓筐跑步（这个动作事先幼儿已经学会）动作，然后与同伴打招呼，最后做摘橘子的所有动作。

●队形中表演环节。

-请男孩子围成单圈。

-请每个女孩子找到一个男孩子作为自己的舞伴，与男孩子一起构成里、外圈。男孩子为里

-全体幼儿面朝圈上，跟着音乐做背篓筐跑步、打招呼、摘橘子的动作。

-全班讨论并解决表演中有困难的地方。

-全班表演，音乐循环播放。

②指向故事的情境性挖掘——《皮诺曹》

故事：木偶皮诺曹想成为真孩子，仙女告诉他，当他具备了诚实、勇敢的品质后就能成为真孩子。开始时，皮诺曹在狐狸的引诱下到了孤岛上，过着吃喝玩乐的生活，还与爸爸说他在上学，因为不诚实，他长出了长鼻子与驴耳朵。后来，皮诺曹帮助老爷爷锯木头，为在森林中迷路的人高举火把。最后，因为诚实与勇敢，皮诺曹终于成为真孩子。

动作设计：

基本队形：双圈。

A 段：

第 [1] 小节：拍手，一拍一次，共四次。

第 [2] 小节：双手做长鼻子状，放在鼻子前面，一拍一次晃动，共晃四次。

第 [3]、[4] 小节：同第 [1]，[2] 小节。

第 [5] 小节：拍手，一拍一次，共四次。

第 [6] 小节：双手掌竖立，放在两耳旁，表示驴耳朵，一拍~次晃动，共晃四次。

第 [7]、[8] 小节：同第 [5]、[6] 小节。

B 段：

第 [1] 小节：双手握拳，双手臂前后交替伸屈，表示锯木头。

半拍伸，半拍屈，一拍完成一个动作，共四次。

第 [2] 至 [4] 小节：同第 [1] 小节。

第 [5] 小节：双臂高举，手掌伸开转动，表示火把高举，拍转动两次，共八次。

第 [6] 至 [8] 小节：同第 [5] 小节。

第 [9] 小节：双手握拳，双臂弯曲，在胸前做轱辘转的动作。

第 [10]、[11] 小节：同第 [9] 小节。

第 [12] 小节：前三拍同上，做轱辘转动作，最后一拍嘴喊"耶"，手做胜利动作。

队形变换：

·用 B 段第 [5] 至 [8] 小节音乐进行队形变换。

·使用双圈 S 形队形变换方式。

活动过程建议：

●欣赏环节。

–与幼儿讨论《木偶奇遇记》中的故事内容。

–教师讲述今天将要发生在木偶皮诺曹身上的故事。

–教师随乐用身体动作把今天发生在皮诺曹身上的故事表演出来。

–教师分段随乐，用身体动作"讲"故事，幼儿分段学习身体动作表演。

–幼儿独立地完整表演。

•教师请幼儿寻找好朋友并两两相对，把刚才的一个人表演变成两个人合作表演。

–幼儿俩人合作完整表演。

•队形中表演环节。

–请男孩子围成 V 字形单圈。

–全班讨论，并解决表演中有困难的地方。

–全班学习队形变换，并用队形变换动作替代原来的举火把动作。

–全班幼儿带有队形变换地完整表演音乐。

–有队形变换地完整表演，音乐重复几次。

（2）传统游戏成为音乐内容形象的挖掘方式

传统游戏成为音乐内容形象的挖掘方式是指把传统游戏玩法直接植入到集体舞中，集体舞的身体动作由传统游戏的玩法构成。这是集体舞与传统游戏的一种嫁接，一旦成功，能极大地激发幼儿的学习兴趣，是幼儿园集体舞教育活动中对音乐内容形象挖掘的特有方式。

以《套圈舞》（墨西哥草帽舞）为例。

音乐段落结构分析：

此曲共分两段，以下为段落结构，大写字母表示段落。

套圈游戏玩法：

三个小朋友一组，围成小圈。其中，两个小朋友的右手戴红色手腕花，一个小朋友的右手戴黄色手腕花。

准备动作：戴红色手腕花的两个小朋友把戴花的手臂放在上面，双手臂交叉放在身前，戴黄色手腕花的小朋友把戴手腕花的手臂放在下面，双手臂交叉放在身前。每个小朋友的双手抓住邻近自己的手。这样形成了三组由低到高排列的手臂。

套圈动作：举起最上层的两条手臂，从身前套住一位幼儿并套向那位幼儿的身后，让那位幼儿的双脚跨出手臂；举起第二层的两条手皆，从身前套住一位幼儿并套向那位幼儿的身后，让那位幼儿的双脚跨出手臂；举起最后一层的两条手臂，从身前套住一位幼儿并套向那位幼儿的身后，让那位幼儿的双脚跨出手臂。三个幼儿都回到了双手交叉的最原初动作，套圈游戏重新开始。

动作设计：

基本队形：三圈，中圈幼儿始终是左手在上进行手臂交叉的那位幼儿。

A 段：

第［1］小节：双手叉腰，第一拍，眼平视，双脚交替踏步一次；第二拍，脚不动，抬头挺胸。

第［2］至［16］小节：同第［1］小节。

B 段：

第一句：三个幼儿围成小圈，双臂交叉放好，并握住邻近的手。

第二句：套第一个幼儿。

第三句：套第二个幼儿。

第四句：套第三个幼儿。

队形变换：

（较少进行集体舞的班级，此活动可以不采用队形变换）

• 用 A 段音乐进行队形变换。

• 三圈中的中圈幼儿由原来的原地踏步动作变成向前走步动作。

活动过程建议：

• 欣赏环节

–请幼儿做三人套圈游戏，讨论做这个游戏时的注意事项。

–随意组合，做三人套圈游戏。

–教师放 B 段音乐，请幼儿在音乐中玩三人套圈游戏，明确音乐与套圈动作之间的关系。

–幼儿坐在座位上，学习踏步抬头动作。

–幼儿坐在座位上，合 A 段音乐表演踏步抬头动作。

–幼儿仨仨组合，自由找教室的空位，教师播放完整音乐，幼儿随乐做踏步抬头动作，玩三人套圈游戏。

–讨论在合乐过程中出现的问题，并解决这些问题。

–幼儿继续自由组合找空位，教师循环播放音乐，幼儿随乐完整表演

• 队形中表演环节。

–请幼儿发现教室地面上教师已贴的三圈队形标记，讨论这些标记的作用。

–戴红色手腕花的幼儿找红点标记，戴黄色手腕花的找黄点

–教师把幼儿分成六组，每名幼儿明确自己属于第几组。带领幼儿练习音乐的引子部分，请幼儿按照分组情况，有序地、一组一组随乐站起。

–全班幼儿合乐在队形中完整表演一次。

–全班讨论并解决表演中有困难的地方。

–音乐循环播放，全班幼儿完整表演。

–学习队形变换。

－全班幼儿有队形变换地完整表演。

－音乐循环播放，全班幼儿有队形变换地完整表演。

（3）动作层级推进的欣赏方式

构成集体舞的动作虽然具有生活、故事、游戏等情境的意义，但是这些情境下的动作都是移动动作，直接学习移动动作超出幼儿动作学习的最近发展区。在这种情况下，要把集体舞的动作进行分层设计，在幼儿分层动作的学习过程中，不以情境作为主线展开，而是以分层动作本身作为学习的主线。动作层级是指身体动作按学习的易难秩序排列而形成的等级。动作层级的一般秩序为：上肢动作——原地动作——队形中动作——队形变换动作。

以《欢乐的鼓》为例。

乐曲风格与段落结构分析：

原曲是 ABA′复三段曲式，其中 B 段是 A 段的转调，所以从首调效果上听，整首曲子只是几句旋律的不断重复，但确实好听，有味道。原曲的 A 段第一主题由三个乐句组成，第一、二句重复了一下；而 A′段与 A 段的不同之处在于，它把第一主题第一、二句的重复去掉，规整地变成两句，并完整重复。这样一来，A′段的句式变得非常规整，第一主题的两句重复变成四句，第二主题本来就是四句，最后重复一下第一主题，变成非常规整的 ABA 单三段式。

我们这里需要的是集体舞音乐，集体舞音乐的主要特点是：①句式规整；②循环往复。所以，这里的音乐是剪辑 A，段第一主题与第二主题，然后不断循环，四遍后加第一主题，让音乐结束。

情境设置：舞伴之间形成鼓与鼓手的互动情境，一个人用双手手掌做鼓，另一个人做鼓手。由于手掌可以自由移动、随处摆放，导致鼓手必须关注"鼓"的位置变化，从而在流动的音乐声中形成追随式的双人互动情境。

动作设计：

形成双圈队形，里圈背朝圆心，外圈面朝圆心。

角色分配：里圈与外圈可以轮流做鼓与鼓手，原则是交换舞伴时，永远是鼓手的圈移动位置。

A 段：

第［1］、［2］小节：做鼓的这圈人，双手摊开、手心朝上、置于腰前，以示是"鼓"；做鼓手的这圈人，双手按节奏击舞伴的"鼓"。

第［3］、［4］小节："鼓手"找到"鼓"，并合拍敲鼓。

第［5］至［8］小节：同第［1］、［2］小节。

第［9］至［12］小节：同第［1］、［2］小节。

第［13］至［16］小节：同第［1］、［2］小节。

B 段：

第［1］、［2］小节：做鼓的这圈人，摆出让"鼓手"比较难敲的位置。

第［3］、［4］小节："鼓手"找到"鼓"，并合拍敲鼓。

第［5］至［8］小节：同第［1］、［2］小节。

第［9］至［12］小节：同第［1］、［2］小节。

第［13］至［16］小节："鼓"与"鼓手"面对面做双手握拳在胸前里外转动的动作，做六拍；最后两拍，"鼓"与"鼓手"双手对拍一次。

活动过程建议：

● 欣赏环节。

－教师坐在座位上示范随乐的身体动作表演，请幼儿观察，老师做了哪几个动作。

－幼儿回答观察结果，教师插入必要的分段、分句示范。

－幼儿坐在座位上随乐表演。

－两位教师示范具有鼓与鼓手角色分配的身体动作表演。

－幼儿观察后回答两人表演与一人表演之间的差异。

－幼儿两两合作，完整表演音乐。

● 队形中表演环节。

－请男孩围成 V 字形单圈。

－请女孩围成第二圈并面向舞伴。

－请幼儿在双圈队形中原地、两两合作做动作。

－学习双圈 S 形队形变换，A 段第［3］、［4］小节，第［7］、［8］小节走路动作部分替换成队形变换。

－加队形变换，加音乐循环进行表演。

－做鼓的幼儿拿散响类乐器替代手掌，做鼓手的幼儿敲击散响类乐器。音乐循环播放，全班幼儿表演。

3. 视觉媒介设计

在幼儿园集体舞教育活动中，视觉媒介设计主要有视频设计、图片设计，而且主要是用在故事性、情境性欣赏中。视频、图片等的设计思路和要点与歌唱、欣赏、打击乐活动中的相关设计是一样的。

4. 集体舞的动作设计

集体舞动作设计要遵循"由易至难"的原则，以使在每个教学环节出示的新动作都能达到"发展适宜"指标：一方面，保证新动作是在幼儿动作能力范围内；另一方面，保证新动作具有"新"的意义。集体舞动作由易至难的设计，一般由以下五个部分构成。

（1）确定固定模型动作

　　模型动作是指以一句音乐为单位，用一到两个动作构成这句音乐的动作句型，这种有句型的动作即模型动作。模型动作因其具有句子单位、合拍及拍率统一等特征而彰显结构化，很容易被识别、记忆。

　　通俗地说，确定固定模型动作就是编排好集体舞的动作，但需要用模型动作的标准检验我们编排的集体舞动作是否达到结构化指标。集体舞动作最怕杂乱无序，表现为：第一，一句音乐中动作变化繁多。第二，动作拍率不统一，有时一拍一个动作，有时半拍一个动作；想快就快，想慢就慢；动作有时有拍点，有时又没有拍点。第三，句子与句子之间的动作没有逻辑性或相关性。第四，段落与段落之间不具逻辑性或相关性。

　　固定模型动作一般表现为：第一，每段音乐有固定的几个动作，这几个动作在逻辑上具有情节、类型等相关度，很容易从一个动作推断出其他动作。第二，动作具有重复性。第三，段与段之间的动作形成一定的对比。

　　（2）确定上肢动作

　　一般而言，集体舞动作创编完毕后的第一件事是把下肢动作抽离，保留只有上肢动作的一套动作，它往往是集体舞教学的第一个环节，用于让幼儿观察模仿。由于只有上肢动作，所以，这个环节可以让幼儿坐在座位上完成，非常有利于集体教学的秩序维持。

　　（3）确定下肢原地动作

　　把上肢动作加上原地的下肢动作，就成了一套下肢原地动作。这套动作的学习可以在座位边进行，也可以在队形中完成，但一定没有空间位置的移动。由座位上的上肢动作变成队形中的原地动作，看上去增加的内容不多，但因为有了队形，就有了对集体舞教学常规的考验。

　　（4）确定队形变换动作或舞伴交换动作

　　一般而言，集体舞教学中的移动动作与交换舞伴动作是同一的，集体舞队形中的移动就是为了交换舞伴。集体舞教学的主要价值是社会性交流，交换舞伴是实现这一价值的主要手段。可以这样说，交换舞伴是集体舞的一种标示。

　　（5）将音乐中的一段由固定模型动作转换成即兴动作

　　集体舞教学的另一个重要价值是让幼儿进行动作即兴，发挥幼儿的创造激情。但是，音乐中的动作创造是受意象或想象思维制约的，缺少音乐与动作之间类比特性的"创造"往往是臆想，这种不具艺术思维特征的臆想不能发展幼儿的想象力、创造力，却可能伤害幼儿的学习品质。一般而言，对一段需要幼儿即兴的动作，应先由教师按照音乐与动作的类比标准创编出来，让幼儿学会这段动作。教师创编的这段动作是具有结构特征的模型动作，容易被幼儿模仿并理解。当幼儿熟悉这段模型动作后，就可以要求幼儿以老师给的模型动作为榜样，即兴创编同结构但不同样式的动作。这种情境中的动作即兴创编，能够激发幼儿启动音乐思维，并且依赖于想象力与表演能力。

　　集体舞教学是离不开上面五部分有关动作的精心预设的。这种设计是以课堂教学过程情境为支撑的，它既是集体舞的动作设计，又是集体舞教学所内含的步骤。在集体舞课堂教学过程中，一般会按照以上五个内容中的后面个内容顺序实施教学，即上肢动作——下肢原地动作——下肢移动动作——即兴动作。但是，并非每个教学必须按这四个步骤僵化地走，不同的集体舞音乐与动作会有不同的教学要求，这导致集体舞教学的千姿百态。不从上肢动作开始的集体舞教学也很常见，关键不在于是否按四个步骤的顺序走，而在于每个步骤你是否都在课前考量过，最后对教学顺序或步骤的确立，你是否有足够的依据。

（二）集体舞教育活动目标设计

1. 活动目标具有欣赏与集体舞的两重目标

集体舞教育活动一般一课时完成，当既有队形变换又有即兴创编时，就由两课时构成。无论是一课时还是两课时，活动的开始部分都是幼儿欣赏或感受音乐作品，这一环节结束的标志是幼儿能够做原地的身体动作。

如果第一课时是欣赏活动，其活动目标与欣赏活动相同。一课时的集体舞活动与两课时中第二课时集体舞活动中的队形变换环节，它们的活动目标都指向集体舞活动的目标特性，主要指幼儿合作性身体动作表演目标，具体包括队形中（合作性）的合乐表演与即兴表演。

2. 指向随乐合作做动作关键经验的目标表述

（1）随乐合作做动作目标的范围

在集体舞活动中，"合作做动作"中的"合作"是指为保持有序队形，需要关注并协调所有的行为，包括上肢动作方向、下肢移动方向、与舞伴的空间距离、轮流做动作的序列、与同伴的情感交流等。这种既需要自身协调又需要与他人协调的"合作"行为是一种较高水平的音乐表现，这种音乐表现力的培养只有在集体舞教育活动才能完成。简单地说，合作做动作包括两方面：队形变换与即兴动作。在集体舞中，完成队形变换与即兴动作的过程是集体中的每一个幼儿协调自身行为并很好地与他人合作的结果。

（2）随乐合作做动作目标的表述

针对队形变换目标，一般需要明确在音乐的哪一句完成哪种类型的队形变换；针对即兴动作，一般需要说明是以哪种方式、完成什么样的即兴动作。

（3）目标表述范例

这里分别呈现一课时集体舞活动与两课时中第二课时的活动目标范例。

①集体舞教育活动《欢乐的鼓》活动目标（一课时目标）

第一，通过观察与模仿教师的身体动作示范表演，用原地动作表达出乐曲的句子与段落变化。

第二，合作完成 A 段双圈 S 形队形变换，B 段鼓的位置的即兴变换。

第三，享受在集体舞活动中进行乐器演奏的快乐，体验克制与合作行为所带来的秩序。

②集体舞教育活动《皮诺曹》活动目标（第二课时目标）

第一，合作完成 B 段 b 句双圈 S 形队形变换，并尝试在 C 段处进行 S 形队形变换。

第二，尝试 A 段即兴合拍的木偶动作，体验动作即兴所带来的愉悦情绪。

（三）集体舞教育活动的过程设计

1. 一般环节

幼儿园集体舞活动一般包括以下四个环节，但并非必须具备全部四个环节，只要具备第一、二环节，就构成集体舞教育活动。

第一，欣赏（完成乐曲的感受与原地身体动作表现）；

第二，队形中的身体动作表现；

第三，变换队形的身体动作表现；

第四，即兴的身体动作表现。

（1）欣赏环节

集体舞活动中，欣赏环节的主要任务是引导幼儿完成对音乐作品的感受与原地的身体动作表现。集体舞活动中的欣赏方式主要有以下四种。

第一，情境性身体动作表演的欣赏方式；

第二，传统游戏表演的欣赏方式；

第三，动作层级推进的欣赏方式；

第四，动作模型的欣赏方式。

第一种，情境性的欣赏方式肯定最受幼儿欢迎，但是，对于段落结构比较简单的集体舞音乐而言，寻找角色情境去解释音乐作品有一定的难度。传统游戏的集体舞化表演也是深受幼儿欢迎的一种欣赏方式，但受传统游戏数量的限制，这种欣赏方式也不会太多。从严格意义上来说，集体舞教学必须执行动作层级推进的策略，由上肢动作到下肢原地动作、到下肢移动动作等，这种由简到难的教学秩序是所有教育活动都需要遵守的教学原则。幼儿园集体舞活动在应用动作层级策略方面是非常突出的，突出到这种策略可以单独成为一种幼儿欣赏与感受音乐的方式。动作模型欣赏方式是指为一个集体舞作品设计的动作具有明显的重复性，这些重复性特征构成模型，幼儿通过学习一些重复性动作来感受音乐的句子与段落结构。

欣赏环节大约占一个集体舞教育活动的四分之一时间，欣赏环节结束的标志是幼儿能够自如地表演原地动作，即能够用上肢动作表达音乐的句子与段落结构。因为头脑中清晰地意识到一个音乐作品的段落与句子是感受到或理解这个音乐作品的标志，而幼儿头脑中的意识我们无从得知，所以，只能通过他们的上肢动作表现来确认。当幼儿能用上肢动作清晰地表达出音乐的句子、段落时，我们可以确认，幼儿理解了这个音乐。只有基于这种理解，难度更大的下肢动作表现、队形动作表现、即兴动作表现才有可能进行。

（2）队形中的身体动作表现环节

原地动作是指脚上没有动作，而队形中的动作是脚上有动作，只是没有队形变换而已。所以，就动作类型而言，第一环节的欣赏是上肢动作，第二环节队形中的动作是指下肢动作，其区别就在于上肢动作与下肢动作的区别。所有上肢动作的合拍都在幼儿音乐学习的最近发展区内，所有下肢动作的合拍都在最近发展区外，这就是两者的巨大差异。对幼儿而言，走路、跑步以及所有的基本步（踵趾步、跑跳步、垫步等）的合拍都是非常难的，很难在短时间内完成。

如果集体舞的动作具有脚上的基本步，那么所有的脚上动作必须在课前完成，在集体舞活动的一课时时间内是完成不了基本步学习的。这就是集体舞教育活动的特别之处，或需要特别遵守的一条原则。比如，《摘橘子》，它的第一个动作是跑跳步（跑两步，然后脚步停止看同伴），这个动作就必须在课前完成。对中班幼儿来说，在日常生活环节，分散、自由地学习这样一个基本步，可能需要用几周的时间。集体舞中用到的基本步，让幼儿在轻松、自由的气氛中学习，效果更好。

在基本步已经有经验储备的前提下，由原地动作进入队形中的动作就比较容易了，只要过一到两遍音乐就可以了。

（3）变换队形的身体动作表现环节

小、中班的集体舞不一定需要队形变换，所以，从第三个环节开始，主要是针对大班集体舞活动。

幼儿园集体舞的队形变换实际是指变换舞伴，而非真正的由一种队形变成另一种队形，但是，幼儿还是需要打乱原先的队形位置，做出一些特别的移动，从而达到变更舞伴的效果。对幼儿而言，变换舞伴所带来的队形变动还是比较复杂的，因为它要求全体幼儿在行动时方向、速度一致，所以，这一环节对幼儿做动作时的合作性、协调一致性要求较高。

（4）即兴动作表现环节

经常开展集体舞活动的班级一定会很乐意把集体舞推向即兴动作表现环节，因为让幼儿即兴表现所带来的课堂愉悦、主动状态是没有即兴的集体舞活动所无法企及的。但是，即兴表现并非无序、无的放矢地做动作，集体舞活动中的幼儿即兴动作表现对教师的指导有较高的要求。

集体舞活动中的即兴动作表现往往是针对集体舞音乐作品中的其中一段展开的，把其中一段的模型动作用幼儿自己的即兴动作替代。在展开幼儿即兴动作表现环节时，教师需要提供给幼儿以下四个条件。

第一，模型动作的给予。幼儿需要通过模型动作感受这段音乐的拍子、句子，并理解这段音乐与其他段落之间的关系结构，所以，即兴前需要有模型动作。

第二，即兴动作创编思路的给予。如果模型动作由四个动作构成，那么即兴创编也应是四个动作，这四个动作可以是在一定情境下的，如运动情境、洗漱情境，也可以完全是自由搭配的。

第三，即兴动作创编与练习时间量的给予。每个幼儿进行即兴动作创编并合上音乐，都需要有一定时间的练习，幼儿练习时教师巡回指导，确认每个幼儿创编了自己的动作。

第四，幼儿在即兴表演时，教师需要给予预警与指点。

展开幼儿即兴动作表现环节，一般在以下两种游戏化情境中进行。

①领头人游戏情境。到即兴动作创编时，教师可临时指定或队形指定了领头人，这个领头人就进行即兴动作的创编，其他人跟着领头人做动作。

②照镜子游戏情境。双圈队形或邀请舞时，所有舞者面对面，这时一半的舞者可以进行即兴动作创编，其舞伴则进行模仿。这种动作模仿形式是镜面式，最容易让幼儿理解这种模仿形式的语言就是"照镜子"，像照镜子一样做动作。

2. 每一环节中涉及的集体舞关键经验

（1）音乐欣赏环节涉及的关键经验

第一，音乐内容的语言描述

第二，音乐内容的动作探究

第三，对身体动作的语言描述

第四，合拍做动作

第五，合句段结构做动作

音乐欣赏环节相当于一个完整的音乐欣赏活动，凡欣赏活动需要涉及的关键经验在打击乐活动的这一环节中也同样涉及，具体要求与欣赏教育活动相同。

（2）队形中的身体动作表现环节涉及的关键经验：合拍、合句段结构做动作

这个环节的合拍、合句段结构做动作中的"动作"指的是下肢动作，需要在日常生活活动中获得这一条关键经验。

（3）变换队形的身体动作表现环节涉及的关键经验：随乐合作做动作

"合拍与合句段结构做动作"中的动作也具有协调性，但是自身动作间、动作与音乐间的协调。集体舞变换队形中身体动作的协调性主要指向与他人间的协调，所以是合作做动作。

（4）即兴动作表现环节涉及的关键经验：随乐合作做动作

集体舞即兴动作表现中的协调性除了指向与他人间的协调外，更指向动作与音乐的协调，由于是即兴表演，所以对动作与音乐的协调要求非常高。音乐稍纵即逝，协调反应慢的话，会出现音乐已逝而动作还没出来的情况。所以，即兴动作表现对培养幼儿的随乐表现能力是极其有效的。

（四）集体舞教育活动方案的结构

集体舞活动方案由四个部分构成：音乐材料、活动目标、活动准备与活动过程。第一，音乐材料部分。音乐材料部分需要呈现乐谱、对音乐作品内容形象幼儿化挖掘所需要的视觉直观教具（图片、视频等），对音乐作品的动作设计、队形变换与即兴动作设计。第二，活动目标部分。集体舞活动的目标可能包括感受目标、队形变换目标、即兴动作目标几方面。第三，活动准备部分。准备部分包括经验准备与物质准备两部分。经验准备主要是脚上基本步的准备，这一条必须得事先完成。物质准备主要指设备、教具、学具的准备。第四部分，活动过程部分。过程部分一般按照音乐欣赏、队形动作（下肢动作）、队形变换动作与即兴动作四个环节推进。

二、集体舞教育活动的组织

集体舞教育活动的组织是指根据课堂实际情况，灵活地将集体舞教育活动设计方案转化为课堂实践的过程，也是教学内容有序展开的过程。

（一）集体舞教育活动的课时安排

小、中班集体舞活动一般一个课时完成，大班一般需要两个课时。功能完整的集体舞教育活动由原地身体动作表现、队形中的身体动作表现、变换队形身体动作表现及即兴身体动作表现四个环节构成。受身体动作的集体性合作能力还未达成熟水平的限制，小、中班的集体舞活动在完成队形变换与即兴身体动作表现两方面有较大的困难。

1. 小、中班一课时的教学环节

一课时集体舞活动主要由原地身体动作表现、队形中的身体动作表现两个大环节构成，但是，原地身体动作表现实际上是欣赏活动环节，这一环节本身又由三环节构成。

第一，音乐内容感受环节。

第二，音乐形式感受环节。

第三，原地身体动作表现环节。

而队形中的身体动作表现实际上是指下肢身体动作，所有下肢身体动作必须在课前做好经验铺垫准备，所以，在教育活动的实施过程中，这一大环节其实是占用极少时间的。综上所述，小、中班一课时教学环节具体如下。

第一，音乐内容感受环节。

第二，音乐形式感受环节。

第三，原地身体动作表现环节。

第四，队形中的身体动作表现环节。

2. 大班两课时的教学环节

一般情况下，第一课时需完成原地身体动作表现、队形中的身体动作表现两环节，第二课时完成变换队形身体动作表现与即兴身体动作表现两环节。下面为第二课时的环节安排情况。

第一，给出即兴动作的思路并花时间练习。

第二，复习队形中的身体动作表现。

第三，学习队形变换，完成队形变换中的身体动作表现。

第四，加入即兴动作表现，完成队形变换与即兴动作表现。

大班集体舞活动中，第二课时的第一环节往往从即兴动作表现的教学内容开始，这个环节一般在座位上进行，需要充足的时间，需要幼儿思维的积极参与，所以把这一教学内容前置比较符合集体舞活动展开的顺序。到了第四环节，直接把第一环节已经学过的内容运用出来就行了，这就避免在教育活动的最后时间段来学习新的教学内容。

（二）指向关键经验的集体舞教育活动组织

集体舞教育活动的组织即集体舞教学内容的有序推进，同时，每一项教学内容都具有指向关键经验获得的功能。下面为两课时四环节集体舞活动的教学内容组织与指向的关键经验。

1. 原地身体动作表现（欣赏活动）

（1）音乐内容感受环节（指向语言、动作描述关键经验）

让幼儿用语言与动作描述音乐内容形象。

（2）音乐形式感受环节（指向语言、动作描述关键经验）

第一，让幼儿用语言描述动作的类型与做法。

第二，让幼儿用语言描述音乐的速度、力度特征。

（3）原地身体动作表现环节（指向合拍、合句段结构做上肢动作关键经验）

2. 队形变换身体动作表现环节（指向语言描述与随乐合作做动作关键经验）

第一，教师示范，幼儿用语言描述教师是如何变换队形的。

第二，根据教师的指令，幼儿执行方向与动作协调一致的队形变换动作。

第三，在音乐中，幼儿执行方向与动作协调一致的队形变换动作。

3. 即兴动作表现环节（指向语言描述与随乐合作做动作关键经验）

第一，让幼儿用语言描述即兴段模型动作的特征。

第二，要求幼儿自由创编与模型动作不一样的一组动作。

第三，与幼儿讨论如何又快又好地创编与模型动作不一样的动作。

第四，根据幼儿提出的创编策略进行创编。

第五，教师给出几种创编策略供幼儿选择。

第六，留一定时间让幼儿分散地进行创编，至少创编出一组动作。

第七，教师放音乐，请每个幼儿展示自己创编的一组动作，教师认真观察，确认所有幼儿都有自己的创编动作。

第八，把准备好的即兴动作运用到集体舞中。

思考题

1. 集体舞对幼儿的发展价值有哪些体现？

2. 集体舞关键经验具体有哪些？

3. 集体舞音乐作品选择要点有哪些？

4. 集体舞教育活动的课时如何安排？

第七章 幼儿音乐主题活动教学

本章导读

本章围绕音乐主题活动展开实践探索。围绕主题展开的音乐活动，其活动形式与内容具有超越结构化集体教学的特征，涉及小组与个别教学组织方式，囊括区域活动与自由活动等活动方式，因此其活动组织与管理难度相比集体教学会更大。但是，幼儿的音乐体验、学习品质的建立、全面发展的诉求都提醒我们，幼儿园音乐教育一定是突破集体教学单一形式、具有更多音乐活动类型的一种音乐教育。

学习目标

1. 了解音乐主题活动的含义与特征；
2. 掌握音乐主题活动的设计与实施。

第一节 音乐主题活动的含义与特征

音乐主题活动是指围绕某一主题所开展的打破时间界限、综合各学科领域、融入各种活动类型的音乐活动。音乐学习需要的是细嚼慢咽、全面感受，而非囫囵吞枣、草草收尾。音乐主题活动以幼儿真正获得音乐经验为着眼点，不拘泥于时间界限、学科领域以及活动组织形式，以丰富幼儿体验音乐的机会、拓展幼儿的学习经验为目的。音乐主题活动概括起来具有以下特征。

一、打破音乐学习的领域界限

幼儿是完整的发展个体，应注重促进幼儿身心全面协调的发展，关注各领域之间的联结性以及各目标之间的渗透性和整合性，不能片面追求幼儿某一方面或几方面的发展，因此，幼儿园音乐主题活动的开展不应只着眼于幼儿音乐能力的发展，还应关注音乐活动的领域整合性，积极促进幼儿的全面发展。音乐主题活动应立足于某一特定主题，以实现某一个或几个音乐性目标为核心导向，尽可能将语言、科学、社会等领域的内容整合到音乐主题活动中，音乐学习内容、方式及目标都不再局限于音乐领域，而尝试融入跨领域的学习内容和学习方式，旨在使幼儿获得音乐能力的同时，也在一定程度上推动幼儿其他能力的发展。

二、拓展音乐学习的时间宽度

以集体教学形式展开的音乐教学活动，受幼儿参与活动的时间不充分、活动内容之间缺乏连续性等因素制约。受到"一日生活皆课程"理念的启发，我们在实践探索中拓展音乐主题活动的时间宽度，即幼儿的音乐学习行为不仅可以发生在集体教学中，也可以发生于幼儿在园生活的每一个环节中，如晨间谈话、区域游戏、集体活动、分组活动、户外活动、一日生活衔接环节（盥洗、吃点心、喝水、午睡前）等。音乐学习渗透在时间或长或短、结构或高或低的每个环节中。音乐学习的时间广度拓宽意味着提供给幼儿的音乐学习机会变多，体验音乐的方式更多样化。若教师能树立"一日生活皆课程"的理念，将音乐学习内容隐性贯穿于一日生活环节中，便能更好地丰富幼儿音乐学习的经验、促进幼儿的多元发展。

三、丰富音乐学习的活动类型

若将音乐主题活动贯穿于幼儿的一日生活环节中，音乐学习的形式也会因各环节的特性不同而更丰富，当然各个环节也能发挥对幼儿音乐学习的独特作用。譬如，集体活动中的音乐学习以教师为主导，那些教师精心设计的教学环节以组织计划性为优势，为幼儿提供了更有针对性的音乐知识和技能；区域游戏中的音乐学习因其愉悦性深受幼儿喜爱，幼儿在"玩"中感受音乐、学习音乐；一日生活衔接环节中的音乐学习为幼儿创设良好的音乐氛围，幼儿无意识地沉浸在音乐中，为开展音乐学习奠定基础。

四、尊重音乐学习的个体差异

幼儿发展存在个体差异的特点，要求我们必须在遵循幼儿成长与发展基本规律的同时，关注幼儿在发展过程中的个体差异，不以整齐划一的标准去评价不同幼儿的发展及一个幼儿不同阶段的发展。音乐主题活动更容易关注到幼儿的主体地位，有更为宽裕的时间为幼儿创造学习环境，更有机会引导与满足幼儿的好奇心。好的音乐主题活动，在尊重幼儿个体差异方面，一般具有以下两个优势：其一，能照顾幼儿个体的兴趣差异。幼儿在兴趣上通常是五花八门的，有的喜欢戏剧表演，有的喜欢涂涂画画，有的喜欢演唱表演。音乐主题活动将音乐学习机会分布在一日生活环节中，尽可能地满足每个个体自主选择和参与的需要。其二，能照顾幼儿个体的学习差异。幼儿的发展水平和学习进展各不相同，由于音乐主题活动可以在低结构或中结构的活动中展开，更容易满足幼儿个体的需要，允许差异的存在，能支持不同幼儿按照自身的速度和方式实现从原有水平向更高水平发展。

第二节 音乐主题活动的设计与实施

到目前为止，我们尝试了两种音乐主题活动类型：音乐微戏剧与音乐情景剧。在实践过程中发展出这两种音乐主题活动类型，是因为两者相加才能把音乐活动推向全面。其中，音乐微戏剧比较适合器乐曲，能把幼儿对器乐曲的个性化表达与创造推向一个高度；而音乐情景剧则比较适合歌曲，能使幼儿通过歌唱进行个性化情感与想法的表达。下面，就我们组织音乐微戏剧与音乐情景剧时，所经历的主题确定、活动设计、活动指导与成果展示等环节的心得做一个全面总结。

一、音乐微戏剧的设计与实施

音乐微戏剧是我们在幼儿园音乐主题活动中采用的一种主要形式，通过这种新型的音乐主题活动，使幼儿更好地学习音乐、感知音乐。

（一）音乐微戏剧的操作含义

戏剧是集音乐、舞蹈、文学、美术、舞台表演等艺术为一体的综合艺术形式。微戏剧中的"微"，强调戏剧小型、简短、简易到极致的特征。微戏剧是戏剧的一种，它包含综合戏剧所应具有的所有艺术元素，即有音乐、舞蹈、脚本、道具与布景设计、角色人物表演等，但是，这些元素是"微型"的。音乐，可能只有几十秒；舞蹈，可能只有几个日常生活动作；脚本，可能只有一个大概的故事框架、一个角色、一句台词；道具与布景，可能只有几条布条、几根木棍；角色表演，可能只是站在那儿一动不动，表演一块石头。总之，微戏剧提倡一草一木、一动作一台词、一首歌一布景皆戏剧的理念。音乐微戏剧中的"音乐"，强调在戏剧所需的众多元素中，音乐是核心元素。核心性表现为整个主题是由音乐构成的，主题活动是音乐激发的，音乐占主要比重等方面。

（二）音乐微戏剧音乐主题活动的设计特征

我们在幼儿园中开展的音乐微戏剧，作为一种以音乐为核心元素的小型音乐主题活动，具有以下四个基本特征：

1. 主题名称来自音乐作品的名称

以一个音乐作品的名称为主题名称，所有主题活动围绕此音乐作品展开。音乐微戏剧主题活动如以《挪威舞曲》这一音乐作品的名称为主题名称，意思是指每一活动的展开都是以音乐作品《挪威舞曲》为起点与基点的。

2. 主题活动完成需要集体教学活动与小组活动的结合

音乐微戏剧的启动活动是集体教学活动，活动目标是理解音乐作品的音乐特征。针对一个简单的音乐作品，如《挪威舞曲》，进行以动感体验为方式的欣赏集体活动或歌唱集体活动。要求完成音乐作品的幼儿化转化，即把音乐作品转化为一个有情节、有角色的故事表演方式，通过角色扮演化的音乐教学活动，使幼儿能用角色表演的方式将此音乐作品的音乐特征表现出来。例如，《挪威舞曲》主题活动中，《挪威舞曲》跳跃停顿节奏型构成的句子是用树精灵发芽的动作来表现的，抒情延绵节奏型构成的句子是用树精灵抽出长枝条的动作来表现的。幼儿通过对树精灵的发芽动作与抽枝动作的表达，体验到《挪威舞曲》第一段中跳跃停顿节奏型与抒情延绵节奏型的音乐表现特征。集体教学活动可以只用一个课时，也可以用两个课时。

音乐微戏剧的展开活动是区域式小组活动，活动目标是根据在集体活动中获得的对音乐作品特征的理解，在教师指导下以小组为单位依据音乐作品创作全新的故事情节、角色行为，并把情节、角色行为以小组合作的方式表演出来。以《挪威舞曲》为例，集体活动中幼儿通过扮演树精灵，感受与表现了树精灵的行为，这些行为都是教师根据《挪威舞曲》音乐特征设计的。幼儿在扮演树精灵的过程中，不知不觉感受到了《挪威舞曲》的音乐特征。换言之，集体活动的目的就是让幼儿感受音乐特征。接下去的小组活动就是让幼儿对感受到的音乐特征进行迁移。具体做法是，教师把幼儿分成若干小组，每一小组由一位教师指导，任务是为《挪威舞曲》这一音乐作品编出新的故事（肯定不是树精灵的故事），并为故事中的角色创编新的行为，这些新的行为必须符合《挪威舞曲》的音乐特征；由集体活动转向小组活动，每一小组创编自己的故事和角色行为，这一转向的音乐教育价值就是实现音乐教学中的"有一千个观众，就有一千个哈姆雷特"的教育理想。每一个小组创编的故事内容都是不同的，但是，所有角色的确立与角色行为的创编都基于集体活动中感受到的音乐特征。

3. 需要自由的创作时间与空间

在教师的指导下，每一个小组创作一个故事脚本，确定、分配角色，创编角色动作，让所有动作合上音乐，制作服装、道具、布景。这些活动是需要充裕的时间与自由的空间的。所以，当进入小组创作阶段后，对时间与空间的自由度要求就比较高，这也是集体教学活动无法提供的。

4. 需要小组合作完成作品

微戏剧也是戏剧的一种，是综合艺术表演活动。一部再小的戏剧作品，也包含了角色、台词、道具、布景等元素，每一元素的呈现都需要有人去完成，完成综合性艺术的过程就是分工合作的过程。音乐表现力强的当主角，绘画动手能力强的制作道具与布景，胆子小不愿露脸的做一棵戴面具不动的树。总之，尽量做到人人有事做。人尽其才、物尽其用是合作的基本原则。

（三）《挪威舞曲》音乐主题活动的目标、过程、环境及家园合作计划

我们设计的音乐微戏剧《挪威舞曲》，在开展以后受到了幼儿的喜爱。我们就以此为例，介绍音乐微戏剧的设计全过程。

1. 主题活动目标

第一，感知舞曲的结构和特性，尝试用肢体动作表现 A 段旋律的断顿与连贯以及 B 段的节奏型与休止。

第二，以小组合作的方式结合舞曲的曲式结构创编音乐故事，用说、画、演等方式进行表达，完成《挪威舞曲》音乐故事的表演任务。

第三，体验音乐故事创作表现的乐趣，在小组合作过程中感受与同伴协商、解决问题的成就感。

第四，在音乐故事创作和演出中，收获自信，展现快乐。

2. 主题活动过程

（1）音乐欣赏《挪威舞曲》

树精灵跳舞——做游戏——再一次跳舞。让幼儿初步感知舞曲的结构和特性；并尝试用肢体动作表现 A 段旋律的断顿与连贯以及 B 段的节奏型与休止。

（2）音乐表演《挪威舞曲》

让幼儿用动作完整表现乐曲，体验音乐表演的乐趣。

（3）创编音乐故事

自主分组——小组交流想法——协商形成一个音乐故事。尝试小组成员交流想法，创编音乐故事，体验音乐故事创编的快乐。

（4）分享音乐故事

分享交流小组创编的音乐故事，同伴互助评价；接受演出任务，确认演出小分队。

（5）我们组的音乐故事

小组合作确认创编的音乐故事，用绘画等方式把音乐故事内容表现在演出结构图中，形成演出海报；小组讨论确定每一个成员的表演角色，确定演出方案。

（6）小组介绍演出道具

和爸爸妈妈一起制作演出道具，体验创作的喜悦和亲子合作的快乐；各小组依次展示演出道具，分享交流道具的制作。

（7）小组排练节目

各小组合作随乐表演音乐故事，体验表演的快乐；依次欣赏各小组的节目，互相

评价。

（8）演出前的准备

小组制作并分发邀请函；家园合作布置演出场地。

（9）演出

幼儿完成音乐故事的演出任务，体验演出的快乐；尝试评价、分析演出的表现情况。

3. 主题环境创设与设置

（1）主题墙创设

包括呈现舞曲图谱和幼儿肢体表达的照片，并附上师幼的解读；以呈现幼儿自制故事海报、排练照片，小组之间互助发现、解决问题的图文并茂的表述方式，体现主题行进过程。

（2）表演区的再创设（扩大、移动式的小舞台）

在主题开展过程中，将表演区与阅读区、美工区结合。

4. 家长工作

第一，拟定主题"告家长书"。

第二，亲子制作演出道具。

第三，鼓励家长和孩子一起倾听、欣赏音乐，主动和孩子交流互动创编的音乐故事。

第四，后期和孩子继续创编音乐故事，积极参与到演出活动中。

（四）音乐微戏剧《挪威舞曲》教师教研团队的预实施

音乐主题活动以音乐微戏剧的方式展开，对我们团队来说也是一次尝试。对于分小组创作这部分活动如何组织、如何给予幼儿专业与情感支持，教师们一开始心中也没底。所以，教师团队决定先以教师工作坊的方式，把音乐微戏剧《挪威舞曲》的整个过程实施一遍，在亲历了戏剧的整个创作过程后，一定会收获经验，从而更好地指导幼儿开展活动。下面为教师团队预实施的过程：

1. 全体欣赏与表现音乐环节

教师们静心倾听乐曲《挪威舞曲》，感受挪威杰出作曲家格里格的作品。A段具有跳跃般的旋律音型，合着从容而庄重的节奏，形成了轻松而又安详的气氛。用较强的音响奏出的B段，使乐曲达到了热烈的高潮。最后，乐曲再现开头部分（A段），在平稳而轻松的气氛中结束。

教师们结合图谱和已经创设的树精灵角色，借助动作在音乐中完成树精灵角色的扮演。几遍后，大家互相评价、讨论，尤其是对于角色扮演中的合乐难点，大家分享解决的办法，直至每个教师都能合乐表演树精灵。

2. 分组创作环节

基于"树精灵发芽抽枝——做游戏——再发芽抽枝"三种行为表达而获得的对《挪

威舞曲》三段音乐的理解，教师团队分为两组展开故事创编与表演工作。在正式进入分组创编之前，要先确定几个关键岗位，这是顺利、有效完成创编与表演工作的前提。预先需要确立的关键岗位有：①记录员，工作任务是把小组创编的音乐故事画出来；②形象设计员，工作任务是道具设计与制作；③计时员，工作任务是提醒大家抓紧时间；④中心发言人，创编结束后需要向其他组分享本组的故事与设计思路，随后，两组进入创作过程。以下为两组创编出的新的故事内容：

（1）队名：格林之队

音乐故事：《小红帽》。情节发展：小红帽出发——大灰狼出现，猎人大战大灰狼——小红帽回家。创作特点：音乐故事的创编与表演都紧扣孩子的趣味和年龄特点，但对音乐特征的关注不够。故事情节与表演趣味十足，但音乐被背景化。

（2）队名：Super Rabbit

音乐故事：《小兔大战大灰狼》。情节发展：小兔出门参加舞会——大灰狼出现，躲避并大战大灰狼——为胜利跳舞。创作特点：让我们看到了听觉艺术转化为形象艺术的完美蜕变，动作与音乐丝丝入扣，但出现了背离幼儿趣味、走向成人化的端倪。

（3）总结

教师分组创作与表演结束后，团队最大的感触就是使童趣与音乐特征完美结合对教师而言也是巨大挑战。当在音乐上用力过度时，创编的角色与动作往往容易脱离幼儿的兴趣与能力；当沉湎于幼儿式的玩耍与嬉戏时，音乐往往被忘却或忽视。教师自己创编尚且如此，更何况指导幼儿的创编！通过预实施，教师们深刻体会到在音乐活动中童趣与音乐两全的重要性与挑战性，在指导幼儿活动中需要时刻提醒自己两者的匹配或平衡。

二、音乐情景剧的设计与实施

（一）音乐情景剧的概念定位

情景剧，最早起源于美国的肥皂剧，是一种主要以室内场景为背景，以大众生活为内容，以幽默对话为语言方式的轻喜剧，如美国的《成长的烦恼》和我国的《我爱我家》等。音乐情景剧是利用与生活相似的情景，通过行动表达的方法和技术，以舞台表演的形式重现生活情景中的心理活动与冲突，使当事人和参与者认识到其中的主要问题，并由当事人自己或在参与者的协助下解决问题，促进当事人和参与者的认知领悟、情绪表达和行为改变。

一种融音乐、舞蹈动作、戏剧故事情节、表演为一体的艺术形式走进了我们的音乐课堂，形成了在课堂上融舞（动作）、说、唱、奏以及戏剧表演为一体的教学内容和形式。这种综合性艺术体验课堂教学模式，既对音乐教师提出了挑战，同时又给幼儿带来无穷的体验乐趣。音乐情景剧，以音乐为主线，围绕音乐形象、艺术形象，通过师生合作进行音乐学习和体验。它既提倡了音乐艺术的综合、鼓励了音乐创造、重视了音乐实践，又完善了评价机制，非常契合音乐教育的时代精神。

采用音乐情景剧的形式是幼儿园音乐教学的一种方法，目的是让幼儿在充满音乐的活动中更喜欢、热爱音乐课堂的学习内容，如学唱的歌曲，学跳的舞蹈，学奏、学赏的乐曲等，从而达到让幼儿热爱音乐的目的。

（二）对音乐情景剧促进幼儿全面发展价值的认识

音乐情景剧是一种简单的表演形式，通过简单有趣的对话、角色扮演，在舞台上呈现一种日常生活的场景。幼儿园音乐教学中采用音乐情景剧模式，主要是针对幼儿好奇心强、表现欲强的特点，让幼儿在模拟的情境中，通过表演、演唱或者观看，来体会与理解音乐，并主动地抒发情感、表达自我，形成良好个性。音乐情景剧促进幼儿全面发展，具体表现为以下几个方面：

1. 促进幼儿认知能力发展

音乐情景剧大多贴近生活，内容符合幼儿的心理特征，幼儿在进行角色扮演的过程中，表现出极强的模仿能力，调动起诸多感官，以亲身感受加上主观思考把握扮演的角色，音乐情景剧主要的表达形式是演唱，所以，歌词和曲调与情感的表达有直接的联系。角色的喜怒哀乐会通过不同的音乐形式表现出来，幼儿不是通过文字性的描述进行表演，而是通过对音乐和角色的感悟进行表演，思维和感知能力都得到了极大的增强。

另外，幼儿的逻辑思维模式偏向于形象思维，幼儿不会通过机械化记忆进行认识，而是通过形象化的思维进行记忆。所以，在音乐情景剧中，幼儿动用多样化的思维模式来帮助自己理解和记忆，从而达到思维能力的锻炼。

2. 促进幼儿社会性发展

音乐情景剧有利于促进幼儿适应社会。音乐情景剧作为集体音乐学习的一种形式，创造出轻松愉快、无忧无虑的心理氛围，能够有效吸引幼儿的积极参与，让幼儿在近乎真实的生活场景中，扮演不同的角色，协同解决情节发展中出现的矛盾或问题，从而引导幼儿妥善地解决现实生活中自己i到的类似问题，达到舒缓情绪、调适心理的功能和作用。特别是在促进幼儿社会性品质的形成方面具有显著成效，如在分享、交往、关爱他人、战胜胆怯、独立自信以及宣泄情绪等方面起到了良好的心理辅导作用。在音乐情景剧活动中，幼儿自编、自演或在轻松愉快的气氛中观看同伴表演，从情节的发生、发展到角色的分配、道具场景的准备，始终坚持以幼儿自我教育为中心，教师只是起到了支持和引导的作用，真正凸显了幼儿在音乐情景剧中的主体性地位。音乐情景剧营造了一种心理自助和互助的氛围，使幼儿在活动中不断体验和感受各种角色的遭遇，与同伴交流、分享，并探索解决问题的方法，学会调适自己的心理状态，减轻心理压力，解决心理问题，充分实现了幼儿的自我教育。事实证明，真实、生动的问题情境，可以使幼儿通过自我教育，让自信心、自制力、荣誉感、好胜心、坚持性、合作能力等方面得到良好的发展。另外，幼儿园的音乐教学采用音乐情景剧有助于建立良好的师幼关系和同伴关系。一方面，有利于教师深入了解幼儿的内在需求，拉近师幼距离，继而进行有针对性的、切实有效的教学，让课堂与教学变得灵动而多彩，使幼儿在轻松愉快的氛围里感受音乐，使音乐学习成为幼儿内心真正的需求、诉求与渴望。另一方面，幼儿在真实自然的情景中能够学会谦让，学会协商解决交往中的矛盾冲突，提高与同伴分享、合作的能力。在观赏与评价中学会悦纳他人，正确评价，取长补短。

3. 提升幼儿音乐表演的兴趣

幼儿园音乐教学采用音乐情景剧形式让课堂气氛更加活跃，一改传统课堂枯燥的理论教学模式或者跟唱演唱的模式，让幼儿在更加多彩的活动中体验音乐。在开展情景剧活动之前，可以先让幼儿接触情景剧的一些内容，比如，情景演唱、唱跳结合、根据音乐的节奏和曲调分析人物形象等。在情景剧中不能只是一味地要求幼儿按照既定的剧本表演和演唱，必须突出幼儿对音乐作品的理解。幼儿要在掌握节奏和曲调特点的基础上，主动参与演出，发挥创造力，将情景剧角色演得更加贴近真实，这样才能让自己提升学习兴趣，产生主动学习的动力。

4. 提升师幼互动质量，从而提升幼儿的评价能力

音乐情景剧有一定的内容，在表演和演唱的过程中，师幼之间更容易互动交流。在幼儿的表演过程中，教师可以以旁观者、观众的身份鼓励幼儿，诸如"唱得不错""表演得非常自然"等等，让幼儿始终保持积极的状态。幼儿在表演过程中对音乐的理解和对人物的刻画是通过肢体语言或者演唱表现出来的，是一种形象化的感悟，而要将这种感悟形成经验，就要让幼儿用语言表达自己的感受，所以音乐情景剧表演时与表演后都会为幼儿提供表达感受的机会，这种表达也是幼儿对自己表演的评价和总结。当然，教师也会对幼儿的表演和演唱进行即时点评，有目的地引导幼儿提升音乐感悟能力。

5. 提升幼儿即兴表达的能力

相对模仿式教学，幼儿在音乐情景剧的学习与表演中更容易发挥出自己的特点与创造性的一面。当幼儿了解了剧情，了解了自己扮演的角色，熟悉了需要表演的歌的后，在根据情景和人物特点演唱与说台词时，会带上自己的理解、个性特征，结果自然而然地有了即兴表演的成分。

（三）音乐情景剧音乐主题活动的设计特征

1. 主题名称来自对情节的概括

《迷路的小花鸭》音乐情景剧的表演灵感，产生于大班歌曲《数鸭子》《迷路的小花

鸭》。在幼儿完成这两首歌曲的学习后，教师觉得需要再用一首歌曲，来表达小花鸭"与伙伴在一起的快乐——迷路了找不到妈妈的悲切——最后找到妈妈的喜悦"这样一个情感跌宕起伏的完整过程。这样的情感状态是幼儿最熟悉、最看重的，因而也是最容易被激发的。我们通过填词完成第三首歌曲的内容。这样，以小花鸭为主角的情景剧创编出来的同时，情景剧的题目也自然而然出来了。

2. 主题活动完成需要集体教学活动与自由活动的结合

与音乐微戏剧一样，音乐情景剧启动活动也是集体教学活动，活动目标是使幼儿了解情节故事、角色情感，学会歌曲演唱与动作表演。每首歌曲可以用一至两个课时完成，三首歌曲需要三到六个课时的集体教学时间。

当幼儿掌握了剧情，有了演唱和表演的基础以后，教师退居幕后，指导幼儿根据三首歌曲进行剧情串联与道具制作，这个阶段基本利用幼儿的自由活动时间。教师根据幼儿的意愿进行分工，如角色扮演者、道具制作者、报幕者、剧情串联者等，这些工作可以由不同幼儿担任也可由同一人兼任。

3. 需要全班幼儿合作完成剧演

情景剧也是戏剧的一种，它包含了角色、台词、道具、布景等元素，每一元素的呈现都需要有人去完成，完成综合性艺术的过程就是分工合作的过程。音乐表现力强的当主角，绘画动手能力强的制作道具与布景，胆子小不愿露脸的做一棵戴面具不动的树，总之，尽量做到人人有事做。人尽其才、物尽其用是合作的基本原则。

（四）音乐情景剧《迷路的小花鸭》的实施过程

1. 实施思路

第一阶段：集体教学活动，完成三首歌曲的演唱与身体动作表演。三首歌曲分别为《数鸭子》《迷路的小花鸭》与《我和妈妈在一起》。这三首歌曲的内容，构成了音乐情景剧《迷路的小花鸭》的三幕剧情表演。第一幕《鸭子》表演的是小花鸭出游时的欢乐场景；第二幕《迷路的小花鸭》表演的是小花鸭迷路后的伤心与难过以及看到妈妈后的开心；第三幕《我和妈妈在一起》是对整个剧情的表演进行情感提升，表达了小花鸭经历"迷路——找到妈妈"后的所得与所想。

第二阶段：自由活动，练习、彩排与演出。教师与幼儿商量角色分配，鼓励全班幼儿合作制作演出道具、演出服，并一起进行节目彩排与登台表演，让幼儿在情景剧准备与表演的过程中获得快乐与成长。

2. 第一阶段：集体教学活动实施过程

作品分析：《数鸭子》是一首颇具说唱风格、形象生动、活泼有趣的童谣歌曲。歌曲中休止符的运用，很好地表现了不同的角色和情绪。第一段乐曲中的四分休止符，把小孩子数鸭子时的俏皮感觉表现出来了，而八分休止符则把小鸭子这种可爱的叫声表现得淋漓尽致。同时歌词描述了小孩子看到鸭群游过大桥、兴奋地数鸭子的情景。歌曲前后皆有数板，说唱结合，表现出儿童活泼可爱的天性，童趣盎然。歌曲第一段描述儿童在门前大桥下数鸭子的情景，第二段以老爷爷风趣幽默的口吻教育孩子平时要养成良好的学习习惯，别贪玩忘了上学，还形象地告诉孩子考试时千万别抱回"鸭蛋"，充满了浓郁的生活气息。

动作设计建议：

第一段：

第一、二小节：左手放于背后，右手伸出食指做点数状（眼睛看地上），身体跟随音乐旋律合拍轻轻摇摆。

第三、四小节：左手放于背后，右手伸直做打招呼状，一拍一动。

第五、六小节：两只手掌相对做小鸭子嘴巴，朝左右两边做一开一合状。第七至十小节：两只手交叉放于胸前，根据歌词摆手，双脚在原地做跑跳步。

第二段：

第一、二小节：根据旋律边捋胡子边踏步。

第三、四小节：两手五指张开，放于脸颊两侧做呼唤状，根据旋律左右摇摆身体。

第五、六小节：双手放在肩上做拉书包状，脚下做合拍跑跳步。

第七、八小节：两手交叉放于胸前，合拍轻轻摇摆，再双手打开做环抱（鸭蛋）状，手臂随着音乐左右各摇摆几次。

第九、十小节：同第七、八小节。

道具与角色设计建议：鸭子头饰、老爷爷胡须、故事视频。

三、熏陶影响类音乐活动设计与实施

（一）熏陶影响类音乐活动的含义

幼儿音乐能力的发展一直是难度大、效率低的工作，家长将幼儿送入音乐培训机构学钢琴、学舞蹈、学音乐启蒙，部分幼儿的音乐感知能力、表现能力和鉴赏能力却并没有明显的提高。这其实与幼儿的音乐习惯有关，因为音乐能力的培养不是一天两天的事，而是必须经过长期的熏陶影响才能见效，要想保证音乐的熏陶与影响不间断、不走样，必须依赖幼儿自身的好习惯。

在幼儿接受音乐熏陶与影响的过程中，教师给予行为方法上的指导是必要的，但更重要的是要使这些优秀的行为和方法稳定化、持续化，并变成幼儿内心深处的一种自觉的行为机制，这就是习惯。养成了优秀的习惯，幼儿的优秀行为将会层出不穷，他们的学习主动性也能充分地发挥，这样他们的音乐能力才能不断地形成和发展。因此，要提升幼儿的音乐能力，一定要依靠熏陶影响类音乐活动培养幼儿良好的音乐习惯。

1. 幼儿熏陶影响类音乐活动的内涵

幼儿熏陶影响类音乐活动指的是依照幼儿相应的音乐习得经验而选择和组织的有助于幼儿良好音乐习惯形成的基本音乐知识、基本音乐态度、基本音乐行为。人在音乐领域的成长发展过程中，有隐性与显性层面两个方面的变化。

第一，隐性层面的变化，即难以察觉到的变化，如幼儿的节奏感、感受力等。

第二，显性层面的变化，即以"外显"的方式呈现出的变化，如矫健的步伐、挺拔的身段、气质等。

2. 幼儿熏陶影响类音乐活动的范围

所谓熏陶影响类音乐活动，即让音乐的熏陶与影响成为幼儿日常生活的一种习惯，用音乐实行养成教育。对于0~6岁幼儿的音乐教育应追求综合化、整体性的，旨在向幼儿呈现一个完整的音乐世界，引导幼儿去发现和建构一个完整的音乐世界。幼儿熏陶影响类音乐活动应该是生活的，生活是熏陶影响类音乐活动设计和实施的现实背景，应将这类活动尽可能纳入现实的生活背景之中；生活也是熏陶影响类音乐活动的重要手段，生活是动态的，生活是一个现实的过程，现实生活是感性的、真实的、多样的，现实生活蕴含了许多发展的机会。让幼儿在生活中渗透熏陶影响类音乐活动，音乐会在现实生活中熏陶和影响幼儿的心灵，给予幼儿情感的滋养，自然而然地提升了各方面的音乐能力。幼儿熏陶影响类音乐活动的范围主要是对聆听音乐、轻声哼唱、体态律动等多方面的习惯，主要包括以下几个方面。

（1）聆听音乐

音乐是听觉的艺术，聆听是人们感知音乐、学习音乐的主要方式之一。聆听是接触音乐的第一步，是最基础的，一切音乐学习和其他学习都从"听"开始，它是了解和学习要素的首要环节。

幼儿与生俱来就有听觉本能，但是要养成聆听的习惯却不是容易的事。有些人认为"聆听"就是"认真地听""多听几遍"，这种理解太片面。聆听是一种积极、高效的"听"——在听中还包含着鉴赏性的思考、主动性的理解和批判性的接受。聆听还要解决听音乐过程中如何引发幼儿的兴趣、如何激活幼儿的音乐思维、如何让幼儿的音乐记忆更深刻等问题。为了实现以上要求，教师必须勤钻研、巧设计，把聆听运用于幼儿的日常生活中，与激励、想象、探究结合起来，提高听音乐的效率和质量。

教师可以有意识地对幼儿进行强化训练，把这些有效的聆听行为变成幼儿自觉的行为机制，变成一种习惯，这就等于把打开音乐宝库的金钥匙交给了幼儿。

（2）轻声哼唱

轻声哼唱，即小声地、漫不经心地、肌肉放松地轻声哼唱，它不讲究科学性和艺术性，完全是随心所欲，可以解除精神疲劳，会对幼儿自己的身心有极大的好处。

经常跟着音乐轻声哼唱歌曲对幼儿很有好处。幼儿轻声哼唱是他们在静止状态时内脏器官的正常运动，可以增加肺活量。轻声哼唱时松弛了幼儿的面部肌肉，调节改善他们的呼吸系统，还能调节改善幼儿发声共鸣系统（胸腔、口腔、头腔）。另外轻声跟着愉悦的音乐哼唱还能抒发幼儿的情怀，自得其乐、陶冶情操，同时还有利于排遣心理压力。轻声哼唱是人类自古以来的一种本能，是人们很好的一种情感表达方式。

（3）体态律动

幼儿的肢体随着音乐自由做节律动作，提升其表现欲和即兴表现能力。幼儿的体态律动不是为了展示肢体动作的美，而是为了体验音乐。用身体去"品尝"音乐，对于幼儿来说是既生动又有效的学习手段。

体态律动最理想的则是学生聆听音乐时随着音乐即兴地律动，即兴律动要从最简单的动作开始。鼓励他们听到音乐时，身体各器官要随着音乐有所反应，或点头、或拍手、或跺脚、或划拍、或手舞足蹈、或摇晃摆动、或以声势动作伴奏、或模仿演奏动作……经年累月，养成律动习惯，不仅听音乐的注意力提高了，乐感和音乐理解能力也会与日俱增。

利用孩子从出生后就发展的听力来开始训练音乐，再随着他们的发展能力说唱、律动、乐器以及音乐调动性和节奏的规律语言，也训练了孩子的注意力、控制身体平衡、协调，为幼儿今后的学习打下了坚实的基础。

教师与家长应让幼儿通过日常的熏陶与影响接触到各种类型和各种风格的音乐。让他们听不同国家的音乐和不同曲风的音乐可以开阔他们的音乐视野，这是一种多元文化教育目标的有用的方式。如果让孩子能尽早接触早教音乐，他们很快就会意识到很多五花八门的事情，包括各种情感和各种主意，都可以通过音乐来沟通。孩子们在跟着欢快的音乐唱歌或是跳舞的同时，还会伴着节奏的强劲变化一起敲击，在孩子开发心智的阶段，受到音乐影响，在他们今后的发育成长中无疑起到了极其重要的作用。

3. 幼儿熏陶影响类音乐活动的特点

（1）稳定性

让音乐的熏陶与影响成为幼儿的良好习惯，需要一个长期的过程，"冰冻三尺非一日之寒。"这是一场持久战，既是毅力的考验，也是耐力的磨炼。幼儿习惯于被音乐熏陶和影响，这就要求幼儿每天、每一环节都坚持不懈、日复一日地进行，良好的音乐熏陶影响习惯是在不断坚持、巩固中建立起来的，在养成过程中要一以贯之，重复熏陶和影响，不能随意变动。

（2）伴随性

播放背景音乐是独特而简单快捷的方式，幼儿仅使用单感官——耳朵，就可以达到接受目的，由于听觉系统在接收外来信息的同时，并不妨碍其他感官或肢体的正常使用，用我们自己的话说，就是幼儿可以一边听音乐一边干别的事情，"一心"可以"二用"，两不耽误。

音乐熏陶影响允许幼儿在任何姿态、任何情况下聆听，可以在散步时、进餐时、游戏时，由于是伴随性，幼儿在收听时并不是全神贯注地听，而处于半注意收听的状态，是有一些随意和被动的聆听。

（3）渗透性

所谓渗透性就是在幼儿并没有认真聆听或学习，并不太懂的时候，在好像乱七八糟的状态之下，就学习到了很多的东西。很多东西常常是在不知不觉中，经过了一个长时期的接触，自己也不知道什么时候就懂了，这个学习方法是很重要的。

在日常生活中，熏陶影响类音乐活动往往以有形或者无形的方式，对置身其中的幼儿施与影响，使他们在潜移默化中受到"润物无声"的熏陶。熏陶影响类音乐活动正是通过这种渗透性，慢慢地滋润着他们的心灵。

（4）潜在性

在熏陶影响类音乐活动中出现的音乐作品，现在并不是幼儿需要学习和掌握的内容，但在播放过程中，幼儿对作品有一些粗浅的感知，一旦要学习该作品，潜在性的影响就会转化为现实性的知识经验，幼儿就会发现自己早已对旋律、节奏或歌词有些许印象。

只有经过幼儿被音乐熏陶和影响，其价值是处于潜在状态的，只有当音乐作品再次作为学习对象出现，才有可能转化为一种现实的心理能量，产生美感效应。这种潜在性，可促进幼儿在学习倾听过的音乐过程中发挥主观能动性。

（二）熏陶影响类音乐活动的目标

1. 熏陶影响类音乐活动的总目标

第一，能通过听觉系统初步感受并喜爱生活环境中的音乐美。

第二，喜欢在音乐的伴随下参加各项活动，并能大胆地用表情和肢体动作表现自己对音乐的情感和体验。

第三，能用自己喜欢的方式表现自己对背景音乐的感受。

2. 熏陶影响类音乐活动的年龄阶段目标

（1）0~1岁幼儿熏陶影响类音乐活动的年龄阶段目标

第一，有初步的韵律感，有一定的乐感和注意力。

第二，听到音乐时情绪愉快。

第三，对播放的音乐有兴趣，听到音乐时会手舞足蹈。

（2）1~2岁幼儿熏陶影响类音乐活动的年龄阶段目标

第一，对音乐感兴趣，喜欢听音乐。

第二，能在音乐的伴随下，愉快地参加各种活动。

第三，能随着音乐自由舞动肢体，进行体态律动。

（3）2~3岁幼儿熏陶影响类音乐活动的年龄阶段目标

第一，喜爱听音乐和哼唱歌曲，听音乐自由做动作时，有一定的韵律感。

第二，情绪能随着播放的音乐逐步调节，适应各种不同风格的音乐。

第三，听到不同的音乐，表情与动作有不同的变化。

（4）3~4岁幼儿熏陶影响类音乐活动的年龄阶段目标

第一，容易被生活和环境中各种好听的声音所吸引。

第二，喜欢听音乐或观看与音乐相关的音乐表演。

第三，经常自哼自唱或模仿有趣的动作、表情和声调。

（5）4~5岁幼儿熏陶影响类音乐活动的年龄阶段目标

第一，喜欢倾听各种好听的声音，感知声音的高低、长短、强弱等变化。

第二，能够专心地聆听适宜气氛的音乐，并初步产生与音乐的共鸣。

第三，乐意伴随着音乐自由地唱唱跳跳。

（6）5~6岁幼儿熏陶影响类音乐活动的年龄阶段目标

第一，乐于模仿自然界和生活环境中有特点的声音，并产生相应的联想。

第二，聆听音乐时，常常用表情、动作、语言等方式表达自己的理解；愿意与别人分享、交流自己喜爱的艺术作品和美感体验。

第三，有自己比较喜欢的音乐风格，能用不同的方式表达自己的感受和想象，并乐意与同伴交流，也能独立表现。

3. 熏陶影响类音乐活动的活动目标

熏陶影响类音乐活动的活动目标是指教师对幼儿在具体的熏陶影响类音乐教育活动中的学习效果的预期，是音乐活动目标的具体化，直接体现了教师对活动目标理念的认识和理解，显示教师对概括性、总体性目标要求向具体的可行性实际教育要求转化的能力，决定着幼儿可以获得的发展。

活动目标和活动过程之间的相互作用，影响着目标的转化和落实；不适合的目标导致无效的过程，致使教育无效；虽有合适的目标，但过程无支撑性，教育效果也无法实现。熏陶影响类音乐活动的活动目标在制定时应注意以下问题。

第一，活动目标趋于知识化、技能化。

第二，活动目标的内容空泛、抽象、笼统。

第三，活动目标的定位脱离音乐，音乐活动似是而非。

第四，活动目标的适宜性欠缺。

第五，对目标的把握失调—活动过程要么强硬控制，要么盲目放任。

教师在制定活动目标时，要避免在教育观念上存在模糊，对熏陶影响类音乐教育的审美价值和课程目标认识不清，存在困惑；不能仅仅把目标作为一种形式和摆设，忽视目标确定的依据。应该按分析教材—分析幼儿—策略选择的步骤，设置具有音乐性、具体化、动态性和系统化特征的目标，并将预成目标和生成目标有机结合，进一步深化对熏陶影响类音乐活动目标的制定。

（三）熏陶影响类音乐活动的意义

音乐能够带给幼儿很多好处，在幼儿出生后的第一年里，婴儿的牙牙学语和自发哼唱前兆是很难区分的。他们通过聆听、模仿大人的非语言，开始开口发声，就像语言学习那样逐渐理解音乐。音乐对幼儿的大脑刺激更强烈，他们的空间感知能力也会逐渐提高，其发散性思维也会得到释放，而发散性思维超越了准确给出单一标准的解决方案的思维方式，是培养幼儿想象力和创造力的先决条件。因此，在幼儿早期教育中，能够拥有一个绚丽多彩的音乐环境，也就相当于给幼儿塑造了一个可以锻炼听说读写的音乐殿堂。

1. 音乐的熏陶影响能促进幼儿的大脑发育

熏陶影响类音乐活动让幼儿变得更聪明，大脑科学研究表明：音乐的波动能以生物电的形式影响人的记忆神经元，可使大脑神经元上的突触数增加，轴突变粗，从而改变大脑进行信息交换和加强思维能力的物质基础，美好的音乐能给大脑一个良好的思维基础，使人的性情和智力得到优化。因为只有这个乐章的频率、节拍才能激发出 $8\sim13$ 赫兹的轻松的右脑 α 波，才符合大脑科学的原理，才能使人快速进入身体放松而大脑敏锐的状态。

因为音乐能刺激幼儿大脑的发育，令他们的小脑袋变得更灵敏更协调，不但能锻炼他们的记忆力和感受力，发展他们的空间感和时间感，而且对幼儿的语言、数理、逻辑能力的提高都有很大的帮助。音乐能唤起平时被抑制的记忆，心理学家认为，音乐能渗入幼儿的心灵，激发起他们无意识的超境界的幻觉，并可以唤起平时被抑制的记忆。而生物学家认为有节奏的音乐可以刺激生物体内细胞的分子发生一种共振，使原来处于静止和休眠状态的分子和谐地运动起来，以促进新陈代谢。

2. 音乐的熏陶影响能提升幼儿的音乐敏感度

音乐的情感表达是非常微妙的，音符的排列略有不同，就能创造出完全不同的乐曲。因此，喜欢音乐的孩子不但会有敏锐的听力，也拥有敏锐的感觉，在练习过乐器的孩子身上，这种特质会表现得更加明显。通过音乐培养节奏感。让幼儿在生活中身临其境地感受到音乐中的静与动，高与低、长与短、强与弱，领会音乐节拍的魅力。幼儿按照音乐的旋律线发生了本身运动的韵律线，即手、脚、身段的上下、左右、前后等不同的位置变化。

音乐还能培养幼儿对音乐的感知能力，在幼儿成长发育的过程中，听觉能力是先于视觉能力发展的 1 岁左右的幼儿视力还很弱，需要通过听来感知这个世界。这时候要注意有意识地引导他们进行听力的感知，让他们听音乐，并在听的过程中通过肢体语言将内心的感受表达出来。这不仅仅是锻炼了幼儿的听力和身体行动能力，而且更让幼儿学会了通过调动自己所有的感知器官来完成这个过程，帮助他们挖掘出这种潜在的本能。

3. 音乐的熏陶影响能激发幼儿的想象与创造

世界上恐怕没有什么东西比音乐更抽象了，它只是一组声音，转瞬即逝；但音乐又是世界上内涵最丰富的东西，因为它留给我们的想象空间是无边无际的。所以，音乐对幼儿想象能力的培养是任何别的东西都无法比拟的。

幼儿对音乐的想象不是被动的，而是融入了他对这个世界的感受和记忆，也激发着他自己的创造力。绝大部分喜欢音乐的幼儿，都会在日常生活中哼哼唱唱一些自己"发明"的小调，尽管他哼得不着调，可这是幼儿即兴发挥着自己的艺术创造力。

幼儿在参加内容丰富的音乐活动时，有很多需要运用想象进行大脑创造性思维的时机。例如，在舞蹈中，幼儿"闻乐而思"，灵敏地感知特定的时刻、空间的各类神态，把音响转化为形态，接着在大脑中反映出种种栩栩如生的形态和情节。在给幼儿播放优美动听的音乐的时候，有很多机会需要运用想象进行创造。例如，在给幼儿听一首有关自然的音乐时，可以给他们描绘出一幅动人的画卷，再让他们通过其想象力和创造力第二次对这个音乐进行加工。而且音乐可以弥补语言文字的不足，可以启迪和拓展幼儿的时间和空间的观念，培养幼儿的想象力和创造力。

4. 音乐的熏陶影响能丰富幼儿的情感愉悦情绪

世界上的优美旋律中蕴涵着各种不同的情感，复杂微妙而动人心弦。正是如此丰富多彩的音乐世界，才能培养出一颗丰富细腻的心灵。所有的幼儿在听到自己喜欢的音乐时，都会露出开心的表情，有些还会随着音乐而"手舞足蹈"，这是他们不需要任何学习就能得到的快乐享受。在音乐带给幼儿的一切东西中，快乐是最珍贵的。不是每一个接触、学习过音乐的幼儿都能成为音乐家或超人，但他必定能比别人多一种财富，一笔可以终身享用的财富——在这个世界上，还会有什么东西比快乐更加弥足珍贵？幼儿随着听力的逐步发展，对音乐能表现出明显的情绪反应，有的听到音乐后能手舞足蹈，并对听过的音乐有记忆，如果能充分地让幼儿接受音乐的熏陶影响，对其大脑的锻炼有潜移默化的作用。

受音乐感染和熏陶的幼儿会心平气和、情绪稳定而思想活跃、热情活泼、兴趣广泛，并能较好地促使注意力集中，提高学习效果。大脑成像显示，神经对不同类型的音乐会有不同的反应，这展示了人们的情绪调节状况。此项研究证明，那些用音乐来表达负面感情的人反应消极，有侵略性，喜欢悲伤的音乐。

音乐能够陶冶情操，也有助于幼儿养成良好的情绪情感。通过音乐的熏陶影响，促进幼儿感受并学习用歌声来表现音乐的情绪和自己的情绪；同时，也学会一些音乐的演唱形式，增强对音乐旋律的敏感性，培养对美的感受能力。

艺术对人的影响是"润物细无声"的那种，听熟、练会几首曲子并不能改变一个幼儿，但音乐长期的感染和熏陶，必定能让幼儿变得宁静优雅，对生活中美的一切也会显得更加敏感和陶醉……

5. 音乐的熏陶影响能促进幼儿的动作协调发展

幼儿在进行有节奏的身体动作时，通过伴随着音乐自由做出各种肢体动作，使大脑神经控制动作的能力和保持平衡的能力有所发展。

音乐不仅可以丰富幼儿的音乐经验和审美情趣，提高幼儿音乐表现技能和能力，培养他们活泼开朗的性格，增强其自信心和成功感，使其真正成了音乐活动的主人。例如，听到音乐《我是解放军》，幼儿会根据有力、雄壮的音乐，做出解放军神气的样子，像解放军一样雄赳赳地走路，甚至庄严地敬礼，或像手握钢枪站岗放哨的战士……虽然他们的动作不一，但都能把解放军的形象通过自己的经验、想法去表现，发挥得淋漓尽致。

音乐符合幼儿的身心特点，可以鼓舞人的进取心，促进幼儿体能的发展。例如，幼儿听到《十个小矮人》的音乐，让幼儿边听音乐边学做高人走、矮人走。幼儿既感受了音乐游戏的快乐，又能安静地听老师发不同的语言指令，能随着指令的变化而变换动作。他们辨别高低音区，高音区扮演高人，低音区扮演矮人，音高的变化控制着幼儿的扮演行为，训练听觉的灵敏性。

人一旦养成一个习惯，就会自觉地在这个轨道上运行。是好习惯，则会让人终生受益，反之，就会在不知不觉中影响你一辈子。聆听音乐的习惯一旦形成，就会形成不易改变的习惯性行为。给幼儿以音乐艺术的熏陶感染，发展听觉能力，特别是培养"音乐的耳朵"，发展比一般听觉能力更为精细的音乐听觉能力，如辨别音准的听觉能力、感受音乐情趣的音乐感受能力、在大脑中留有音乐印象的音乐记忆能力、对音乐内涵的领悟能力等。

（二）熏陶影响类音乐活动的内容与途径

（一）熏陶影响类音乐活动的类型

熏陶影响类音乐活动是通过浸润式的音乐环境，让幼儿可以像学会母语一样自然地接触、倾听和喜爱音乐。这种将幼儿放在音乐环境中的"浸润"，并非盲目和随意的，而是一种既有目标也有层次的潜移默化的活动过程。它与传统的音乐集体教育活动最大的不同在于：熏陶影响类音乐活动以音乐为环境在幼儿一日生活中贯穿音乐旋律，教师或家长以配合旋律的讲解背景随时回答幼儿对音乐的提问，在幼儿活动中、睡觉前、饭前给予内隐强化，促使音乐这种概括性和抽象性非常强的知识在儿童内隐和外显学习的相互关系中得到发展。

渗透式音乐活动是指在一日生活的各项活动中，随时随地、有意无意地将音乐融入其中，渐进地、慢慢地渗透到孩子日常学习、生活环境中，从而丰富情感、启迪智慧，让幼儿像学会母语一样自然地沉浸其中，充分利用环境无意识的学习来欣赏音乐，把音乐渗透到幼儿一日生活的各个环节，多渠道、多形式让幼儿感知音乐，让他们在音乐中成长。

1. 熏陶类音乐活动

音乐是声音的艺术，它装点生活，美化生活，给生活带来无限乐趣。好的音乐是一种审美享受，好的音乐养性怡情，好的音乐还具有保健和治疗功能。音乐能陶冶幼儿的情操，他们对音乐天然的热爱和向往，每一位幼儿都需要音乐，都有接受音乐熏陶的愿望和要求。因此，音乐启蒙教育在幼儿的生活中显得尤为重要。

（1）渲染气氛的音乐活动

音乐具有美化心灵的作用，是幼儿学习、生活和成长过程中不可或缺的启蒙教育。幼儿的一日生活是一个有机整体，在一日生活中适宜的氛围中渲染气氛，能够加强幼儿对音乐的感性认识和增加接触音乐的体验机会，培养幼儿的音乐思维和审美能力，养成良好的行为习惯。

音乐对幼儿全面和谐发展有着其独特的功能，要在幼儿一日生活中合理运用音乐元素，将音乐贯穿一日生活的始终，促进幼儿学习生活有序地进行。例如，幼儿在绘画或手工制作时，为他们小音量播放一些柔美的背景音乐有利于他们尽快安静下来，专心投入到创造和表现中。又如，体育活动开场时都需要让幼儿活动开身体，如果没有音乐渲染气氛，孩子们的情绪很难调动起来，而如果选择适当的雄壮激昂的音乐，在音乐的伴随下，他们带着矫健的步伐跑入活动场地，可以最有效地调动他们身上的运动细胞。因此，善用音乐，巧用音乐，在音乐的熏陶下，用音乐巧妙地在多方面教育中渗透进行，渲染气氛，能取得事半功倍的效果。

从小引导幼儿听音乐，可使他们受到艺术美的熏陶，对其身心健康和成长发育有不可忽视的影响。

（2）丰富情感的音乐活动

音乐是人类的第二语言，是人类最亲密的朋友，美的音乐不但能愉悦身心，而且能使孩子心灵得到净化，使其行为变得高尚。音乐是积聚灵感、催发情感、激活想象的艺术。音乐可以与生活沟通起来，营造广阔的音乐空间，音乐本来就是从生活中创造出来的。音乐可以陶冶情操，音乐可以使人振奋，音乐可以使人愉悦。在幼儿一日生活的各个环节中，音乐有着不可忽视的重要性，恰当应用音乐的功能，可以使幼儿生活更生动、更富情趣、更显得生机勃勃。

生活是丰富的、多彩的，它可以带给我们丰富的情感，音乐是引人入胜的，是引导幼儿感受和表现艺术的重要活动，音乐有调节情绪的作用，音乐的情感性能给幼儿增加兴奋情绪的积极动力，将音乐渗透于幼儿的一日生活中，对其发展起着非常积极的作用。

音乐是人类生活的反映，人们用音乐抒发情感，用音乐愉悦生活，音乐能带给人们美感。使人们获得高尚的情感。音乐有益智的功能，有集中注意力、激活思维、发展语言、丰富想象的作用，可以促进幼儿智慧发展；音乐的情感性特征能给他们增添兴奋情绪的积极动力；音乐有审美功能，能给予幼儿美的享受，美的音乐能够使他们情绪高昂地全身心投入到活动。例如，在进餐时播放一些柔美、轻快的轻音乐，有助于幼儿拥有一个好心情，便于食物消化。因此，将音乐渗透于幼儿的一日生活中，对他们的发展起着积极的作用，成人应借助音乐动情的特征对幼儿实施熏陶，他们喜闻且乐于接受。

（3）随机感染的音乐活动

幼儿的成长离不开音乐，音乐游戏魅力无穷，让孩子们乐在动中，乐在趣中，乐在创造和参与中，给他们带来快乐和满足。

音乐对幼儿思想情感、活跃气氛、彰显音乐艺术潜能等方面都具有十分积极的作用。因此随机将音乐渗透于幼儿一日生活和五大领域各项活动中，将音乐与幼儿的生活和学习相融合，为他们创造一个良好的良性成长环境。

音乐具有其独特的作用，在五大领域的交叉和融合过程中发挥着中介作用，这是其他领域都不能比拟的。教师和家长在幼儿一日生活的各个环节中使幼儿与音乐充分接触。在一日生活活动中，让他们伴随着音乐的指挥，积极地操作，主动接受自理能力锻炼；在游戏活动中，让他们伴随着音乐的意境，快乐玩耍，全身心投入角色的情感体验。

音乐是幼儿生活中不可缺少的元素，对幼儿的发展起着积极的作用。教师和家长要把音乐教育的美感艺术与幼儿一日生活和五大领域教育有效地结合起来，把音乐艺术渗透在常规教育的每一个环节，让幼儿在轻松愉悦的环境中养成良好的行为习惯。

2. 影响类音乐活动

（1）规律提醒的音乐活动

音乐是幼儿成长过程中不可缺少的一部分，在对他们进行良好生活习惯和学习品质的培养中，成人需要遵循幼儿发展规律和预设目标，创造让他们积极和愉快参加各类活动的音乐环境，也可借助音乐的作用使幼儿良好常规的培养更加高效，音乐和常规渗透在他们一日生活中的方方面面。

对幼儿进行音乐规律提醒，应贯穿在日常生活的每个时刻中，如唤醒起床，可以选用较为轻快、活泼的音乐，播放时音量从小慢慢放大，待幼儿醒来后，音乐可继续一段时间再停止播放；给婴儿哺乳时，可辅之以悠扬的音乐，这样能激起幼儿的食欲；安抚幼儿入睡，可选用徐缓的《摇篮曲》，音量要逐渐放小，待他入睡后，再徐徐消失。上述音乐的选用和编排，应当相对固定，以便让幼儿形成有规律的条件反射。

学前期是萌生规则意识和形成初步规则的重要时期，是一个充满活力、蕴藏着巨大发展潜力和具有极强可塑造性的生命阶段。因此，结合幼儿喜欢音乐的特点和有规律的作息时间安排，在生活、教学活动、游戏活动的有些环节选择相应的音乐或乐器做信号，久而久之，会使人产生动力定型，即听到同一种音乐，就会做出同样的反应。学前期是培养幼儿各项素质的基础时期，将音乐应用在幼儿一日生活常规培养中，既可以培养他们对音乐的喜爱，又可以让他们在轻松、愉快的范围内形成"规矩"。

对幼儿园班级常规的适应是帮助幼儿建立良好社会适应能力、融入集体的第一步。幼儿的一日常规并不少，而他们由于年龄、阅历、经验的限制，教师简单的常规说教让具体形象思维占主导的幼儿强行记忆是不太可行的。教师或家长利用音乐作为手段帮助幼儿建立良好的常规意识，能够让幼儿在快乐的情绪体验中记住常规并内化为习惯。

将适宜的音乐融入幼儿的一日生活中，并将指令音乐化，可以让他们在指令音乐中自主愉快地活动，让幼儿在音乐声中养成有序、自主的好习惯，愉快地度过每一天。

（2）生活伴随的音乐活动

音乐教育离不开幼儿的生活，他们的一日生活中充满了音乐的元素，只有使音乐教育生活化，才能更好地实现音乐教育的价值，使幼儿在熟悉的生活情境中感受音乐，在轻松愉悦的音乐氛围中享受生活，健康成长。充分运用伴随幼儿一日生活的"背景音乐"显得尤为重要，"背景音乐"这一概念最初是美国姆扎克公司提出来的，姆扎克公司是美国最有名的背景音乐制造商，他们称其制作的背景音乐为环境音乐。有史以来，人类创造各种形式的音乐，无论是出于宗教目的，为了仪式礼仪，还是为了欣赏需要，人类创造音乐是生活的需要。

将音乐渗透于幼儿一日生活就是将音乐的美感艺术和他们一日生活教育有效结合起来，把音乐渗透在他们一日生活的每一个环节中，让幼儿在轻松愉悦的环境中建立起良好的生活常规。运用丰富的节奏，使一日生活教育"游戏化"；运用优美的旋律，使一日生活教育"艺术化"；不断提高幼儿的音乐素质，使一日生活教育"简单化"。

倘若婴儿在无病痛啼哭时，不妨试着用音乐安慰他，此时可按音乐的旋律和节奏摇晃。值得注意的是，对幼儿进行"音乐浴"时，一定不可用爵士乐、流行的摇滚乐，而应该选用欧美名曲及古典音乐，并且整个音量应小于成年人适宜的音量。

（3）自然过渡的音乐活动

在早教机构或幼儿园的一日生活中的每一个环节都值得教师重视。科学、合理地安排和组织一日活动，让过渡环节衔接自然、合理，使幼儿身心愉悦地投入到下一个活动中去，以减少不必要的等待，才能让幼儿在幼儿园生活得更快乐。

一日生活是幼儿一天的全部经历，一日生活各个环节包括入园离园、生活环节（餐点、如厕、洗手、喝水等）、区域活动、集体教学活动、进餐环节、午睡环节、户外活动、户外游戏等。这些环节的存在都是因为幼儿的需要，它们都有不可替代的价值，音乐本身的愉悦性、感染力使听音乐成为幼儿最喜欢的活动之一，他们在日常生活中每一个游戏和生活环节时间都不长，环节与环节之间还会经常有一些喝水、吃点心、如厕等活动，用那些熟悉和喜爱的音乐作品作为这些环节的自然过渡，可以给他们带来愉快的情绪，那些韵律感十足的节奏吸引他们积极参与其中，手舞足蹈。

教育源于生活，也应该面向生活，在这种回归自然的教育理念中，我们发现幼儿对艺术的表达来自生活中的亲身体验和对生活点滴的捕捉，所以我们将生活中他们随处可见的周围生活环境作为音乐的播放时机，用音乐自然地过渡幼儿的每个生活环节，让幼儿在音乐中学习，在音乐中生活，感知音乐的跳跃，感受音乐的美妙。

（二）熏陶影响类音乐活动内容的选择

所谓"音乐教育生活化"，其一是让音乐的各种形式像日常生活一样让孩子们在游戏中轻松习得，其二是体现"音乐即生活，生活处处有音乐"的理念。让孩子们在幼儿园的一日生活就是由集体教学活动和生活过渡环节组成的。那么怎样把音乐元素自然地运用到一日生活、过渡环节中，如何选择各环节的音乐是我们在这里要研讨的问题。

所谓"中国音乐的母语"原本就是一种不断进化、发展的语言，从这种语言中所体现出的"民族传统"既非一时一刻所形成，也绝不会在短时期内由于外来文化的冲击而轻易消亡，对于像中国音乐这样一个具有悠久历史和强大包容力的文化体系而言尤其如此。

脑科学研究提示：人的生命的最初几年，是人脑发育最快的时期。许多发展的"敏感期"都在人生的早期。对于幼儿来说，强调教养融合，强调教养活动的自然综合，讲究"在日常生活和游戏之中"各种活动的优化整合，把音乐融于教养幼儿的活动中，用音乐来影响熏陶他们。选择教育内容时，尽量选择简单的、贴近他们生活经验的教学内容，以幼儿眼中的美为准则，努力创造音乐环境，让他们在玩乐中获得经验，感受音乐艺术动听旋律的美，激发对音乐的兴趣，吸取音乐艺术内涵的高雅情趣，给他们以音乐艺术的熏陶感染，发展他们的音乐能力，如音乐情趣的感受力、音乐记忆力、对音乐的领悟能力。

1. 影响类音乐资源库

音乐在幼儿的一日生活中，常常起着衬托的作用，通过选择适宜的音乐融入幼儿的一日生活和集体活动，可以有效地影响他们，通过音乐活动能发展他们的语言表达能力、动作协调能力、逻辑思维能力、想象能力，培养幼儿的音乐能力、学习兴趣，提高他们的综合素质能力。

（1）规律提醒的音乐资源

定时播放音乐，往往有利于幼儿养成良好的生活规律，形成较好的生活习惯，这一类音乐资源的选择，一方面要适合幼儿生活情境；另一方面就是一定要每天坚持重复进行，就能起到规律提醒的作用。

①进餐规律提醒

幼儿在进餐或吃点心前，可以固定一首适当降低音量的舒缓的钢琴曲，如《天空之城》《爱的纪念》《星空》等，让他们轻松愉快地在音乐世界里接收到进餐的信号，有利于让幼儿调整好愉快的情绪，做好进餐的心理准备：

②睡眠规律提醒

睡眠时间可以选择《小夜曲》《致爱丽丝》《春江花月夜》《孩子入睡》《秘密的庭院》《记忆》《摇篮曲》《秋日私语》《渔舟唱晚》《月光曲》《舒伯特摇篮曲》《月光奏鸣曲》等舒缓轻柔的乐曲作为睡眠前的准备，让幼儿的情绪在音乐中静下来，安静地躺下，随着音乐将他们带入甜美的梦乡。

③起床规律提醒

幼儿正处于生长发育期，运动量大，体力消耗也大，因而需要比成人更多的睡眠时间，以恢复精神和体力，这都是正常现象。他们从熟睡到苏醒，身体和精神状态都需要一个再次"复苏"的过程，而在这个过程中，大脑接收到的信号会特别让人记忆深刻。所以，如果幼儿在熟睡时被教师或家长用严厉、生硬的话语刺激，很容易造成他们生理和心理上的障碍。而从心理来说，幼儿神经受到强烈刺激后，可能会影响到一整天的精神状态。特别是一些身心敏感的幼儿，很可能会因此受到惊吓，性格上变得更加胆小怯懦。而且，如果他们因为被叫起床而觉得心里委屈，产生反感情绪，再将这些情绪迁怒到其他人身上，还会出现恶性循环。

为了保证幼儿有足够的时间自然醒来，教师或家长最好提前 10~15 分钟在床边播放一些如《小星星变奏曲》《大调钢琴回旋曲》《大调弦乐小夜曲》（G 大调小步舞曲）《夜宿山寺》《马诗》《江雪》《鸟鸣涧》《乐游园》《秋澜歌》《春晓》《夏日华尔兹》等轻音乐，然后慢慢增加音量，打开窗户，让他们在清新的空气和轻柔的音乐中渐渐苏醒。如果需要呼唤，也应采用低频率、温和轻柔的语气，让他们的神经从轻松自然的状态中醒来。教师或家长可以配合使用一些轻柔的动作，如轻轻拍打他们的身体或手臂。抚摸面颊、挠挠痒痒、按摩一下太阳穴等。待幼儿醒后，允许他们躺上两三分钟，在床上活动一下四肢，再穿衣起床。

④集合规律提醒

在活动中要求幼儿集合时，用铃鼓敲出适合幼儿年龄特点的节奏型，一方面可以使他们安静下来，同时很快地模仿出节奏型，培养其节奏感。还可以弹奏幼儿熟悉的音乐。

⑤习惯规律提醒

把音乐贯穿到幼儿的日常生活中，用轻快、活泼的音乐唤醒沉睡已久的他们。音量从低慢慢到高，幼儿醒来后再继续放一段时间；也可以在他们进食时，放悠扬的音乐，能激起他们的食欲；用优美的摇篮曲，引导他们安静地入睡，等等。相对固定的音乐选用和编排，可以让幼儿形成有规律的条件反射，在他们无故哭闹时，也可以用音乐安慰他们。

（2）生活伴随的音乐资源

①饮食生活伴随音乐

幼儿的生活如果在不同项目中都有适宜的音乐相伴随，可以有效地提高幼儿的生活质量，为幼儿创造舒适的进餐环境，使幼儿有良好的食欲。例如，早餐时间是幼儿一整天的第一次用餐，在这一环节中，把握他们的情绪比较关键，因为这直接关系到幼儿在上午这一段时间内的学习与生活效率，可选用一些安静、舒缓的音乐为主要背景。

音乐有助于驱除体力和脑力疲劳，优美的旋律能使胃肠蠕动加强，促进唾液分泌，有助于消化吸收。在这一时段播放的音乐最好是轻音乐，如果带有歌词，幼儿渐渐熟悉以后就会跟着哼唱，这样不仅不能有助于消化，而且存在一定的危险性，容易被呛到。因此，要选用一些以轻音乐为主的曲调，其主要的演奏乐器为笛子、萨克斯、古筝、小提琴等，同时要求乐曲以轻盈、舒缓为主。例如，梦幻轻音乐《风中奇缘》、笛子与乐队合奏曲《苗岭的早晨》、萨克斯与乐队合奏曲《现在和永恒》等。在整个用餐活动中，这样的背景音乐能够起到调节幼儿在从室外活动到用餐活动这一环节中情绪的转换，但在他们的情绪转换活动中又不失愉快的本性，其用餐音乐舒缓而富有悠远意境，使幼儿的身心陶醉于音乐的同时增进幼儿食欲。

②起居生活伴随音乐

午睡时，播放轻声、安静、抒情、缓慢的摇篮曲，不需要要求幼儿马上闭上眼睛，幼儿听着音乐，很自然地就入睡了，培养了幼儿良好的午睡习惯。例如，莫扎特的《摇篮曲》《睡吧，小宝贝》等音乐。

③游戏生活伴随音乐

幼儿在玩运动器械，如滑滑梯时，可以播放或吟唱《伸伸转转》的歌曲，幼儿边玩边唱，学得愉快，唱得自然、欢快。又如，幼儿在跑步、跳绳时配上节奏鲜明的欢快音乐，更提高了锻炼的兴趣，因为节奏感能给他们带来欢乐。例如，在户外锻炼时，可以播放《健康歌》等歌曲，让幼儿在音乐中愉快地玩耍。

④学习生活伴随音乐

幼儿在画画时，如果能播放一些适宜的伴随性音乐，可以给他们提供一个更广阔的想象空间，给他们创造一个良好的创作氛围。例如，莫扎特的《星星》、圣桑的《袋鼠》、班得瑞的《你的笑颜》等。

（3）自然过渡的音乐资源

幼儿的一日生活往往是由活动、游戏和生活过渡环节组成的，让他们的生活充满音乐，将"音乐"融入一日生活过渡环节中，让音乐替代教师的口头指令，不仅能减轻教师的叫喊负担，长期坚持下去，还能够使幼儿形成一种条件反射，听到某段特定的音乐，会自主地进行相应的活动，使一日生活过渡环节衔接更自然。更重要的是让音乐在日常生活中无处不在，灵活、自然地融入一日生活中，更体现了"生活处处有音乐"的思想，这样幼儿在感受音乐带来的快乐的同时，也不知不觉地提高了音乐修养。例如，常见的幼儿园生活过渡环节包括入园、晨练、早餐、点心、课间操、盥洗、午餐、睡前准备、午睡、离园等。平常教师在组织幼儿进行这些活动时，惯用口头指令：请小朋友们去小便、洗手准备吃点心了；请脱衣服准备午睡了，用语言提示下一环节该怎么做，教师日复一日说着同样的话，语言指令显得呆板、烦琐、啰唆，幼儿也感受不到愉悦感。

如果将这些环节过渡语巧妙地用音乐替代，如组织集体活动前，播放《幸福拍手歌》来吸引儿童的注意力，他们能随着音乐中的要求做相应的动作，渐渐进入学习状态。又如，经过了剧烈的户外游戏活动，回到活动室后教师播放歌曲《听妈妈讲那过去的事情》

《小白船》等舒缓的歌曲能为幼儿消除活动带来的疲劳，做到动静交替，这样比较符合他们身心发展的规律；再如，游戏活动后播放节奏鲜明的《小麻雀》《动物合唱队》《这是什么》等乐曲，引导儿童在有节奏的乐曲中，有序地整理摆放好椅子，做好下一个活动的准备。进餐前，播放《虫儿飞》示意他们要洗净小手准备午餐了。还有许多时候要求幼儿要排队集合，教师不用扯着大嗓门说："排队、排队、排整齐。"也不用吹着口哨让幼儿受到惊吓，可以播放一些轻快的音乐，让幼儿有紧迫感迅速排队，大部分幼儿能快速地走到指定位置排好队，同时把整个周围的气氛给调动起来，潜移默化地带动其他人一起以最快的速度把队伍排好。

一首《摇篮曲》能让幼儿安静地休息；一首《进行曲》可以使他们边拍手边站队；一段 3/4 拍乐曲他们会在活动后自由地飞回到自己的座位；简短的琶音，他们听到后会自觉地起立、坐下等。这就是音乐的魅力所在，这就是教师最好的艺术语言。当然，幼儿能听得懂的音乐，是经过一段音乐感觉训练之后，才能正确掌握的通常可以用于环节过渡的音乐还有《小玩具》《当我们同在一起》《十个印第安人》《小花碗》《两只小手》《小手爬》《Clean Up》《The More We Get Together》。

2. 熏陶类音乐资源库

音乐在幼儿生活中有着很大的作用，就好像他们需要用语言来与人沟通一样。很难想象，没有了音乐的熏陶，幼儿的世界不知会变成什么样子？音乐已经在幼儿的日常生活中占据了一定的位置，音乐可以调剂紧张、单调的生活，音乐可以给幼儿的听觉以愉悦，净化他们的灵魂，使他们的精神得到一种高度的享受，音乐还能帮他们排除忧愁和悲伤。医学上还用音乐来辅助治病，能起到药物所起不到的效果。

就音乐本身而言，其熏陶作用表现在很多方面。音乐具有感化人、塑造人、拯救人的作用。当我们在非常愉快的时候，会一边唱着歌，一边手舞足蹈地跳着舞；当我们在非常郁闷时，忽然一支优美动听的旋律飘至耳畔，烦恼立刻烟消云散。

（1）渲染气氛的音乐资源

音乐在幼儿的一日生活中能渲染一种良好的氛围，就像是生活中的调味剂一样。沉浸在音乐中的幼儿就是沉浸在自己想象的世界里，对自己的生活有着非常美好的憧憬，能够让不同的幼儿进入各自梦境。例如，说有的音乐让人听了是开心的，是一种积极的音乐；有的音乐让人听了是不开心的，因此说，这是一种消极的音乐。音乐的作用不仅表现在各项活动中，还表现在一日生活的许多方面对幼儿的熏陶。早晨他们起床后，有节奏明快的轻音乐陶冶着他们的心情；午睡时，有安静的音乐熏陶着他们；进餐时，有悠扬的轻音乐萦绕着他们；回家时，有欢送曲陪伴着他们……这样，幼儿的每一天生活都将会是非常愉快的。

音乐中的"五音"可以把握人的性格与行为，对人们的日常生活起到了非常重要的作用。优美悦耳的音乐能使幼儿精神愉快，增强活力。据有关医学研究证明，人在愉快时，血液中可产生一种有利于健康的物质，它有促进血液循环、增强新陈代谢、促进消化、解除疲劳的作用。音乐中千变万化的旋律、节奏和速度，既能调节人体的功能，又能对大脑的边缘系统和脑干网状结构产生直接影响。它能让幼儿用身体动作来感受音乐情绪，即自由地摆动、走动或跳跃等，来达到创造合乎节律的动作，唤起他们天生的本能，培养人体极为重要的节奏感，建立身心的和谐感与动作的协调性，使听觉更加敏锐、感情更臻细腻，使他们更加活泼健康。

神奇、美妙的音乐，像阳春白雪润物无声，陶冶人们的情操；像高山流水奔流不息，净化人们的灵魂；像空山鸟语使人愉悦，热爱生活；像旱天雷使人警醒，催人奋进。音乐在幼儿的一日生活中有着非常重要而特殊的作用。适合渲染气氛的常用音乐资源有格里格的《晨曲》、贝多芬的《春天奏鸣曲》、门德尔松的《春之歌》、马思涅的歌剧《泰伊思》第二幕第一场与第二场中间所奏的间奏曲《沉思》、舒曼的《快乐的农夫》、小约翰·施特劳斯的《蓝色多瑙河》、柴可夫斯基的《木偶进行曲》《四小天鹅》、巴达捷芙斯卡的《少女的祈祷》、莫扎特的《土耳其进行曲》、肖邦的《小狗圆舞曲》、舒伯特的《小夜曲》、安东·德沃夏克的《幽默曲》等。

（2）丰富情感的音乐资源

音乐可以丰富幼儿的审美情感，生活中需要音乐，音乐也需要在生活中表现。由于音乐能够触动幼儿日常生活中难以奏响的心弦，并表现他们日常生活中难以消化的情绪，同时也反映了现实世界五彩缤纷的周围生活本身。音乐的声音是特殊的声音，也是文化的声音，更是美感的特殊鼓舞者。音乐是人类共有的精神食粮，是一种文化的延续，更是文化的发扬和传承。

晨间起床时播放轻声悦耳的音乐，使幼儿一大早就进入一个安静、舒适的音乐艺术环境，使幼儿的音乐天赋得以很好地发展，激起他们愉快的情感，主动参与活动、进行交往。例如，"班得瑞"这个梦幻般的抒情演奏乐团，将属于瑞士的湖光山色，在音乐中予以唯美地具象，每一个音符，都代表层层压缩到内心里的感动。例如，《安妮的仙境》《春野》《清晨萨克斯》《央视早间问候》《晨歌》等音乐，这样的音乐幼儿听后会觉得很安详、宁静。

一首短小的歌曲，对幼儿往往有巨大的力量和深远的影响。歌曲《对不起，没关系》以轻快的节奏、浅显易懂的语言，让幼儿在倾听和哼唱中理解歌词的内涵，学会运用礼貌用语；《山羊踩痛小公鸡》让他们结合自己的生活体验，懂得同伴之间要互谅互让，友好相处；《李小多分果果》让他们体会到谦让能给别人带来快乐。音乐对幼儿心灵的影响往往是潜在的，但它的教育效果却是明显的，效应也是长期的。音乐是孩子精神生活中不可缺少的"维生素"，我们应针对幼儿喜情感、厌讲理，喜形象、厌抽象的特点，将德育寓于音乐教学中，真正达到以情感人，以情怡人的目的。还有一些《雨的印记》《爱的协奏曲》《望江南》《天鹅湖》《高山流水》《梁祝》《梦中的婚礼》《星空》《瑶族舞曲》《幽默曲》《致爱丽丝》《紫竹调》《百鸟朝凤》《拉拉主题曲》《水边的阿狄丽娜》等乐曲也能丰富幼儿的情感。

（3）随机感染的音乐资源

音乐能激发幼儿创造性活动，由于每个幼儿对音乐的理解不同，对音乐的感受不同，因此在旋律的伴奏下，他们的想象各异，如果教师弹一段乐曲，或播放一首歌曲，他们会用不同的方式表现自己，特别是有舞蹈基础的幼儿会用优美而舒展的舞姿来表现。音乐可以开发幼儿的智力，启迪他们的心灵，丰富他们的生活，在音乐的海洋、想象的空间自由地翱翔。

音乐可以让所有的幼儿主动参与活动，陶冶情操，提高素质。音乐能使人产生美感，受到美的教育，也就是爱的教育，在培养幼儿的高尚情感及审美趣味方面具有不可替代的作用。它使人感到生活的乐趣，更加热爱生活。例如，歌曲《国旗国旗真美丽》能激发幼儿热爱祖国、热爱国旗的感情；《小海军》《哈达献给解放军》能激发幼儿热爱解放军的感情；《值日生歌》能培养幼儿热爱劳动的情感；《爱护小树苗》能培养幼儿爱护公共财物的思想感情等。

要在幼儿成长发展过程中通过不同内容、不同领域之间的渗透，达到"促进幼儿情感、态度、能力、知识、技能等方面"全面和谐发展的总目标。例如，以体验为基础，在运动中渗透音乐，让他们感知声音的强烈变化，如选择用 2/4 拍节奏的音乐做向上甩的动作，用 4/4 拍节奏做急跑步的动作。又如，以发展语言为纽带，在语言活动中渗透音乐活动。音乐学习对于幼儿是感知在先，在感知中发展他们的音乐直觉。再如，有些刚入园的幼儿不适合做安静的活动，因为在安静的环境中他们很容易想起家人，从而勾起伤心的情绪；而富于生活情趣的歌曲会令他们很感兴趣，大肌肉的大幅度动作能够让他们身心处于放松、愉悦的状态，从而减少对父母的想念。

一段好的音乐能够给人以美的熏陶，让人身心愉悦，能够积极地投入到工作学习中去。特别是对于幼儿，他们对于音乐都是比较敏感的，怎样利用音乐帮助他们进入良好的学习生活环境中去，这需要教师和家长积极探索，寻求最恰当的音乐加以辅助，从而使幼儿以最佳的状态投入活动。

（三）熏陶影响类音乐活动的途径和方法

音乐渗透于幼儿的一日生活，对幼儿的发展起着积极的作用。教师与家长借音乐动情的特征对幼儿实施教育，他们喜闻且乐于接受。音乐不仅能给幼儿得到身心的愉悦，而且能使幼儿产生想象，让他们在自然、愉快、轻松的气氛中接受一些要求和自觉去完成一些任务。幼儿熏陶影响类音乐活动要避免价值导向扭曲的功利化、音乐资源匮乏的成人化、缺失审美价值的通俗化。

1. 早教机构、幼儿园的熏陶影响类音乐活动的途径与方法

《幼儿园教师专业标准（试行）》（简称《标准》）强调幼儿园教师必须具备教育教学实践能力，特别强调幼儿园教师要具有观察了解幼儿、掌握不同年龄幼儿身心发展特点和个体差异的能力，做好一日生活的组织与保育、游戏的支持与引导、教育活动的计划与实施等。在音乐教育领域，教师需要转变思路，加强专业修养，从单一的学科教育理念转变为与幼儿一日生活相适应的"大"音乐教育理念，才能更好地促进幼儿音乐审美能力和其他能力的全面发展。幼儿的一日生活是一个有机整体，在一日生活中进行幼儿音乐教育，能够加强幼儿音乐学习的感性基础和增加幼儿接触音乐的体验机会。这样不仅能够培养幼儿的音乐思维和审美能力，而且能够帮助幼儿在快乐与美感中养成良好的行为习惯。

（1）入园和离园时的音乐熏陶影响

2~3岁的幼儿一下子从家庭步入早教机构这个完全陌生的环境，往往会产生不安和焦虑的情绪。这时，早教机构里响起一曲活泼欢快、亲切动听、有趣的音乐，让他们一进入活动室就有一个好心情，这样能帮助他们稳定、调剂情绪，激发愉快的情绪，如播放幼儿熟悉的歌表演《哈巴狗》《吹泡泡》等，他们会情不自禁唱起歌谣转移注意力，忘却对父母的依恋感，使他们愿意与老师亲近，与老师建立情感，并将依恋对象转移到老师身上。离园时，教师播放优美的儿童歌曲或音乐有助于缓解他们等待家长的焦虑和急躁。

入园和离园是建立良好家园关系的主要时间。入园时，要选用活泼、优美的音乐，减轻幼儿早起入园的紧张感和暂时离开家长的焦虑感，对即将开始的一日生活充满期待。如《幸福拍手歌》是一首外国儿童歌曲，4/4拍，旋律活泼、风趣而富有朝气。前三句是逐音升高的模拟递进式结构，结尾新颖、简单。大家围坐成一圈，教师将歌词的适当部分替换成已经来园的幼儿的名字，然后带领他们按照歌词做拍手、踩脚、拍肩、拍腿的动作。

离园时，包括教师与幼儿说再见、他们互相说再见、教师与家长沟通他们在园情况等环节，适合选用抒情、优美的音乐，如《再见歌》《小步舞曲》等，可以使幼儿的情绪较为平稳地等待家长，有序地整理东西。

（2）晨练和户外活动时的音乐熏陶影响

一年之计在于春，一日之计在于晨。上午的户外活动，教师可以组织音乐律动活动，为幼儿提供充分活动的机会，增强他们身体的适应和抵抗能力，调动他们参与运动的积极性。这个环节适合选择动感较强、节奏感鲜明的律动音乐，并结合集体音乐教育活动的内容进行延伸和拓展。

例如，配合音乐《健身操》，教师可以引导幼儿随歌词提示做动作，唱到"转转脖子"时，顺时针或逆时针转脖子；唱到"往上往上快长高"时，做双臂伸展或跳跃动作；也可以创编新歌词做动作，如歌词可改为"我的皮球我拍拍，我的皮球我拍拍，前也拍拍后也拍拍，左也拍拍右也拍拍。"

（3）进餐和午睡时的音乐熏陶影响

教师进行音乐渗透一般用时 5 分钟以内，大部分幼儿能听到指令后迅速安静下来，但往往有个别好动的儿童比较难调整情绪安静下来静静地等待进餐，教师可以播放《勤劳人和懒惰人》的音乐，让他们自发地跟着音乐哼唱起来，体会劳动得来的食物来之不易。

幼儿园的进餐环节，除了要提供有足够营养的食物，还要营造轻松愉快的氛围。进餐前需要平稳、明朗的音乐，让幼儿心情舒畅，情绪稳定，不会引起暴饮暴食或者食欲缺乏。由于进餐时速度不宜过快，因此过于欢快的音乐也是不适合的。

午睡前是幼儿听故事和音乐的时间，他们常常在奇趣的故事情节和优美的音乐中进入梦乡。教师要做的重要工作就是保证幼儿午睡的睡眠质量，除了给他们盖好被子，观察他们的身体情况，教师应选择有一定故事情节的音乐进行播放，音乐有童话感，能够让幼儿产生美好的想象，有利于睡眠。慢速音乐和经典童话类音乐故事比较适合这段时间播放。

在起床环节，幼儿刚刚从睡梦中醒来，通常动作比较缓慢，整个状态处于半梦半醒之间。所以，为尽快让他们清醒，进行下一个环节活动，需要通过节奏感较强的、活泼欢快的起床音乐来进行辅助。进行曲音乐和动感活泼的音乐比较适合，不宜经常更换，以培养幼儿听觉上的熟悉感。

（4）过渡环节的音乐熏陶影响

过渡环节是指幼儿一日生活中各项活动之间的衔接转换，是非正式的、闲散的，自由活泼的。利用丰富的音乐教育资源，有助于不同环节的顺利过渡。

第一，运用不同节奏的音乐，提醒幼儿调整身心活动的节奏。过渡环节的设置不仅满足了日常教学活动有节奏更替的需要，而且满足了幼儿日常身心活动有节奏更替的需要。这两种情况在日常的教学中既彼此区别，又互相交织。我们在教学实践中应当适当采用不同节奏的音乐，调整时间的设置，寻找两种节奏转换的契机，在尊重幼儿身心的同时也能顺利地进行教学活动。例如，在语言活动与户外活动之间的过渡环节，可以采用活泼欢快的音乐调动幼儿的情绪，帮助他们做好动静转换的准备，也可以采用《健身操》等歌曲，利用歌词提示幼儿活动内容的转换。

第二，利用半开放的音乐活动，给幼儿自由的空间。《幼儿园教育指导纲要（试行）》强调"保证幼儿每天有适当的自主选择和自由活动时间"，处处体现"以幼儿发展为本"。幼儿园一日生活的过渡环节相对其他环节而言，是一个较松散、自由的环节，也是一些意外事件易发的环节。教师在实践中可以采用半开放的音乐活动，让幼儿能在有序过渡中体验自由。

例如，音乐律动活动"跟我做"，歌词如下。

"跟我做"

跟着我做跟着我做，跟着我做跟着我做，跟着我来轻轻拍，跟着我来轻轻拍；

跟着我做跟着我做，跟着我做跟着我做，跟着我来重重拍，跟着我来重重拍；

跟着我做跟着我做，跟着我做跟着我做，跟着我来慢慢拍，跟着我来慢慢拍；

跟着我做跟着我做，跟着我做跟着我做，跟着我来快快拍，跟着我来快快拍。

幼儿用稳定的节拍来说儿歌、做动作，动作和语言是有序的；但在"轻轻拍""重重拍""慢慢拍""快快拍"的部分，可以自由发挥，任意做动作，互相模仿。这个过渡环节能够培养幼儿对于不同音乐元素变化的感知和理解力，在活动中体验模仿的乐趣，还能够让他们自由发挥及与他人配合。

第三，营造宽松的环境，促进幼儿行为习惯的养成。心理学家皮亚杰说："教育如果要取得真正的效果，必须在课程上追随幼儿的自然发展历程而不是超越它。"音乐活动能够建立幼儿良好行为习惯的内部动力机制，将他律转变为自律，培养他们基本的规则意识和行为习惯，发展他们的交往能力和合作能力，还能够将道德要求转化为他们活动的需要，以提高教育的有效性。

在宽松的环境中，幼儿不仅能利用过渡环节进行自主的游戏和学习，而且还能释放心理能量，有利于他们的自主自律能力和健康人格的形成。

（5）区域活动时音乐的熏陶影响

音乐教育的有关内容也可以有机渗透在幼儿园形式多样的活动区中。例如，角色游戏区"小剧场"中，幼儿可以复习音乐集体活动中的教学内容，也可以进行即兴的音乐创造表演；"音乐角""表演区"中，他们可以利用乐器、唱片及道具进行自发的音乐探索活动；建筑区中，他们也可以开展适当的音乐活动。

除此之外，幼儿园还可以创设专门的音乐区角来进行音乐活动。例如，某幼儿园将音乐活动区与富有探索、挑战性的躯体运动内容联系起来，改变了音乐区原本设置过于女性化的情况；设计能吸引男性幼儿参与的音乐活动内容，如体现力量感的自制爵士鼓等。

建议把音乐区角设置在相对宽敞的公共空间，避免拥挤和影响其他区域。例如，小班的幼儿喜欢学唱歌，尤其对那些富有戏剧色彩、情绪热烈的歌曲感兴趣，会反复跟唱。他们也会试着用一两种打击乐器演奏出不同的节奏。虽然节奏并不准确合拍，但是这表明他们已开始学着控制自己的动作进行表达。所以，在音乐区角的设置上，应注意对幼儿安全及生理保健方面的考虑，活动区环境尽量宽松。

同时，教师在指导时要注意适度。过多的指导不利于幼儿活动的生成，甚至会破坏他们的游戏。同样，过少的指导也不利于他们提升经验。所以，在音乐活动区活动中，幼儿主体的作用和教师的主导作用是相辅相成的。在活动过程中，教师扮演的是"催化剂"或学习共同体的角色。

另外，教师要在充分考虑幼儿的内在需要和感受的基础上，正确评价他们的游戏活动，注重发挥评价的激励作用，支持每一个他们在活动中的创造，激发他们进一步游戏的兴趣和热情。例如，"打鼓的宝贝很棒，能一下一下地敲打，如果下次能用'棒棒糖'一样大的眼睛看着观众来表演，就更棒啦！"

（6）集体教育活动时音乐的熏陶影响

目前，音乐教育实际已经渗透在幼儿园的主题活动和语言、数学、科学、美术、健康等领域的教育活动中。教师应该善于利用音乐教育资源，将歌唱、律动、游戏、表演、即兴音乐创作等活动内容，运用在主题活动及各个领域的教育活动中，善于寻找不同领域教育活动之间的关联，探索领域整合的突破口，将知识性、趣味性、情景性和活动性有机地结合，使各种教育活动生动活泼起来，才能更好地促进幼儿的全面发展。在数学活动中，可以融入探索声音的大小、打击乐器的分类等内容；在美术活动中，可以融入听音乐画画等内容；在语言活动中，可以融入音乐剧表演、音乐故事朗诵等内容。

例如，将音乐律动"找朋友"加入礼仪活动中，让幼儿在与老师、同伴的歌曲对答中掌握基本的节奏型，如"X X""X X X"等，了解声音的强与弱。

音乐与各领域教育活动的整合要根据具体内容而定，自然合成一个整体。例如，将古诗词音乐《咏鹅》运用在语言活动中，增强教学效果。这首音乐作品采用五声调式的傣族风格曲调，辅以锣鼓配器，表现幼儿眼中鹅的可爱姿态。由于考虑到幼儿的特点，音域控制在六度以内，没有过大的跳进，因此曲调简单、清新，而且朗朗上口。在语言活动中的导入环节，可以播放《咏鹅》的音乐，教师随乐朗诵诗歌，讲述诗歌的内容。通过音乐导入，语言活动可以更加生动，更富有感染力，当教师随音乐朗诵诗歌时，幼儿能够体会到诗歌语言的韵律美。另外，教师也可以引导他们一起进行诗词朗诵会，进行诗词对答、配乐朗诵等活动。

2. 家庭中的熏陶影响类音乐活动的途径与方法

家长在家中对幼儿要经常进行音乐的熏陶影响，坚持接受音乐熏陶和影响的幼儿往往拥有以下特点：总是笑眯眯，不怕生人，提早说话，脸蛋秀丽可爱，眼神聪慧明亮，左右脑综合发展，长大以后 IQ（智商）高、EQ（情商）好、CQ（创造性）强。日本幼儿教育协会的追踪调查也表明，从婴儿起开始接受并喜欢音乐的孩子，长大了在品行上很少有劣迹，他们会变得更善良，道德上更纯洁。在家庭中，家长可通过睡眠、进餐、游戏、锻炼身体和日常生活等途径对幼儿实施音乐熏陶影响。在家庭中，家长往往可以通过生活起居、饮食用餐、亲子游戏、锻炼身体、盥洗如厕等途径，采用适宜的方法对幼儿进行音乐的熏陶与影响。

（1）家庭中起居生活时的音乐熏陶影响

婴幼儿听音乐完全是处于被动的地位，因为他们太小，不能选择音乐，选择权在成人身上。而如何选择适合的音乐，其重要性不言而喻。婴儿大部分时间都在睡眠，睡眠是他们健康发育和成长的必要条件，柔和优美的睡眠音乐恰好可以辅助睡眠习惯的养成。所以，在入睡前也可给婴儿播放睡眠音乐或由家长亲自给他们唱歌听，这不仅是一种音乐熏陶的好方法，还可以拉近亲子关系，其中的歌词更能促进他们语言能力的发展。

幼儿睡觉时，给他们听安静柔和、节奏舒缓的音乐，轻柔的摇篮曲是最佳选择，爸爸或妈妈也可以轻拍着宝宝清唱甜美的摇篮歌催他入睡。对幼儿来说，家长的歌声就是天籁之音，轻轻地拍也可以让他们感受到音乐的节奏。

当幼儿午睡时，播放安静柔和的如勃提姆斯、莫扎特等的摇篮曲、轻音乐，使他们宛如在妈妈的摇篮式的怀抱里进入梦乡。

当幼儿起床时，播放一些活泼、有力的乐曲，如《土耳其进行曲》《钢琴奏鸣曲》，使他们从睡梦中清醒，有精神地投入到游戏活动中。

（2）家庭中饮食用餐时的音乐熏陶影响

除了睡觉时间，在其他时间都可以适时地给他们提供音乐信息的刺激，来强化他们对各种音乐情绪和音乐旋律的感受和记忆。

幼儿进餐时，优美抒情、节奏平缓的曲子响起，进食就成了一件愉悦又放松的事情。例如，莫扎特的《第五小提琴协奏曲》，使幼儿有秩序地入座，安静地吃完自己的一份饭菜，改变了以往吃饭时严肃的场面。

（3）家庭中亲子游戏时的音乐熏陶影响

亲子游戏中，放一些轻快活泼、节奏跳跃的音乐，幼儿会很自然地把音乐中所表达的情绪和自己当时的心情联系在一起，如此的音乐感受又会很自然地被记忆。

游戏时，用优美的轻音乐作为提示音乐，如轻音乐《玫瑰舞曲》等；或者以音乐作为指令，不同的音乐代表不同的信号，如整理玩具、户外活动、集体活动的信号等。可以让幼儿跟随音乐的节拍有节奏地做动作，如"合拢放开"，家长可以让幼儿边听音乐边打拍子，也可以让他们听着音乐有节奏地表演相应动作：合拢放开、小手拍拍、小手放腿上、小手爬呀爬到不同的位置等，既训练幼儿的节奏感又训练他们对音乐形象的感受能力。

幼儿在家中自由玩耍时，家长可以给他们播放旋律优美、动听、和谐、高雅的音乐，如《小狗圆舞曲》《玩具进行曲》等，作为他们精美的、富有"营养"的精神食粮，以熏陶、感染他们，培养他们活泼、开朗、健康的性情和品格。幼儿听到这些音乐，会手舞足蹈地跳一跳，会开心地玩一玩。

（4）家庭中锻炼身体时的音乐熏陶影响

给婴幼儿做抚触或做被动操的时候，都应该配有合适的音乐，对于他们身体和智力发育都有益处，同时也可增进亲子互动。

大多数的幼儿都会喜欢用动作来表达他所感受到的音乐情绪，听到音乐，他们就会逐渐跟着音乐摇摆身体或手舞足蹈，然后就自然而然地培养出节奏感。

（5）家庭中盥洗如厕时的音乐熏陶影响

当幼儿上卫生间时，家长可以用某乐曲提醒他们到卫生间如厕，然后用"宝宝宝宝快来玩"的曲子来吸引他们在如厕结束后，接着完成之前的活动。

由于不断重复播放这些音乐，渐渐地幼儿熟悉了音乐营造的环境，知道这些音乐的播放意味着即将该做什么了，从而更快地适应新环境，沉浸在音乐的海洋中。

家长在给幼儿进行早教的过程中，体能、智能、心理能力三维平衡发展，是每位年轻父母必修功课。反观传统早教情境里，一些父母往往把自己的难易观强加给幼儿，认为"最容易的"教给他们尚可，千万莫"难为"了他们，结果束缚了幼儿的发展。事实上，幼儿的难易与成人截然不同，他们眼中没有难易之分，更不知"难"和"易"，好奇就接收，没兴趣就拒绝。另一方面，幼儿生性活泼、好动，什么事都想动一动，所以让他们专门抽时间来"欣赏"学习内容甚至强硬给他们讲知识理论都不可行。

教育学家蒙台梭利经过大量实验表明，幼儿运用"潜教育"记忆力惊人。幼儿在玩闹、吃饭甚至睡觉时都属于接受知识的黄金时间范畴，持续地对他们进行音乐熏陶，能全面激发他们的多元智能。婴儿一生下来，要有外界足够的听、视、触觉等感官刺激，各种功能才会渐渐发达，有这样的基本共识后，幼儿才能身心强健，快乐成长。

4~6个月大的婴儿，听力有明显的发展，对音乐能表现出明显的情绪反应。听到音乐后能手舞足蹈，并对听过的音乐有记忆。此时，可让他们接受音乐的熏陶，对其大脑的锻炼有潜移默化的帮助。这时候，虽然他们还不能理解音乐的内涵，但会用自己的听觉去感受音乐柔美的旋律，感受的同时还可以发展幼儿的听力。例如，洗澡的时候给他们播放柔和舒缓的音乐，慢慢地培养其音乐感觉力，在自然的音乐熏陶中，幼儿会感到轻松愉悦，逐渐喜欢上音乐。

幼儿从周围的生活环境中获得了较多的倾听体验和习惯，并且开始逐渐自发地注意听他们所喜欢的音乐并分辨它们，当他们感受到不同性质的乐曲时能随着音乐做出动作反应，这样的音乐被称为背景音乐。背景音乐只是贯穿于他们的一日生活中，不需要他们学会这些歌曲，只需要不断地熟悉背景音乐，感受背景音乐带来的美，在不自觉的背景音乐暗示中了解自己该做什么。

三、熏陶影响类音乐活动的设计与安排

（一）熏陶影响类音乐活动的具体安排

音乐是一门听觉艺术，对于幼儿来说，声音的强弱、节奏的快慢、音阶的高低等抽象概念是很难理解的，只有把音乐融于幼儿的生活和游戏活动中，他们才能轻松愉快的学习成长。要正确认识到音乐对幼儿的促进作用，适时适当地运用好音乐。那么如何在幼儿的一日生活中具体安排熏陶影响类音乐活动呢？

1. 胎教中的熏陶影响类音乐活动安排

爱因斯坦说过科学研究和创造发明"真正可贵的因素是直觉思维"。直觉思维的迅速"升华"让人感到了"顿悟"，瞬间的"顿悟"成就了"灵感"的闪现。他说："我从6岁开始，跟父母学习小提琴，音乐世界赋予了我直觉，对我的新发现——运动物体光学，

有极大的帮助。"直觉在不断地重复训练中被人们自然地掌握，这种直觉表现为生命的机能——在无意识中起着重大的作用。

直觉能力是一种通过视听等多种感官直接感觉到东西的能力。生活中，往往直觉可以使人一下子直接触及事物的本质。胎儿不可能靠逻辑的计算学会准确的弹奏，他们只有靠直觉从妈妈提示的节奏、姿势与强弱中感知乐曲。所以，从胎儿期就接受音乐熏陶的幼儿就容易培养出很强的直觉能力，而直觉往往使以后的工作变得容易，能顺利完成各种任务。直觉与灵感是生命的共鸣，培养这种共鸣，正是对生命进行教育。直觉是在知识经验相当丰富、逻辑推理相当成熟后的一种"精神的感觉"现象。直觉思维是人的创造性活动的"氧气"，对每一个幼儿都很重要，所以准妈妈们应该从胎儿时期就培养宝宝的直觉。音乐胎教是对胎儿智力开发具有特殊功能的一种方法，可从以下三方面进行。

（1）选择孕妇喜爱的音乐，以动听悦耳的轻音乐为主

第一，优美的音乐能使孕妇分泌更多的乙酰胆碱等物质，改善子宫的血流量，从而促进胎儿的生长发育，而且还能使胎儿在子宫内安稳

第二，音乐的节律性振动对胎儿的脑发育也是一种良好的刺激，这将促使胎儿大脑发育。

（2）父母唱歌给胎儿听

父母的歌声对胎儿是一种良好的刺激，能促使胎儿大脑健康发育，也是父母与胎儿建立最初感情的最佳通道

（3）胎教传声器

胎教传声器要求无磁，音乐频率在 500~1500 赫兹之间。选择噪声小、配器简单的音乐，白天听轻松欢快的乐曲，使胎儿处于兴奋状态，晚上听柔美舒缓的音乐，使胎儿进入睡眠状态。

2. 家庭中的熏陶影响类音乐活动安排

家庭对幼儿的影响也起着举足轻重的作用。除了在早教机构和幼儿园之外，家长需要明白家庭环境对幼儿音乐智能的发展具有潜移默化的影响。许多家长认为自己没有受过正规的音乐教育，自身嗓子不好，五音不全，又没有音乐细胞，对在家庭中创设音乐环境感到无能为力。其实不然，创设音乐环境并不是要求家长教幼儿唱歌、打节拍、演奏乐器，而是要让幼儿生活在一个充满音乐、充满歌声的环境中，不断接受音乐的刺激，这样他们对音乐的兴趣及所表现出来的音乐才能非同一般，家庭环境对幼儿音乐兴趣的培养具有潜移默化的影响。怎样使幼儿在家庭接受音乐的熏陶影响呢？

（1）购置音乐的播放设备与资源

家长要为幼儿的熏陶影响类音乐活动创造良好的条件，给他们配备一些音质较好的音响设备，准备一些内容健康、音乐形象优美的音乐资源。在学前期经常培养他们聆听音乐的习惯和聆听音乐的能力，使幼儿生活在充满音乐的生活环境中。

（2）适当培养一些基本的音乐能力

家长要重视通过音乐的熏陶，培养幼儿一些音乐的才华和音乐的能力，如音乐感受力、音乐理解力、音乐表现力、音乐审美力及音乐创造力等。实践证明，如果幼儿经常听些好的音乐，那么他们的旋律感、节奏感和音乐的表现能力将会不断提高。音乐才华不是一种特殊的天赋，它与幼儿的一般智力水平、文化教养有着密切的关系。音乐才华虽有遗传因素的影响，但主要在后天教育中、在幼儿实践活动中得到发展和提高。当然，家长在培养幼儿各项音乐能力、发展其音乐性时，应注意适合幼儿的年龄特点。

（3）将音乐熏陶影响渗透到游戏活动中

家长应为幼儿提供在音乐的伴随下玩乐的机会，让幼儿能健康全面地发展；在愉悦欢乐的环境中形成家长和幼儿之间的感情联系；在神经发展和网络链接最容易接受的阶段，家长充分提供给幼儿聆听与感官的刺激；家长运用适当的音乐和运动活动来激励幼儿的参与和运动反应，开发听觉认识、音乐感和节奏感；家长要想方设法唤醒幼儿对于音乐天生的好奇心和反应；家长为幼儿在关爱、支持和鼓励之下与家人互动的先天需求提供养分，让音乐与运动成为全家人参与整体的一部分。鼓励幼儿在家听音乐及创造音乐的乐趣，为全家人真正热爱音乐和欣赏音乐奠定基础。

3. 早教机构、幼儿园中的熏陶影响类音乐活动安排

音乐作为潜移默化地引导、影响、提升幼儿综合素质修养的教育方式，是幼儿成长发展必不可少的组成部分，它可以提高幼儿的活动积极性，也可以提高他们的组织性意识，并且音乐是培养和激发他们情操和艺术潜能的重要形式。将音乐教育渗透到幼儿的一日生活中，不仅让幼儿在轻松愉悦的环境中学习生活常识和常规，也可以在潜移默化中培养他们的艺术美感，所以有效地将音乐教育渗透到幼儿的一日生活中，是非常必要的。

（1）运用明快的音乐节奏，规范学前儿童的一日生活

幼儿在听到歌曲之后身体都会自然而然地随着音乐的节奏进行摇摆，他们在听歌时也会手舞足蹈。因此，早教机构或幼儿园的教师要在幼儿各项日常活动中选择那些风格明快、多种多样的音乐节奏，恰当、合理地挑选一些国内外经典的儿童歌谣、儿童乐曲配合自己的教学活动。例如，在进行集体教育活动和游戏活动之前，教师可以播放一些节拍平稳且节奏较快的音乐，这样既可以使幼儿体会到内心的紧张情绪，也不至于显得太慌乱，可以更好地让他们从游戏的状态过渡到学习的状态。将音乐渗透到幼儿的一日生活中对于培养他们的规范意识、维护各个班级的日常规范和纪律、保持早教机构、幼儿园班级内部有条不紊的秩序具有非常重要的作用。

（2）选择合适的音乐风格，让学前儿童的生活充满情趣

入园时可以播放那些轻快悦耳的音乐，伴随着早晨美妙的音乐，幼儿不喜欢入园的内心浮躁很快会得到相应的调整，有利于教师开展一日游戏和活动；当幼儿吃午餐的时候，教师可以播放一些旋律优美的慢节奏音乐，为幼儿营造出一个温馨的进餐氛围；当幼儿准

备午睡时可以放一些温馨、安静的摇篮曲或者是节奏舒缓的钢琴曲来放松他们的身心，让他们尽快入眠；在幼儿一日生活的过渡环节之中，教师可以选用恰当的音乐去调节各个环节之间的过渡情绪。

（3）选择优美的旋律，让幼儿的生活充满艺术的氛围

音乐以其自身富有感染力的方式，不只可以给成人带来愉悦的心理感受，与此同时也是幼儿最喜欢的游戏和娱乐活动之一，是幼儿园艺术活动中的重要组成部分。在学前时期，行为是幼儿表现自我的思想和情感最为直接的方式，在这种非语言的表达方式中，他们可以肆意地去进行想象和创造，以此去表达他们内心的快乐；因此，教师在对他们进行幼儿园的一日生活习惯的养成时，应该把他们自身的感觉、知觉和听觉等这些感官刺激与幼儿的日常生活教育紧密地联系在一起，从而为幼儿创造一个愉快、放松的学习和生活环境，进而使他们一日生活教育充满艺术氛围。

将音乐灵活地在一日生活、过渡环节中进行恰当地选择与运用，为幼儿创设一个自然流畅的"音乐环境"，一定要每天坚持，从外在的形式化、风格化真正内化为增强幼儿内在的音乐素养，这才是音乐熏陶和影响的最终目的。

（二）熏陶影响类音乐活动的指导要点

熏陶影响类音乐活动是养成教育的一种，养成教育是指在学习、生活、劳动等教育中良好的习惯的形成和定型。从小注重培养幼儿接受音乐熏陶和影响的良好习惯，能更好地为幼儿打下良好的音乐素质基础，是他们成为 21 世纪的现代文明人、有教养的人的一个不可缺少的部分。

幼儿生活常规的建立，生活习惯、卫生习惯、行为习惯……方面的培养，成了一个重要的任务。幼儿一日生活各环节中常规的养成是个薄弱环节，每个环节该做什么，怎样做，不够明确。教师在组织这些环节时往往比较呆板，多采用语言提示、演示、儿歌等形式，幼儿的表现往往比较消极，实效性差。为改善这一薄弱环节，充分发挥幼儿对音乐的浓厚兴趣，持之以恒地大量开展熏陶影响类音乐活动，并尝试将生活环节指令音乐化，帮助幼儿养成良好的常规。在活动开展过程中，要注意以下指导要点。

1. 将幼儿学习生活中的指令音乐化，促进良好音乐习惯的养成

成人简单的言语指令难以促进幼儿的积极性，反而有可能使他们产生厌烦情绪，效果不明显，而选择用音乐替代指令，以幼儿身边的事物为导向，将音乐融入学前儿童的一日生活中，陶冶幼儿的性情，激发幼儿的美感，挖掘幼儿的艺术潜能，使他们时时感受音乐，天天快乐生活。

一张好的作息时间表可以使幼儿知道该做什么，不该做什么，什么时候做；一个好的常规可保证一日生活的有序进行。例如，将幼儿在幼儿园中的一日生活设立为入园、收放玩具、盥洗、进餐、午睡、离园等六大块音乐指令，选择特定音乐对他们进行培养。幼儿

听到各种音乐，会做出相应的反应。当他们听到活泼、欢快的《幸福拍手歌》《加油干》时，就自觉地按节奏收放玩具；当听到"钟声"时，就会提醒他们盥洗、喝水；当听到轻松、舒畅的《杜鹃圆舞曲》时，他们就有序就座，愉快进餐；当听到悠扬的《牧歌》时，幼儿就会走路轻、说话轻、动作轻等，在音乐的伴随下，将活动环节的这些常规要求内化为幼儿的自觉行为，使一日生活中的生活环节、情绪也在音乐的感染下做出相应的反应。

将幼儿学习生活中的指令音乐化，不仅可以增加幼儿对音乐的兴趣，而且会增加对活动本身的兴趣，有利于调动幼儿的积极性、主动性，使幼儿在自然状态下学会自己指导自己的行为，有序做事。不用正面的说教和直接的说明，同时顺利自然地由一个环节向另一个环节过渡，提高了一日生活的整体性。

2. 要选择与生活指令本身特点相吻合的熏陶影响类音乐

要开展好熏陶影响类音乐活动，音乐的选择十分关键，它分为显性和隐性两种音乐指令。

第一，显性音乐指令：这种音乐像语言指令一样，传达命令的信息，告诉幼儿下面该做的事是什么，如收、放玩具指令，盥洗指令等。

第二，隐性音乐指令：如进餐、午睡指令更多的靠音乐氛围的渲染提醒幼儿该怎样做了。

选材时应根据指令本身的需要、幼儿年龄特点和音乐本身的特点来进行，使幼儿听后能产生镇静、兴奋、调整情绪等反应，如晨间收玩具的音乐应选择前奏由弱到强或中强，旋律节奏稳定、欢快的乐曲或歌曲，是幼儿较熟悉的，这样可给他们一种准备信号，像打招呼一样，如《幸福拍手歌》《我的朋友在哪里》、英文歌曲《兔子舞》等；也可选劳动号子的歌曲，如《加油干》《小蜜蜂》等，他们可以边收拾玩具边哼唱。

选择进餐音乐时应轻快、舒缓，既不太活泼，又不能像《摇篮曲》那样绵长。可选一些符合幼儿欣赏的或旋律好听的，力度可稍弱的，这样可以避免他们吃饭时跟着哼唱或做动作，如《杜鹃圆舞曲》。

午睡音乐的选择一定要幽静如水，缓慢，节奏松弛，选择能引发幼儿联想的音乐，帮助他们摆脱繁杂的思绪，加快睡眠，如《牧歌》、圣桑的《天鹅》等。

选择与生活指令本身特点相吻合的熏陶影响类音乐是帮助幼儿形成良好常规习惯的基础，是将音乐渗透到他们一日生活的根本保障。

3. 持之以恒地进行音乐熏陶影响以培养动力定型，建立音乐常规

从心理学角度说，幼儿对多次重复的事物容易感知和记忆，根据这一特点可帮助他们建立生活中音乐指令的动力定型，幼儿一听某一音乐，行为上、情绪上会做出相应的反应，这种培养非一日之功，不是一蹴而就的。

（1）熟悉音乐，产生情感共鸣

教师应从幼儿的兴趣出发，帮助他们了解音乐的内涵，熟悉旋律、风格、节奏、音高等方面的变化，通过他们参与来产生强烈的音乐情感。同时，学前期高级神经系统的稳定联系尚未巩固，对外界的干扰最易于感知，并产生相应的情绪体验，他们的音乐情感速度是迅速的，产生得快，消失得也快。针对这一点，不宜频繁更换曲目，不然不利于动力定型的建立。

（2）与幼儿共同设立音乐指令

音乐选好后，熟悉了，可与幼儿一起讨论，引导他们自己来设指令。例如，《天鹅》这音乐曲，可问："小朋友们觉得这音乐曲用来做什么事情比较合适？"幼儿相互协商后，教师会提出要求："听到这音乐曲后，你的动作应该怎样？声音应该怎样？"同时使他们明确指令的要求，劲头会更足，兴趣会更浓，要求也会更明确。

（3）要建立这一常规必须形成指令整体性、一贯性

在班上每位教师都明确指令的含义及何时播放，并做到持之以恒，不管谁当班都能按时执行。我们的行动准则是"时间是我们的指令，音乐是孩子的指令"。每天每一环节定时运用，保证音乐指令的整体性、一贯性，配合的整体性、一贯性。

（4）借助适宜的音乐环境帮助幼儿认识世界

家长可以选择适宜不同活动的不同音乐以帮助幼儿认识世界，包括碰触眼睛和耳朵、手与脚的歌曲，帮助幼儿认识自己的身体并建立身体意识；扭动的歌曲，帮助幼儿以音乐为快乐源泉；运动的歌曲，让幼儿感觉音乐的流动、拍子、乐句和细微差别；表达同乐喜悦的互动，如弹跳、摇摆和跳舞歌曲，刺激协助幼儿整合动作，进而促进认知学习；对比以不同节拍与调性的歌曲，还有表达不同情绪与感受的歌曲来让幼儿认识广阔的声音世界；有助于幼儿冷静的舒缓音乐；能唤起感官运动反应和各种动作的活泼音乐。

（5）要选择富有丰富游戏性质的音乐熏陶影响幼儿

游戏即幼儿的工作，音乐下的游戏可以使用节奏和旋律的自然手段来和幼儿互动，使幼儿在充满音乐的环境中生活并感知音乐的魅力。

（三）熏陶影响类音乐活动的注意事项

1.0~3岁幼儿熏陶影响类音乐活动开展时应注意的问题

对0~3岁幼儿进行熏陶影响"音乐浴"时，一定不可用爵士乐、流行的摇滚乐，而应该选用欧美名曲及古典音乐，并且整个音量应小于成人适宜的音量，还要注意以下几个方面的问题。

（1）尽量选择节奏慢些的音乐作品

为0~3岁幼儿选择的音乐作品，速度以中等或稍慢为宜，乐曲内部情绪变化起伏不要太大。

（2）尽量选择乐曲短一些的音乐作品

每次给 0~3 岁幼儿听音乐的时间，一般不超过 15 分钟为宜，休息几分钟再听。

（3）尽量选择音量弱一些的音乐作品

播放的音量要适中或稍弱，较强的音量，长时间地听，会使幼儿的听觉疲劳，甚至损伤听觉能力。

（4）要反复让 0~3 岁幼儿听音乐

在一两个月内，反复听两三音乐曲，使幼儿有个识记过程，以便加深印象。

（5）听音乐时成人不要打扰

教师与家长可以在听音乐前对幼儿说一些引导语，但在听音乐的过程中不应说话打扰孩子。

2.3~6 岁幼儿熏陶影响类音乐活动开展时应注意的问题

音乐的熏陶影响不仅可以陶冶情操，更能提高幼儿的素养和审美能力，这将会使他们受用一生。只要端正培养幼儿音乐素养的目的，他们是能在自己喜欢的音乐世界里找到乐趣的。音乐的熏陶影响能造就独特气质，并不是非要把他们培养成音乐家，靠音乐谋生；而是为了让他们能很好地接受音乐的熏陶，成为一个多才多艺、全面发展的新世纪接班人。音乐可以放松心情、陶冶情操、提升品位；能丰富想象力、提高表现力。

心理学家指出，定期对幼儿进行音乐训练，能使他们更聪明。成人可以给予其科学、正确的音乐启蒙，让他们在唱唱玩玩的过程中，培养出对音乐的兴趣。有目的、有意识地训练，既考虑幼儿的兴趣和语言特点，又坚持由易到难的方法进行。在开展熏陶影响类音乐活动时应注意以下几方面。

第一，乐曲的选择应符合幼儿哼唱的特点，节奏要简单，篇幅要短小，歌词以象声词为最好，易引起他们模仿哼唱的兴趣。

第二，音乐熏陶影响的时间不宜过长、音量不宜过大，以免分散注意力。

第三，家庭式的音乐熏陶，如遇到有音乐会或电视歌曲比赛、儿童卡拉 OK 等节目，可以与幼儿一起欣赏，同时进行启发、引导模仿。

第四，当幼儿被熏陶影响情不自禁地在模仿哼唱时，不要打断，应鼓励继续进行，并不断地启发和帮助。

总之，幼儿的成长离不开音乐，他们的发展需要音乐，反过来，音乐可以促进他们的成长和发展，同时音乐又是促进幼儿智力发展的重要途径。所以说我们可以充分利用音乐教育这一手段来促进幼儿智力的发展；同时，对他们音乐智力的开发和培养，其目标在于以音乐为手段，培养其心灵的美感，对音乐的兴趣，欣赏能力，陶冶其美感，激发智力和创造性，以发挥音乐活动在身心两方面发展的特殊功能，这才是音乐的根本作用。因此，感知音乐，学习音乐，欣赏音乐都应该渗透在幼儿的一日生活中。

思考题

1. 音乐主题活动有哪些特征？

2. 简述幼儿熏陶影响类音乐活动的范围。

3. 开展熏陶影响类音乐活动时应注意什么？

第八章 幼儿音乐听赏活动教学

本章导读

幼儿园音乐听赏教学活动是幼儿在反复倾听音乐作品时获得的美好情感体验。幼儿音乐听赏为幼儿开启了音乐的大门，它不但可以让幼儿接触大量中外优秀音乐作品，更能够培养幼儿良好的倾听习惯。要想让幼儿喜欢听赏音乐，教师所设计的音乐听赏活动必须要行之有效，具体而言：首先，要建立在幼儿音乐听赏的兴趣和愿望基础上；其次，幼儿必须具备感知音乐音响并从中获得美好情感体验的能力。在幼儿园开展音乐听赏活动，不但能使幼儿接触一定量的中外优秀的音乐作品，拓宽音乐文化视野，同时也能培养幼儿对音乐的喜爱，初步培养感知、理解、欣赏音乐作品的能力。

学习目标

1. 了解幼儿音乐听赏能力培养的典型方式方法。
2. 了解听赏教学活动实施的一般思路，尝试并体验音乐听赏活动实施的过程。

第一节 幼儿音乐听赏能力的培养

一、幼儿音乐听赏能力的发展特点

各年龄段的幼儿由于其年龄的不同生理、心理的差异等，对同一音乐形象的感受往往有所不同，因此音乐欣赏的能力各有特点。

（一）3~4岁幼儿音乐听赏能力的发展

1. 关注音乐的兴趣

3岁幼儿已经从周围生活环境中获得了较多的倾听体验和习惯，借助于音乐进行自我表现的欲望和能力大大增强。音乐对幼儿来说已成为一种表达和交流情绪与感受的重要方式，因为幼儿已经能够较为完整地唱好一首简单的歌曲，甚至可以即兴哼唱一些他自己编的旋律和短句。

2. 听辨音乐的能力

这时的幼儿能够理解简单的、形象鲜明生动的标题乐曲，区别音乐作品的性质，对不同音乐情绪的乐曲有了初步的感受，听到优美宁静的摇篮曲会自然地晃动身体，而听到坚定有力的进行曲时则会不由自主地踏步、跺脚。

能辨认音乐中速度的变化，他们的动作能随着音乐速度的变化而变化，能听出音乐是表示走路还是跑步。但对感知音乐中力度的变化还是有一定的困难。幼儿常常不能区分哪首乐曲音调高哪首乐曲音调低，更不能辨别由于音区不同和演奏不同而造成音色上的差别。

3. 理解、表现音乐能力

3 岁幼儿已经基本上能合拍地做动作，在教师的指导下能模仿多种简单的律动动作，还能学习一些简单的音乐游戏及舞蹈。他们在随音乐做动作时，能够注意到音乐的性质及速度的变化，并且会逐渐地根据音乐的变化而用相应的动作变化去表达自己对音乐的感受。

（二）4~6 岁幼儿音乐听赏能力的发展

1. 听辨音乐的能力

4~5 岁幼儿听辨音的能力有所提高已经能欣赏内容较为广泛、性质风格多样的音乐作品如舞曲、进行曲、摇篮曲等分辨音乐性质、体裁、风格的能力也大大发展了。对一些内容熟悉的、形象性强的如表现熊走、兔跳、鸟飞等动物活动的乐曲能很快地识别他们可以借助图片或动作选择做出正确的回答。幼儿能区别音乐中明显的速度变化和表情作用在欣赏有鲜明对比的音乐时能够指出音乐力度的变化。但是常常容易把强音和高音、弱音和低音机械地联系起来因而很难理解和区分弱的高音和强的低音。通过系统的、正确的欣赏指导和一些有趣地欣赏活动还能感知一些简单的曲式。

5~6 岁幼儿音乐欣赏水平、感受能力有了更大的进步对力度、速度的感知更细腻表现力更丰富了。幼儿听辨能力更强能够感知音乐作品中的细节部分而且能感受、辨别较为复杂的器乐曲结构、音色及情绪风格上的细微差别对唱片或录音中的男声、女声、童声都能有所区别还能区分一些熟悉的乐器音色或伴奏乐器。

2. 理解、表现音乐的能力

4~5 岁幼儿对音乐的感受能力显著增强逐渐能从音乐中获得更多的享受。幼儿倾听一些不同性质的歌曲、乐曲从中领略不同的情绪风格。幼儿的动作能力有所发展动作更加轻松、灵活随着音乐做动作的经验也更加丰富了。他们不仅对动作本身感兴趣而且对用动作来表现音乐更加感兴趣。

5~6 岁幼儿可直接用语言来表达他们对音乐的情绪体验和感受，他们已经懂得音乐作品是表达一定的思想内容的，不仅能正确地辨认熟悉的音乐作品的情绪和性质，而且能感知作品中的各个细节部分，对于音乐形象鲜明的同类作品的归类已不再感到困难。幼儿的动作已经完全能和音乐一致，手和脚的动作能够自然地跟上音乐的节奏、节拍，随着拍子的快慢或渐快、渐慢而随之改变动作的速度，并能在动作中体现出二拍子和三拍子音乐的节拍重音，并对随乐肢体动作表现出前所未有的热情和兴趣。

二、幼儿音乐听赏能力培养的途径

幼儿的音乐听赏能力是需要教师在长期科学且正确地引导下逐步形成的，幼儿音乐听赏能力的强弱，很大程度上依赖于幼儿对音乐作品的兴趣，兴趣越浓欣赏能力越强，反之则越弱。因此，要想培养幼儿的音乐听赏能力，提高幼儿对音乐作品的兴趣将是关键。

（一）注重音乐听赏材料的趣味性

实践证明，幼儿往往对易于理解的歌曲作品喜爱有加，这样的作品往往贴近幼儿的生活，歌词语言精练，音乐旋律优美，朗朗上口，如歌曲《哆来咪》《搬掉大石头》等。

也有些歌曲作品歌词具有很强的故事性，听赏的过程中，幼儿很容易结合故事情节展开联想，有很强的画面感，如《司马光砸缸》《小熊过桥》等。

除了上述带歌词的歌曲作品外，许多不带歌词的器乐作品也深受幼儿的喜爱。这些作品拥有的共性特点就是旋律优美、节奏明朗、作品内容形象生动、个性鲜明等，如《拉德斯基进行曲》《喜洋洋》等。

由上述可见，音乐听赏材料的趣味性是幼儿音乐听赏能力培养中的重要因素之一，因此，注重对音乐材料的甄别与选择对培养幼儿听赏能力至关重要。

（二）开启幼儿音乐听赏中更多的感知觉通道

培养幼儿音乐欣赏能力，听，当然是关键，但仅仅限于听觉的开发是远远不够的，因为这个过程需要幼儿更多感知觉的参与，如视觉、动觉、触觉等。一般来说，在音乐欣赏过程中，幼儿开放的感知觉越多，欣赏的效果就越好，对音乐听赏能力的培养就越有效。因此，教师在引导幼儿音乐听赏的活动中，不仅要让幼儿倾听，也可以让幼儿看，看音乐作品的演奏或演唱视频或同作品相关的视频、图片，还可以让幼儿参与表演音乐，更可以让幼儿互相交流、模仿对音乐的感知与体验等。总之，在幼儿音乐听赏过程中，善于引导并开启幼儿多种感知觉通道对幼儿音乐听赏能力的提高意义重大。

（三）培养幼儿关注和倾听自然环境中的音响

我们生存的环境，充满了多种音响，鸟鸣、蛙叫、雨滴、风声、汽车喇叭声等，这些声音都是音乐家创作的灵感与素材，由此应运而生的音乐作品也比比皆是，如《雨滴》《野蜂飞舞》《夜莺》《雪花和雨滴》等。如果教师能够正确引导幼儿注意倾听自己身边的声音，如下雨时雨点敲打玻璃窗时的"嗒嗒"声、马路上不同的汽车喇叭声、厨房里切菜炒菜声、走路时的脚步声等，并从探索分辨这些声音中感受其中的节奏、规律、强弱、高低和美，从而引起幼儿浓厚的听觉探究兴趣，势必会为幼儿音乐听赏能力的养成打下良好的基础。

总之，幼儿音乐听赏能力的培养是一个极为漫长且充满挑战的过程，教师要善于拓展方法，开辟多种途径，遵循循序渐进的原则，势必会起到"滴水穿石""润物无声"的教育功效，以促进幼儿音乐听赏能力的早日形成。

三、幼儿音乐听赏活动的目标

（一）幼儿音乐听赏活动的总体目标

1. 认知目标

幼儿音乐听赏活动的认知目标包括能够形成一些初步的音乐舞蹈概念掌握一些简单的音乐舞蹈知识并知道如何运用各种概念、知识进行感知、理解和表现；初步了解应该如何从音乐、舞蹈活动中获取各种艺术和非艺术的经验。

2. 情感目标

幼儿音乐听赏活动的情感目标包括能够体验并努力追求倾听音乐、观赏舞蹈作品的快乐；对各种不同的音乐、舞蹈的形式、内容有比较广泛的爱好；喜欢与他人分享倾听、观赏及谈论音乐舞蹈表演的快乐。

3. 操作技能目标

幼儿音乐听赏活动的技能目标包括初步积累一定的音乐、舞蹈语汇；能够在欣赏音乐、舞蹈表演的过程中深化自己的感知和理解；初步学习运用语言文学、美术造型、动作表演等各种不同的艺术表现手段来表达自己对音乐、舞蹈作品的理解认识、想象联想和情感体验；初步养成集中注意力、有情感参与的安静倾听、观赏的习惯。

（二）幼儿音乐听赏活动年龄阶段目标

幼儿音乐听赏活动中各年龄段幼儿的发展目标如下。

1. 小班

第一，在保持一定兴趣和注意力的情况下能安静地倾听音乐。

第二，能初步感受结构短小的歌曲或有标题的器乐曲所表现的简单而鲜明的音乐形象和情感并能利用表情、动作或语言等表达自己的想法。

第三，喜欢倾听周围生活中的声音并喜欢用动作和声音来模仿。能分辨出平常接触的乐器所弹奏出的不同音色如响板、串铃、钢琴等。

第四，初步理解音乐故事中的简单情节和音乐形象并能配上相应的动作。

第五，喜欢参加集体的音乐听赏活动并积极尝试和体验音乐欣赏过程的快乐。

2. 中班

第一，能够安静地、注意力集中地倾听音乐。

第二，能感受对比鲜明、结构简单的乐曲音乐形象、内容和情感辨别出乐曲的段落、乐句、旋律走向等元素并说出自己的音乐感受。

第三，初步了解进行曲、摇篮曲、各种舞曲的不同性质和风格的音乐。

第四，能够对周围生活中的各种声音进行辨别并用自己喜欢的方式模仿表达。能听辨更多常见乐器的音色知道一些常用乐器的名称（小提琴、手风琴、鼓、沙球等）。

第五，能听形象鲜明的音乐故事并随音乐表演故事也能把听到的音乐讲成故事。初步学习运用不同的艺术表演形式（文学、美术、舞蹈）来表达对音乐的感受和理解。

3. 大班

第一，养成安静地、注意力集中地倾听音乐的习惯不受他人和周围事物的干扰影响。

第二，能准确地感受性质鲜明、结构适中的乐曲的音乐形象、内容和情感有一定经典名曲的积累。

第三，能够听辨出进行曲、摇篮曲和各种舞曲的性质与风格能更加广泛地欣赏不同体裁、不同地域文化的音乐。

第四，把音乐听赏活动作为快乐的享受和生活的需求。

第二节　幼儿听赏音乐材料的选择

一、幼儿音乐听赏活动的内容

对音响的感知是幼儿欣赏音乐所必需的准备阶段。因此培养幼儿的音乐听赏能力，帮助幼儿更好地感受和理解音乐，应该从培养幼儿倾听声音、对声音的敏感性开始。幼儿在进行音乐欣赏时需要细心地聆听，也就是要倾听音乐。与一般的"听"有所不同，倾听是一种有意识的、集中注意力的"留神听"，不仅需要有注意力的参与，有时还需要有感情的参与，以达到理解、欣赏音乐的全过程。倾听既是一种技术，也是一种能力，需要有意识地去培养它。幼儿在音乐听赏活动中如果不注意倾听，则会使音乐流失、时间浪费，而幼儿在欣赏能力提高上自身无所收益。为了培养幼儿的倾听能力，需要在幼儿日常活动计划之中突出各种培养途径与培养方法。一种行之有效的方法是借助游戏的形式利用各种场合、时间与幼儿共同发现、探讨周围环境中发出的各种音响。如歌曲中的男声、女声、童声，下雨和下雪天气中滴滴答答的雨声和沙沙的雪声，火车经过时的轰隆隆声等，以此去培养幼儿的倾听能力。

（一）积累声音素材和经验

有了倾听具体声音的经验，在以后倾听运用艺术手法来表现比较抽象的音乐作品时就能较快地领悟。而通过从小培养倾听能力，幼儿对周围生活中的各种声音有敏锐的感觉和细微的辨别能力，为他们以后欣赏音乐作品打下了良好的基础。

1. 倾听人体发出的声音

让幼儿倾听、模仿教师发出的各种人体的声音如拍手声、拍腿声、跺脚声、轻快的跳动声与各种嗓音。再比如幼儿围成一个圈，教师对第一个小朋友说一句悄悄话，请他们一个挨一个轻轻地把这句悄悄话传下去，最后一个小朋友把听到的悄悄话大声说出来，看看悄悄话在传递过程中是不是走样了。

2. 倾听日常用具的声音

击打或摇动声音特质不同的物品（如小木棒和钥匙串），让幼儿仔细倾听辨别它们所发出的不同声音。比如幼儿根据教师发出的声音找出相应的图片。教师连续发出几种不同的声音看谁找得又快又准。

3. 倾听周围环境中的声音

在我们周围的环境中，无论是自然界还是社会生活都充满了各种音响，如：马叫、蛙鸣、暴风的呼啸、雨水的低吟、汽车的嘀嘀声、火车和飞机的隆隆声等。日常生活中随时可引导幼儿进行倾听的场景有：

第一，倾听活动室中的声音（教师上课、小朋友说话的声音；撕纸、翻书的声音等）。

第二，倾听庭院、活动场所中的声音（风吹树枝摇动的声音脚踏落叶的沙沙声大雨哗哗声小朋友拍球、跳绳等各种活动的声音等）。

第三，倾听厨房中的声音（切菜时的声音洗菜时的水声水滴在油锅时发出的油炸声等）。

第四，倾听卧室中的声音（说梦话、磨牙、闹钟响、打呼噜等声音）。

第五，倾听马路上的声音（车来车往的鸣笛声等）。

第六，倾听建筑工地上的声音（搅拌机的轰隆声、各种工程车发出的声音等）。

第七，倾听在公园、郊外游玩时所听到的声音（鸟叫、蛙鸣等）。

第八，倾听在家庭、社区生活中所听到的声音（街心公园跳舞时播放的音乐声、小朋友的嬉戏声、老人们聊天的说话声等）。

（二）感知音乐元素和作品

1. 感知音乐元素

从单个的音到音乐各元素均是倾听的内容范围。音乐的感知对象是音乐的音响，它可以是单一的声音，如分辨声音来源、声音高低、声音强弱、声音长短、声音色彩等；也可以是流动的音乐，如音乐的快慢、音乐的节奏、音乐的旋律、音乐的和声、音乐的调式、音乐的曲式结构、音乐的感情等。通过音乐的节拍、节奏、旋律、音色、力度、速度等不同侧面经过大脑的综合后感知、领会、想象、思考，音乐艺术的形象和内容在感情上达到理解与共鸣。

2. 欣赏音乐作品

为幼儿提供丰富多彩的音乐作品进行赏析是幼儿音乐欣赏主要的内容具体作品类型有：

第一，适合幼儿学习的幼儿歌曲和优秀的中外少年儿童歌曲或成人歌曲如《歌唱二小放牛郎》、无伴奏女声合唱《半个月亮爬上来》《让爱住我家》《数羊群》等。

第二，由歌曲改编的器乐曲，如由青海民歌《花儿与少年》改编的《小动物看表演》等。

第三，专门为儿童创作的简单器乐曲，如《龟兔赛跑》《小猫圆舞曲》等。

第四，专门为儿童创作的音乐童话剧片段，如童话剧《白雪公主》《小红帽》、普罗柯菲耶夫的《彼得与狼》等。

第五，中外著名音乐作品或其中的片段，如《梁祝》中的《化蝶》片段、《土耳其进行曲》《水族馆》《喜洋洋》《春江花月夜》等。

第六，舞蹈和哑剧，如湘西舞蹈欣赏《苗鼓》《土家族摆手舞》《茅古斯》、哑剧欣赏《巴塞罗那奥运会》等。

第七，曲艺和武术，如双簧相声欣赏、猴拳武术欣赏等。

第八，歌舞剧、木偶剧，如《孤独的牧羊人》《三只小猪》等。

第九，其他戏曲，如安徽黄梅戏《夫妻观灯》片段、湖南花鼓戏《刘海砍樵》、河南豫剧《花木兰》中的片段《谁说女子不如男》等。

第十，影视作品卓别林在《匈牙利舞曲第五号》学理发的片段、《幻想2000》中的《巫师学徒》等。

二、幼儿音乐听赏活动材料的选择

选择合适的音乐欣赏材料是进行音乐欣赏活动前的重要环节。音乐欣赏的选材主要从音乐作品和欣赏辅助材料两个方面考虑。

为幼儿音乐听赏活动选择内容材料时，必须遵循以下原则：首先，音乐作品要符合幼儿年龄特点；其次，音乐作品的大小、结构、内容、风格等要丰富多样，符合教育的要求；再次，音乐作品要符合幼儿欣赏能力及身心发展水平；最后，音乐作品的欣赏性、趣味性要强。

（一）音乐作品的选择

1. 歌曲作品

选择歌曲作为幼儿音乐欣赏的内容时，歌曲的内容、旋律、节奏、风格等必须是幼儿感兴趣且乐于欣赏接受的作品，歌曲的歌词应该健康、向上且能够为幼儿所理解。当然，听赏不同于演唱，在选曲时可略高一个或两个年龄段进行材料的选择。例如，幼儿园一般有小班（3~4岁）、中班（4~5岁）和大班（5~6岁）的划分，对于小班的幼儿来说，音乐的理解能力十分有限，所以歌曲的选择不能过难，一般以中、大班幼儿能力范围内能演唱的幼儿歌曲作为听赏材料为宜，歌曲最好是一段体或简单、短小的二段体结构，如《小熊过桥》《泥娃娃》《雪花和雨滴》等。

而对于中班、大班的幼儿来说，听辨能力已经有了很大程度上的提高，所以选择歌曲的尺度可以放宽，可适当选择二段体或三段体结构的少年儿童歌曲作为欣赏材料，如《让我们荡起双桨》《小鸟，小鸟》《小小少年》等。

2. 器乐曲

器乐曲也是幼儿园常用的音乐听赏材料，如舞曲、圆舞曲、进行曲、摇篮曲等。但往往器乐曲结构较复杂，篇幅也较长，所以，在选择器乐曲作为欣赏材料时，尽可能选择结构单纯、长短适度的作品，如圣桑的大提琴独奏曲《天鹅》、贝多芬的钢琴曲《土耳其进行曲》、普罗修斯卡的《单簧管波尔卡》等。

对于一些优秀的篇幅较长的音乐作品，如打算选择，就必须对其进行适当的改编、整理、缩减。因此，作为教师必须有甄别、节选和改编这些优秀的器乐曲的教学能力。其常用的手法主要有以下两种。

（1）压缩器乐曲结构

在选定的器乐曲作品基础上，适当删减作品中的某些部分，使乐曲结构单一，长短适宜。如贝多芬的钢琴作品《献给爱丽丝》，原作品结构是：A+B+A+C+A 的回旋曲式，如果为3~4岁的幼儿选择此音乐进行听赏，可直接取 A 段主题进行听赏；如果为4~5岁的幼儿选择此音乐，可以选择 A-B-A 以三段体结构进行听赏；如是为5~6岁的幼儿选择此音乐，可以选择 A-B-C-A 的结构。经过压缩后的乐曲，其长度就可适宜不同年龄段的幼儿，容易为各阶段的幼儿所理解和接受。

（2）节选器乐曲片段

器乐曲作品往往是由几个相对独立的片段连接而成，所以，可以选择其中具有典型音响效果的乐段作为幼儿欣赏的素材。如老约翰·施特劳斯（Johann Baptist Strauss）的音乐作品《拉德斯基进行曲》，其结构为 A~B~A，选曲时可以直接节选节奏感最强的 A 段音响作为幼儿的听赏材料，因为这样的乐曲结构和长度易于幼儿听赏。

（二）听赏音乐辅助素材选择

在音乐欣赏过程中，为了丰富和加强幼儿的听觉感受往往需要借助一定的辅助手段协同进行如视觉、语言直觉等。因此在音乐欣赏中广泛使用辅助素材目的是帮助幼儿更好地感受和理解音乐作品。音乐欣赏的辅助素材一般有动作素材、语言素材和视觉素材三种。

1. 动作素材

与通常的韵律活动不同音乐欣赏的动作素材要能反映音乐的性质即动作与音乐在节奏、旋律、结构、内容、情感等方面的一致。因此选择动作素材的第一个要求应选择大多数幼儿能够自然做出的简单、熟悉的动作而不是选择复杂、烦琐的动作。

在音乐听赏活动中，许多被使用的动作素材不一定都是教师提前选择设定好的，可让幼儿自己选择动作或自创动作，对音乐做出独立反应提升幼儿的创造力。因此选择动作素材的第二个要求是选择的动作素材只需要考虑动作反映的性质而非具体的动作过于强调动作的统一性。如《水族馆》中 A 段表现水草在水中生长、漂动、缠绕等动作；B 段表现小鱼到处游动嬉戏的动作幼儿都可自由选择自己的动作可以是节奏动作、舞蹈动作甚至是滑稽动作等。

2. 语言素材

音乐欣赏中的语言素材指的是富有音乐表达意境、形象的有声文学材料其表现形式可以是故事、散文、谜语、诗歌或儿歌、童谣等。

选择语言辅助素材的首要条件是该语言素材与音乐欣赏的要求一致。也就是说文学材料本身的结构、内容、形象和情感不仅与音乐一致而且讲述或朗诵文学材料的音调、节奏、力度、音色、风格等与音乐一致。如欣赏舒曼的乐曲《梦幻曲》时所配的语言素材是童话故事《梨子小提琴》不仅乐曲具有梦幻的性质而且讲述和朗诵故事时都能保持和渲染这种梦幻的性质。再如欣赏乐曲《聪明孩子和笨老狼》《拨弦》时教师可用提示性语言提醒幼儿：当笨老狼回头看你的时候只要你不动就不会被笨老狼发现。

选择语言辅助素材的次要条件是素材本身要语言优美、文学性强容易被幼儿理解与接受。同样的在音乐听赏活动中为了发挥幼儿的能动性教师只需划定大致的范围可让幼儿自主选择语言素材并独立地对音乐做出反应。如欣赏一首优美抒情的音乐只需要确定儿童语言所描述的形象和描述时所使用的调子是优美的教师并不指定具体的语言素材。

3. 视觉素材

音乐欣赏中的视觉素材指的是能形象具体地反映音乐形象、内容、结构及节奏特点的可视材料可以是图片、投影、录像或玩教具等。

选择的视觉素材首要条件是素材的线条、构图、造型、色彩、形象、内容、情绪等必须与音乐的性质相吻合，既可反映时空的静止，（如图画、雕塑等）便于幼儿从容不迫地反复观察，利于精细感知和记忆；又可反映时空的流动（如录像、可活动的教具操作等），便于与音乐同步流动，帮助幼儿感知和理解音乐形象的动态化。如果视觉素材是动态的，其运动的方式应当与音乐相一致。比如欣赏圣桑的《天鹅》时，教师所提供的画面色彩应该是灰暗的构图应该是凝重的；而同样描写天鹅的《天鹅湖》（柴可夫斯基曲）中的《四小天鹅舞曲》则是诙谐幽默的气氛画面以暖色调为主；欣赏刘明源的中国民乐《喜洋洋》时，教师所提供的画面色彩应该是喜庆的构图应该具有强烈的动感；欣赏普罗修斯卡的《单簧管波尔卡》时，教师操作的节奏和结构变化应该与音乐的节奏和结构变化相一致。

选择的视觉素材应形象、生动、有个性、有艺术感染力，能为幼儿所理解与喜爱。当然还需要考虑制作、购买视觉素材时经费是否充足等因素。

引导大、中班幼儿开展音乐听赏活动时，可以让他们自己独立地创作视觉艺术作品，以此来表达他们对音乐的感受。

第三节　幼儿音乐听赏教学方法

一、音乐材料的多维应用

在幼儿音乐听赏活动中，合理且恰当地使用多种教学方法，可以更好地帮助幼儿欣赏和理解音乐作品。这些方法主要包括合理地使用视觉材料、听觉材料、肢体动作材料等。

（一）视觉表征

为幼儿设计的音乐听赏活动中，在幼儿听赏的基础上通常都会有具体的视觉材料加以辅助，从而达到较为具象的欣赏效果。这些视觉材料主要包括挂图、视频、可操作教具、模型等。合理的视觉材料，可以启发幼儿的思维，激发他们的兴趣，对活动的进行事半功倍。如在欣赏《龟兔赛跑》时，可以将音乐与龟兔赛跑故事的视频画面相结合听赏，也可以由教师出示乌龟、兔子的玩偶，然后结合音乐，按照故事情节的发展参与表演，帮助幼儿理解音乐并展开听赏等。从实际教学效果评价，视觉材料的应用有利于幼儿观察、感知和记忆能力的发展，对理解音乐意义重大。

在幼儿欣赏音乐活动的整个过程中，如果选择视觉材料加以辅助，必须遵循以下原则：

第一，所选取的视觉材料必须同音乐能够紧密结合，能同音乐欣赏的听觉材料要求相一致。

第二，选取的视觉材料必须符合幼儿身心发展特点，内容有趣、健康，并易于幼儿理解和接受。

第三，选取的视觉材料必须形象、生动、有个性，能够反映音乐作品所要表达的内容、形象、情绪等。

（二）语言表征

语言材料在幼儿音乐听赏活动中运用十分广泛，像童谣、故事、诗歌等。如欣赏圣桑的大提琴独奏《天鹅》时，可以选择描写天鹅的诗歌或童谣进行有感情的随乐朗诵，这样的欣赏不但可以渲染乐曲诗情画意的特质，更能够帮助幼儿理解音乐表达的内容。

在音乐听赏活动中，如果选择语言材料加以辅助，必须遵循以下原则：

第一，选取的语言材料要简单、优美、动人，符合音乐表达的内容和风格。

第二，选取的听觉材料必须符合幼儿年龄发展特点，能够为幼儿理解和接受。

第三，选取的语言材料要同音乐要求相一致。

（三）肢体动作表征

幼儿在活动中的积极参与，往往能够大大提高音乐欣赏的效果，因此，肢体动作就成了音乐欣赏活动的重要辅助材料之一，同时动作又是幼儿感知理解音乐最为自然的一种表达形式。所以应鼓励幼儿自主、独立地选择肢体动作参与音乐欣赏活动，并尽可能引导幼儿使动作连贯、舒展、与韵律相吻合。如听赏音乐《旋转木马》时的动作参与。

在音乐欣赏活动中，如果选择肢体动作材料加以辅助，必须遵循以下原则：

第一，选取的肢体动作材料必须同音乐的旋律、节奏、内容、情感等相一致。

第二，选取的肢体动作材料不宜复杂，宜选用幼儿熟悉且能力范围内能完成的动作。

第三，要鼓励幼儿自主选用肢体动作或独立创造肢体动作语言。

（四）游戏表征

游戏是幼儿的基本活动，也是音乐教育进行的重要手段之一。它可以分为自然游戏和有规则游戏两大类，在听赏中的游戏属于后者，是为实现一定的听赏目标而编创的游戏。在听赏音乐中，以游戏加以辅助能大大提升幼儿的音乐感受能力、表现能力、创造能力以及交往合作能力等。游戏似幼儿在活动中的调节剂与兴奋剂，能带给幼儿发自内心的快乐。例如，在欣赏《在山魔的宫殿里》（详见案例一）时，以狐狸和母鸡为载体而设计的角色扮演游戏。

在音乐欣赏活动中，如果选择游戏材料加以辅助，必须遵循以下原则：

第一，听赏中的游戏必须强调规则性，必须按照某些特定的音乐要求进行游戏。

第二，幼儿必须根据听赏音乐的性质、结构、内容、节奏、情感等要求进行游戏，并完成音乐目标要求。

第三，游戏中要重点关注幼儿的协调能力、协作能力、交往能力等的发展。

二、幼儿音乐听赏活动的组织与指导

（一）指导幼儿音乐听赏活动的一般步骤

1. 活动前的准备工作

（1）备音乐材料

在组织幼儿欣赏活动之前，教师首先必须对所要欣赏的作品进行深入细致的分析。在充分倾听音乐音响的前提下，分析音乐所表现的内容、情绪、情感及基本表现手段如旋律的进行形态、节奏节拍的特点、曲式结构、力度速度、乐器音色等。然后根据本班幼儿的实际发展水平和以往的音乐欣赏经验，分析材料的重点和难点，确定哪些方面是幼儿能通过倾听去掌握和理解的？哪些方面是幼儿难以掌握和理解的？制定出切合幼儿实际发展水平、符合音乐作品艺术规律的教育目标，并在尽可能的条件下，选择最有效的教学活动组织形式和最恰当的教学方法。当欣赏的音乐题材表演难度不大时，教师可以自己完成演唱或弹奏，这样幼儿会感到更加亲切、更容易接受。而且教师熟练而富有表现力的演唱、演奏也便于幼儿欣赏教材中的某些细节或者对片段进行对比分析。这就要求教师在课前做好充分的准备，确保演唱、演奏的感染力和艺术水准。

（2）备材料与环境

教师要事先检查好必备的教学用具和设备，如琴、录音机、磁带、CD、电源等，并对所需操作的设备要提前熟悉。对于教学辅助用具如实物教具、操作的道具、工具也应准备妥当，放在易于取放的地方，便于教师和幼儿使用。而这些教学辅助用具在不使用时，最好将其收藏好，让幼儿有种神秘感，也避免在活动中分散幼儿的注意力。教师还应提前布置活动所需场地布置墙饰等环境。

（3）备幼儿的经验

教师组织音乐听赏活动前，必须了解幼儿已具备的经验，这是让幼儿感受音乐作品的基础。一个从未见过雪的孩子在欣赏有关雪花飘、堆雪人的音乐时，他对作品的感受与在北方长大、有着丰富的雪的生活经验的孩子相比，后者能更多地借助视觉、听觉、运动觉、触觉甚至味觉等多感官通道来感知和表现音乐。生活经验靠日积月累，教师应在一切教育活动中有计划地进行。

2. 引导幼儿欣赏音乐作品

（1）初步感知音乐作品

教师用语言简单介绍作品的名称、历史背景、作曲家等，并让幼儿完整地将乐曲听一、两遍，使幼儿对所欣赏的音乐获得一个初步、完整的印象，在该过程中教师还可提出相关的问题：如"你们在听音乐的时候发现前后的速度有什么变化""你们仔细看看短片中都做了哪些动作"等，从而帮助幼儿初步了解音乐作品的主要内容和情绪性质引发幼儿兴趣。以欣赏乐曲《水族馆》为例，在告诉幼儿曲名后，教师可以用故事导入的方式告知幼儿音乐中发生的事情，并引导幼儿充分想象水族馆中的水草和小鱼还可能发生一些什么其他的事情。或者以"我走你停我停你走"的游戏方式导入，教师先"走"扮演 A 段中的水草，幼儿后"走"扮演 B 段中的小鱼，初步让幼儿感知乐曲的整体风格及曲式结构。

总之，介绍必须围绕音乐作品所表达的形象，描述语言不宜过多，手段不宜繁杂，以能有效地引起幼儿的想象为目的，过于复杂反而会分散幼儿的注意力，降低音乐对他们的吸引力。

（2）对音乐作品的反复感知

该阶段要求幼儿不仅要掌握音乐作品的主要内容和情绪性质，还应该感受和理解作品中表现手段的表情作用，较为完整、细致地感知音乐作品，并能记忆和识别音乐作品的主要音调和风格特征。

对音乐作品的反复感知应体现出幼儿参与方式和要求的多样性，不能只对乐曲简单重复倾听。如果音乐作品较长且有明显曲式结构，可以采取分段欣赏的方式。如《小猫圆舞曲》乐曲是复三部曲式结构，表现了小猫可爱调皮的样子，小猫的叫声、下滑音的装饰让人觉得音乐诙谐幽默，在音乐的最后是小狗的叫声把小猫吓跑了。对于无明显曲式结构且时间较长的音乐作品来说，不便于分段欣赏，教师可以采用整段欣赏的方式，每次整段欣赏时应对幼儿提出不同的要求。如班得瑞《寂静山林》专辑的第八首音乐，经教师改编后将整首音乐的主题定位在《海浪》，此音乐是无明显曲式结构的，第一次整段欣赏时，教师要求幼儿只用手来表现海浪；第二次整段欣赏时，教师要求幼儿用手臂来表现海浪；第三次整段欣赏时，教师要求幼儿原地站立不准移动，用全身表现海浪；第四次整段欣赏时，教师要求幼儿可移动，用全身表现海浪；第五次整段欣赏时，教师要求幼儿能与同伴合作全身心表现海浪。也就是说每次教师都会有新的要求，而每次提新要求之前，大多数幼儿能完成教师之前提出的要求。

对于幼儿欣赏过的作品经过一段时间以后要进行再欣赏。这样做一方面是为了复习巩固加深幼儿对作品的印象；另一方面是为了检查音乐欣赏的效果检查幼儿对作品的记忆情况、对作品内容及音乐表情手段的感受能力和理解能力以及对作品的态度它是音乐听赏活动的继续。在检查中如果发现幼儿在感受、理解上存在某些欠缺或偏差或教师教学中存在不足都可以及时进行纠正和弥补。

（二）指导幼儿音乐听赏活动应注意的事项

①将步骤划分出更多、更细致的层次，以便灵活进退。

②注意哼唱、演奏速度的适宜性及对幼儿音乐感知、体验、表达的暗示性和激励性。

③给幼儿更多创造性表达的机会。

④利用好幼儿的原有经验，包括音乐及非音乐的感知和表达的经验。

⑤让提示性语言和体态能更好地引起幼儿对感知的细节的注意。

⑥整体审美效果尽量将理性分析思考转换成幼儿可理解的和喜爱的感性体验、想象、联想和艺术的表达活动。

⑦将有关常规整体地融入其中，特别强调养成注意倾听音乐、注意观看和思考他人意见的习惯。

思考题

1. 简述幼儿音乐听赏能力的发展特点。

2. 简述幼儿音乐听赏能力培养的途径。

3. 简述幼儿音乐听赏活动材料的选择。

4. 简述指导幼儿音乐听赏活动的一般步骤。

第九章 幼儿音乐教学评价

本章导读

任何一个系统的有效运作都需要一个发挥自我监督与调控功能的监控成分，在幼儿园音乐教育中，评价便承担此项任务。我们把幼儿园音乐教育的评价对象集中于幼儿的音乐能力发展与教育活动的过程两方面，评价方法则集中于最常用的观察、测试与等级量表评定三种方法。幼儿音乐教育评价一方面是针对幼儿音乐教育的特点和各个组成要素，通过收集和分析音乐教育活动各方面的信息，判断音乐教育价值和效益的过程；另一方面是对音乐教育目标、活动方案、教育内容、材料、效果以及教学活动过程的实际状况等做出判断和评定的过程。它是一种整体评价，不仅包括对幼儿音乐学习结果和发展状况的测量和评价，还包括对音乐教育本身的价值及音乐教育活动中教师的观念态度、活动组织形式、教学目标适宜程度、师幼互动的质量等的评估。

学习目标

1. 幼儿音乐教学评价的内容与标准。
2. 掌握幼儿音乐教育评价的方法。

第一节 幼儿音乐教学评价的内容与标准

一、幼儿音乐教育活动评价的作用

幼儿音乐教育活动的评价是一种比较具体的评价，通过评价可以了解音乐教育活动设计和组织实施过程中的优点和不足，讨论改善、优化的方法，不断提高音乐教育活动设计和组织、实施的能力，对促进幼儿的发展、促进教师的专业成长、促进幼儿园的课程建设有着非常重要的作用。

（一）导向性作用

教育评价的导向功能是指教育评价本身所具有的引导评价对象朝着理想目标前进的功效和能力，这是由评价标准的方向性所决定的，在音乐教育评价中，评价者对被评对象所做出的价值判断，是根据一定的评价目标、评价标准进行的。这些评价的目标、标准、指标、比重等，对被评价对象起着"指挥棒"的作用，为他们的努力指引了方向，幼儿音乐教育活动的评价一般以《幼儿园发展指导纲要（试行）》和《3～6岁儿童学习与发展指南》中对教育活动的要求、对艺术领域的要求和各年龄段的要求为评价的方向和标准。例如，曾有一段时期，我国幼儿音乐教育倾向于重视儿童的音乐知识和技能，忽视幼儿在音乐活动中的情感体验；重视音乐教育活动的结果，轻视音乐教育活动的过程。而《指南》中对艺术领域的要求则倾向于幼儿情感的发展，倾向于音乐教育活动的过程。评价者依据《指南》要求对这种现象进行评价，指出其中存在的问题。这种以《指南》精神为评价标准去评价音乐教育活动，就可以引导教师端正教学方向，提高音乐教育活动质量，可以说是对整个幼儿音乐教育工作起着导向性作用。

（二）诊断性作用

音乐教育评价的诊断作用是指，通过评价可以了解幼儿已有的音乐经验，可以诊断幼儿在音乐教育中的发展状况，并以此为依据制定音乐教育的目标，选择音乐教育活动的内容。通过评价，可以诊断幼儿在音乐教育活动中的情况，判断音乐教育活动的效果。也可以诊断幼儿在音乐知识能力、情感态度发展上的优势和问题，找出其中的原因，为教师采取措施提供信息。总之，通过评价可以诊断幼儿在音乐方面的发展水平、音乐教育活动目标制定的准确性、音乐教育活动内容选择的适宜性、音乐教育活动方式设计的合理性，以便调整内容，改进方法。例如，某教师组织的音乐集体教学活动《五人新疆舞》中，其采用了示范模仿的方法，即教师示范一个动作，全体幼儿统一跟着其机械模仿，并要求幼儿动作标准、到位，且多次反复训练。而对照《指南》艺术领域的要求，则强调让幼儿"欣赏和感受"和"表现与创造"。评价者依据《指南》的要求对该音乐集体教学活动进行了评价，指出机械模仿的教学策略违反了《指南》的要求，背离了幼儿身心发展的规律。这种依据《指南》对教师的音乐教育活动存在的问题进行评价，便是评价的诊断性作用。

（三）反馈性作用

反馈作用是指将音乐教育活动中的信息及时而有效地返回给教师，从而调整和改进教育进程。反馈作用是幼儿音乐教育活动评价的主要作用之一，通过对幼儿音乐教育的评价，可以发现音乐教育过程中存在的问题，如音乐教育活动目标的制定、活动内容的选择、活动方法的设计、活动材料准备等是否符合幼儿的年龄特点和经验水平，是否能促进幼儿的音乐经验在原有经验水平上的提高，是否照顾到幼儿的个体差异等。对幼儿音乐教育过程进行科学的评价，将教育活动的信息反馈给教师，从而使教师意识到自己在音乐教育活动中的优点和不足，一方面能够激发教师参与教育活动的积极性，另一方面也有助于教师改进工作、修正不足，以提高音乐教育活动的质量。

幼儿音乐教育的评价作为一种反馈，有利于教师调整目标制定、改进教学策略、优化内容选择。在修正不足、强化优点中让音乐教育活动不断完善。如一位新手教师，在组织中班音乐活动《小蜻蜓》中，"教"幼儿学习三拍子的节奏，该教师在示范时，将三拍子拍成了力度一样的强——强——强的关系。评价者则发现了其中的问题，指出三拍子的节奏关系是强——弱——弱。评价者将这一问题反馈给教师，以便教师发现此问题并及时修正，这就是评价的反馈作用。

（四）激励性作用

音乐教育活动评价还具有激励作用。科学、有效的教学评价可以调动教师教育教学工作的积极性，激发幼儿学习的兴趣，使教师和幼儿能在音乐教育活动中都有所进步。对教师而言，教师自身会有获得较高评价和实现自我价值的期望。良好的评价结果会对成功的经验起到强化作用，教师会因此得到激励，并以此为动力而更加努力；不好的评价结果会对教师来形成一种压力，使其产生不甘落后、改进工作的动力。对幼儿而言，恰当的评价能激发幼儿学习的兴趣，增强对学习音乐的积极性，提高学习的效果。例如，在中班音乐教育活动《大象和小蚊子》中，教师采用了视频导入，让幼儿在了解大象和小蚊子之间发生的故事情节的基础上，请幼儿欣赏、感知音乐，再呈现出《大象和小蚊子》音乐中的节奏图，幼儿借助图谱随音乐用肢体动作表现出大象和小蚊子之间有趣的情节。在领导、专家、骨干教师的评价中指出，幼儿的思维处于具体形象阶段，导入部分借助视频有助于幼儿理解大象和小蚊子之间有趣的情节，丰富幼儿的感性经验，为幼儿创造性地表演做好铺垫。第二部分图谱的呈现有助于幼儿理解音乐的节奏、速度，是幼儿合作表演的支架，活动中幼儿参与的积极性较高，能随音乐创造性地表现出大象和小蚊子之间的互动情节。领导、专家肯定性的评价能激励教师保持优点、积累教学经验，激发幼儿的学习兴趣。

二、幼儿音乐教育活动评价的类型

教育评价的类型因分类标准的不同而不同，以下介绍几种主要的分类方法。

（一）根据评价的主体划分

根据参与教育评价的主体不同，将教育评价分为自我评价与他人评价。

1. 自我评价

自我评价指被评价者依据指标或者参照一定的标准，对自己设计、组织的音乐教育活动进行评价。例如，某教师在组织音乐教育活动《快乐的小雪花》后，对自己设计和组织活动的情况，从内容选择、方法设计、幼儿学习等多个方面进行自我评价和反思，即"本次活动的亮点主要在于教师启发幼儿用肢体动作创造，性地表现雪花飞舞的场景，教师始终跟随幼儿并提炼总结，让幼儿在前，教师在后，以克服传统的教师教、幼儿模仿学的音乐活动方式。"这样的评价便是教师的自我评价。

上述自我评价指的是教师的自我评价。但是在幼儿音乐教育活动中，除了教师对自己设计和组织音乐教育活动的情况进行自我评价外，还常常会引导幼儿就其表现进行自我评价，例如，在音乐活动《小海军》中，教师请乐乐到集体面前表演，表演完毕，教师请乐乐说一说自己表演得怎么样，为什么要这样做等。这种教师引导幼儿对自己表现进行评价的方式便是幼儿的自我评价。幼儿的自我评价是幼儿学习能力发展的重要指标，有助于幼儿建立良好的自我评价的意识，帮助幼儿提高学习效率。

2. 他人评价

他人评价是指由被评价者以外的组织或者个人依照一定的标准对被评价者进行的评价。例如，教育主管部门对幼儿园音乐教育的检查和督导评价、教育专家评价、同事间的评价、幼儿园领导评价、家长对教师的评价、教师对幼儿的评价、幼儿同伴之间的评价等。这种评价的优点是评价结果比较客观，评价主多元，可以为音乐教育活动的改善、教育决策提供可靠的依据。其缺点是给被评价者带来较大的压力。例如，在公开组织的半日活动中，某教师组织了音乐活动《找朋友》，参与观摩此音乐活动的人员有幼儿园领导、幼儿园音乐教育领域的专家、同幼儿园的教师、家长等，活动结束后，参与观摩的人员对此活动从教师教态、内容选择、方法设计、幼儿表现等多个方面进行了评价。

同伴评价也是他人评价中的典型类型，如某教师在组织小班韵律活动《小茶壶》时，该教师首先请奇奇来集体面前表演，奇奇表演完毕，该教师说："苗苗，你来说一说奇奇表演得怎么样？"苗苗站起来说："他有点害羞。"苗苗对奇奇的评价就是同伴评价，这种同伴之间的相互评价不仅能帮助幼儿获得评价的积极体验，还能不断提高幼儿的评价能力。

（二）根据评价的功能划分

根据评价的功能，可将评价分为诊断性评价、形成性评价、终结性评价三种。

1. 诊断性评价

为了使音乐教育计划更有针对性，在音乐教育活动开始之前实施的评价称为诊断性评价。例如，在新学期或新学年刚开始时对幼儿实施的关于音乐素养和能力方面的测验，以便了解幼儿在音乐知识和能力方面的准备情况。

2. 形成性评价

为控制和调节教育活动的方向、速度和内容等而在教育活动进行过程中实施的评价称为形成性评价。例如，在一学期的期中阶段对幼儿音乐能力发展水平进行评价，以了解一段时间来幼儿在音乐能力、音乐素养等方面的发展情况。其特点是能够及时提供反馈信息，为修改或调整音乐教育活动提供依据和参考，从而保证教育目标的实现。

3. 终结性评价

终结性评价是指教育计划实施到快结束时，为检验教育的效果而进行的评价。例如，在学期或者学年结束时给幼儿实施的测验，以了解预先设定的学期或学年目标是否已经实现。其特点是能够了解幼儿掌握音乐领域的知识和技能情况。

三、幼儿音乐教育活动评价的原则

(一) 客观性原则

客观性原则是指对幼儿音乐教育活动进行评价时必须客观公正、实事求是，而不能主观臆断或掺杂个人的情感色彩。贯彻这个原则应该做到：深入音乐教育活动的现场收集信息，确保评价信息来源的客观性；在整理资料时，不随意夸大或缩小客观事实，如实呈现资料；分析资料时，要努力排除个人的主观偏见，保持清醒和冷静的头脑，洞察音乐教育活动的背景和相关因素，以客观存在的事实为基础来分析问题；做评价结论时，要以客观存在的事实为依据来做出符合事实真相的结论。例如，要评价某一个幼儿园开展音乐教育活动的现状，首先，研究者要深入该幼儿园，对一学期或一学年该幼儿园开展音乐教育活动的数量进行统计，对音乐教育活动开展的过程进行详录。在整理和分析时，要真实地呈现原始的数据资料，不得增加或删减。在评价时，要基于幼儿园音乐教育活动开展的实际进行评价。

除了对音乐教育活动评价时坚持客观性原则，教师在组织音乐教育活动时对幼儿的评价也应该坚持客观性原则，教师不得因为个人的情感如对某幼儿的偏爱或厌恶而随意地评价幼儿。

(二) 全面性原则

在进行幼儿音乐教育活动评价是要坚持全面性的评价原则，不能片面强调某一项，更不能偏听偏信。全面性原则是指对幼儿音乐教育活动的各个构成要素进行全面的评价。当前幼儿音乐教育活动评价存在的问题是：过度关注幼儿音乐学习的结果而忽视音乐学习的过程，评价时只关注幼儿演唱的声音是否好听、歌词是否正确、表演的动作是否优美，而忽视幼儿在音乐教育活动中的情感体验，创造性表现和想象力的发展等，且把音乐教育活动的结果，即一学期会唱几首歌，会表演几个动作作为评价音乐教育活动的唯一标准，这种片面的评价标准势必导致教师在教学过程中只关注教学内容，而不顾幼儿的兴趣和需要。

全面性原则不仅关注评价的内容涉及幼儿的全面发展，还包括评价者所搜集信息渠道的全面性和评价主体参与的全面性。评价者搜集信息渠道的全面性是指通过幼儿园领导、幼儿园教师、家长等多种渠道获取信息，通过观察、访谈、问卷等多种方式收集资料。评价主体参与的全面性是指倡导专家、教师、幼儿、家长以及教育行政管理部门等共同参与。不能只听取领导和专家的意见，还应听取教师群体的意见、家长的意见，更要考察所评班级幼儿已有的发展水平，收集多种信息进行分析、整理，最后做出恰当的评价。

（三）针对性原则

对幼儿音乐教育活动的评价应坚持针对性的评价原则，即评价可以针对音乐教育活动开展，也可以针对教师或幼儿开展。通常都是以发现问题、解决问题或改善、提高为目的。

（四）科学性原则

科学性原则是指在评价幼儿音乐教育活动时要利用尽可能科学的手段、方法和工具，不能只靠经验和直觉或主观判断来判定音乐教育活动质量或幼儿的发展水平。贯彻这一原则必须做到以下几点：第一，科学的评价态度。在对音乐教育活动进行评价时，评价者要坚持一切从实际出发，用事实说话，秉承科学、严谨的态度。第二，科学的评价标准。音乐教育活动评价不是一种主观臆断，也不是随意的评判，而是必须按照一定的评价标准或评价指标进行。第三，科学的评价方法。评价方法的选择直接关系到评价的结果，在进行音乐教育活动评价时应使用科学的方法，以提高评价的水平。同时，科学性原则还要求在进行教育评价时必须做到客观公正，在进行教育评价时要避免主观成见和个人感情色彩。

（五）量化和质性相结合的原则

量化评价是对音乐教育活动从量的方面进行评价和分析，通过数量化的说明对所评价的现象做出解释。如某幼儿园一学期开展音乐教育活动内容各类型数量的统计，即开展的歌唱活动有多少次，韵律活动多少次，打击乐活动多少次，音乐听赏活动多少次。又如对某一个音乐教育活动中的师幼互动情况进行评价，评价者可采用量化的方式进行记录，即由教师开启的师幼互动有多少次，由幼儿开启的师幼互动有多少次；教师与集体互动的有多少次，与小组互动的有多少次，与个别幼儿互动的有多少次。

质性评价是评价者从不同的视角，用文字描述的方式记录音乐教育活动的过程或者结果的一种评价方式。这种评价不以知识、技能掌握的多少进行衡量，而是关注音乐活动的过程，关注幼儿在音乐教育活动中的表现。在质性评价的过程中，评价者更多的是一个观察者、倾听者、发现者，只有这样才能真正理解幼儿外显行为背后的含义。通过质性评价，与儿童进行长期交往，才能真正了解幼儿的兴趣、需要和发展水平，形成支持幼儿发展的策略，促进幼儿主动、持续的成长和发展。

定量是定性的基础，定性是定量的出发点和结果。量的评价可以反映事物的一个方面，质的评价可以反映事物的另一方面，评价者在对音乐教育活动评价时，应将定量评价和定性评价两种方法结合起来，才能使评价更全面、更科学。

四、幼儿音乐感知与表现能力的评价体系

儿童音乐能力的发展与逻辑能力的发展有所不同。儿童的逻辑思维发展与生理成熟具有比较明确的对应性，而音乐发展与生理成熟虽具有一定的对应性，但不具有绝对性，一个三岁孩童的音乐能力可以超过一个十八岁的儿童。所以，儿童音乐能力评价中的低、中、高指标，无法绝对地与儿童年龄挂钩。就儿童教育机构中的班级而言，儿童的音乐能力反映在不同班级中差异也很大，并非小班一定是低指标，大班一定是高指标，即低、中、高指标不对应小、中、大班。总而言之，儿童音乐能力的发展不绝对地与年龄发展相对应，音乐能力发展的个体差异相当大，班级差异相当大，这些都是我们在进行音乐发展评价前需要认知的信息。

（一）幼儿音乐感知能力的评价体系

表 9-1　幼儿音乐感知能力评价表

项目	指标		
	低	中	高
1. 节奏感知能力 辨别稳定拍 辨别疏密节奏型 辨别强拍与弱拍 辨别休止符			
2. 旋律 分辨声音的高与低 分辨旋律的上行与下行 分辨旋律的级进与跳进			

项目	指标		
	低	中	高
3. 音色 分辨悄悄话、说话、唱、喊四种音色 分辨打击乐器的音色 分辨生活环境中的音色 分辨自然界中的音色 分辨机器的音色 分辨钢琴、小提琴、吉他等乐器音色			
4. 速度 感知快与慢 感知渐快与渐慢			
5. 织体 发现声势。舞蹈中的多层次 有伴奏写无伴奏比较 弹奏厚与薄的比较			
6. 力度 感知轻重 感知渐弱：渐强			
7. 结构 分辨模仿句 分辨重复句 分辨喊答句 分辨主副歌 分辨三段体、回旋体 分辨引子			
8. 体裁风格 辨别摇篮曲 辨别进行曲 辨别舞曲			

（二）幼儿音乐表现能力的评价体系

表9-2　幼儿音乐表现能力评价表

项目	指标		
	低	中	高
1. 节奏表现能力 稳定的节拍——身体移动动作 疏密节奏型——手的动作、身体动作、歌唱 强拍与弱拍——身体移动动作、歌唱 休止符——身体移动动作、歌唱			
2. 旋律表现能力 声音的高与低——讲故事、身体动作、歌唱 旋律的上行与下行——身体动作、歌唱 旋律的级进与跳进——身体动作、歌唱			
3. 音色表现能力 悄悄话、说话、唱、喊四种音色——说、歌唱 打击乐器的音色——说、演奏打击乐、即兴创作 生活环境中的音色——说、演奏打击乐、即兴创作 自然界的音色——说、演奏打击乐、即兴创作 机器的音色——说、演奏打击乐、即兴创作 钢琴、小提琴、吉他等器乐音色——说、身体动作、演奏打击乐			
4. 速度表现能力 快与慢——身体动作、演奏打击乐、即兴创作 渐快与渐慢——身体动作、演奏打击乐			
5. 织体表现能力 声势、舞蹈中的多层次——说、身体动作 有伴奏与无伴奏比较——身体动作、即兴创作 伴奏厚与薄的比较——身体动作、即兴创作			

项目	指标		
	低	中	高
6. 力度表现能力 轻重——身体动作、歌唱、演奏打击乐、即兴创作 渐弱渐强——身体动作、歌唱、演奏打击乐、即兴创作			
7. 结构表现能力 模仿句——歌唱、身体动作、打击乐演奏 喊答句——身体动作、歌唱、打击乐演奏 重复句——身体动作、歌唱、打击乐演奏 主副歌——身体动作、歌唱 引子——打击乐演奏、即兴创作			
8. 风格表现能力 摇篮曲——身体动作、歌唱、说 进行曲——身体动作、歌唱、说 舞曲——身体动作、歌唱、说			

（三）五类音乐教育活动中幼儿发展的评价内容与标准

1. 歌唱活动中幼儿发展的评价内容与标准

幼儿园歌唱活动中的评价内容包括：幼儿的歌唱能力与在音乐活动过程中表现出来的学习品质，具体标准见表 9-3 和表 9-4。

表 9-3　幼儿歌唱能力评价指标

演唱特征	标准（指标）	等级		
		好	中	差
声音与表情	1. 用自然的声音歌唱			
	2. 有自然的脸部表情			
	3. 有松弛的身体姿态			

续表

演唱特征	标准（指标）	等级		
		好	中	差
表现力	1. 有轻重表现力			
	2. 有快慢表现力			
	3. 有开始与结束感			
句子	1. 能自如地分句呼吸			
	2. 有意识地进行句子的起落			
节奏	1. 能解决弱起等节奏难点			
	2. 具有拍韵			
旋律	1. 旋律轮廓清晰			
	2. 具有调性感			

注：差：做不到。中：有时能做到，有时做不到。好：自始至终能做到。

表9-4　音乐活动中幼儿学习品质的评价指标

标准（指标）	等级
最初参与歌唱活动的行为	犹豫不决或不愿意参与 热情地参与
活动中的注意力、专注力	非常容易被其他人、事、物分散精力 有时候能够集中注意力 坚持、专注于活动
活动中的目标意识	围绕个人目标而非教学任务而活动 在个人目标与教学任务之间摇摆不定 能有效地完成教学任务
活动中的持续性	对任务的关注非常随意，没有持续迹象 断断续续 始终关注

2. 欣赏活动中幼儿发展的评价内容与标准

幼儿园欣赏活动中的评价内容包括：节奏表现能力、即兴动作表演能力与活动过程中的学习品质。节奏表现能力与即兴动作表演能力的具体标准见下表 9-5 和表 9-6，学习品质的评价表与歌唱教育活动相同，不再重复呈现。

表 9-5　幼儿节奏表现力评价指标

音乐特征	标准（指标）	等级		
		好	中	差
拍子	1. 脚步合拍			
	2. 动作松弛			
节奏型	1. 保留教师动作中的节奏型			
	2. 能改变教师动作中的节奏型			
句子	1. 动作具有清晰的句型			
	2. 能有意识地进行句子的起落			
段落	1. 不同段落之间衔接自如			
	2. 表达出段落间的不同音乐风格			
引子尾声	1. 能在引子处等待			
	2. 能在尾声处做完最后一个音的动作			
注：差：做不到中：有时能做到，有时做不到。好：自始至终能做到。				

表9-6 幼儿即兴动作能力评价指标

项目	特征类别	标准（指标）	等级		
			好	中	差
音乐特征	拍子	1. 脚步合拍			
		2. 动作松弛			
	节奏型	1. 有自己的动作节奏型			
		2. 能表达有特点的音乐节奏型			
	句子	1. 动作具有清晰的句型			
		2. 能有意识地进行句子的起落			
		3. 音乐句子重复时动作重复			
		4. 对比句的动作有对比性			
	段落	1. 段落转换自如			
		2. 能用不同风格动作表达不同音乐风格的段落			
	引子尾声	1. 能完成引子等待			
		2. 尾声有结束性的动作			
动作特征	空间	1. 能利用自我空间			
		2. 能利用集体空间			
	层次	能用低、中、高三层次			
	类型	1. 移动、非移动动作结合			
		2. 身体、四肢结合			
	意义	1. 动作具有再现性			
		2. 动作具有表现性			
	合作性	1. 具有合作性动作			
		2. 具有目光交流意识			

注：差：做不到。中：有时能做到，有时做不到。好：自始至终能做到。

3. 打击乐活动中幼儿发展的评价内容与标准

幼儿园打击乐活动中的评价内容包括：节奏表现能力、即兴打击乐器表演能力及活动过程中的学习品质。节奏能力与即兴打击乐器表演能力的具体标准见表 9-7 和表 9-8。

表 9-7　幼儿节奏表现力评价指标

音乐特征	标准（指标）	等级		
		好	中	差
音色	1. 选择的乐器符合音乐中的音色要求			
	2. 段落之间具有音色变化			
拍子	1. 演奏合拍			
	2. 演奏动作松弛			
节奏型	1. 演奏具有清晰的节奏型			
	2. 有节奏型意识			
句子	1. 演奏具有清晰的句型			
	2. 能有意识地进行句子的起落			
段落	用不同音色表达不同音乐风格的段落			
力度	演奏具有轻重变化			
织体	演奏时具有倾听别人声音的意识			
注：差：做不到。中：有时能做到，有时做不到。好：自始至终能做到。				

表 9-8 幼儿打击乐即兴能力评价指标

项目	特征类别	标准（指标）	等级		
			好	中	差
音乐特征	音色	1. 选择的乐器符合音乐中的音色要求			
		2. 段落之间具有音色变化			
	拍子	1. 演奏合拍			
		2. 动作松弛			
	节奏型	1. 有自己的固定节奏型			
		2. 表达有特点的音乐节奏型			
	句子	1. 演奏具有清晰的句型			
		2. 能有意识地进行句子的起落			
	段落	用不同音色表达不同音乐风格的段落			
	力度	具有轻重变化			
	织体	1. 具有倾听别人声音的意识			
		2. 能演奏出与他人进行对比的节奏型			
演奏特征	音色	1. 演奏出好听的声音			
		2. 一种乐器演奏出多种音色			
	类型	各种乐器使用自如			
	意义	1. 演奏具有节奏型再现			
		2. 演奏具有轻重表现			
	合作性	1. 主动进行乐器交换			
		2. 参与小组讨论			
	专注度	演奏能专注			

注：差：做不到。中：有时能做到，有时做不到。好：自始至终能做到。

4. 集体舞活动中幼儿发展的评价内容与标准

幼儿园集体舞活动中的评价内容包括：节奏表现能力、集体舞表演能力及活动过程中的学习品质。节奏能力与集体舞表演能力的具体标准见表9-9和表9-10。

表9-9　幼儿节奏表现力评价指标

音乐特征	标准（指标）	等级		
		好	中	差
拍子	1. 脚步合拍			
	2. 动作松弛			
节奏型	1. 保留教师动作中的节奏型			
	2. 改变教师动作中的节奏型			
句子	1. 动作具有清晰的句型			
	2. 能有意识地进行句子的起落			
段落	1. 不同段落之间衔接自如			
	2. 表达出段落间的不同音乐风格			
引子尾声	1. 能做到引子处等待			
	2. 能在尾声处做完最后一个音的动作			
注：差：做不到。中：有时能做到，有时做不到。好：自始至终能做到。				

表 9-10　幼儿集体舞表现能力评价指标

项目	特征类别	标准（指标）	等级		
			好	中	差
音乐特征	拍子	1. 脚步合拍			
		2. 动作松弛			
	节奏型	1. 有自己的动作节奏型			
		2. 能表达有特点的音乐节奏型			
	句子	1. 动作具有清晰的句型			
		2. 能有意识地进行句子的起落			
		3. 音乐句子重复时动作重复			
		4. 对比句的动作有对比性			
	段落	1. 段落转换自如			
		2. 能用不同风格动作表达不同音乐风格的段落			
	引子尾声	1. 能完成引子等待			
		2. 尾声处有结束性的动作			
动作特征	空间	1. 能利用自我空间			
		2. 能利用集体空间			
	层次	能用低、中、高三层次			
	类型	1. 移动、非移动动作结合			
		2. 身体、四肢结合			
	意义	1. 动作具有再现性			
		2. 动作具有表现性			
	合作性	1. 具有合作性动作			
		2. 具有目光交流意识			
队形特征	转换	1. 无方向性障碍			
		2. 无动作障碍			
	调整	1. 能调整自己的站位			
		2. 能调整自己的动作			

注：差：做不到。中：有时能做到，有时做不到。好：自始至终能做到。

五、幼儿音乐教育活动评价的内容与标准

（一）幼儿音乐教育活动评价的内容

1. 幼儿"学"的评价

音乐教育活动的最终目的是促进幼儿音乐素养和音乐能力的发展和提高，而幼儿作为教育活动中的个体才是真正需要关注的。对幼儿"学"的评价也是考查教师"从儿童出发""以幼儿为中心""以幼儿发展为本"教育理念在教育活动中的践行情况。

幼儿音乐教育活动评价从幼儿"学"的评价角度，主要包括：幼儿对活动的参与度、幼儿的情感态度、幼儿的学习习惯表现三个方面。

（1）幼儿对活动的参与度

幼儿在活动中的参与程度是评价音乐教育活动质量的重要指标，其主要评价在音乐教育活动过程中幼儿的注意力的集中程度、积极参与活动的程度，在音乐学习过程中表现出来的积极性、主动性、能动性等。例如，在组织音乐听赏活动《小白兔和大黑熊》时，让幼儿多次"听"音乐后，要求幼儿根据音乐想象表演，由于幼儿缺失相关经验，加上教师的引导和支持策略不够（图谱、道具等），大部分幼儿对此音乐活动没有兴趣，参与度较低。相反，另一个教师在组织此活动时，请幼儿观看了一段《小白兔和大黑熊》视频，幼儿很快就被视频中的故事情节吸引，之后，教师请幼儿带上小白兔和大黑熊的头饰，让幼儿根据视频中的情节和音乐创编小白兔和大黑熊的表演动作，由于幼儿对故事情节有了直观的印象，再加上教师的有效引导，创编动作过程中每个幼儿都积极参与，勇敢表现。同一个音乐教育内容，幼儿的参与率不同，反映出音乐活动效果也不同，所以幼儿在音乐活动中的参与度是评价音乐教育活动效果的重要指标。

（2）幼儿的情感态度

幼儿的情感态度主要评价幼儿在音乐教育活动中情绪状态，即幼儿活动中表现出来的学习态度、面部表情、肢体动作等。如在歌唱活动中幼儿喜欢参与唱歌活动，表情愉悦轻松，动作自然大方，气氛活跃，幼儿体验并享受着唱歌活动带来的乐趣。

音乐教育活动是儿童喜欢的一种教育活动，它能让幼儿产生轻松、欢快、愉悦的情绪，形成积极的情感态度，促进幼儿身心和谐发展。在《幼儿园教育指导纲要（试行）》艺术领域的三个目标中都提出到关于幼儿情感态度的要求，突出了儿童艺术活动的情感教育价值。

（3）幼儿的学习方式

主要评价幼儿在音乐活动中所表现出来的学习风格和学习策略，包括其学习方式的多样性、差异性、独特性的表现。评价幼儿主动参与、大胆表现、自由表达、善于合作等多

样、开放的学习方式对幼儿学习状况和发展水平的影响。如在韵律活动《采茶扑蝶》中，教师尊重幼儿的个体差异性和表达方式的独特性，幼儿在多次欣赏采茶的场景后，让幼儿自由商量表演动作，请个别幼儿表演、两两合作表演、小组合作表演等，以尊重幼儿合作学习、体验感受学习的方式。所以，对幼儿学习方式的评价是评价幼儿园音乐教育活动的又一重要指标。

2. 教师"教"的评价

（1）活动目标的评价

幼儿音乐教育活动的目标是教育活动的起点，也是音乐教育活动的归属。它规定了音乐教育活动预期的效果，是评价活动内容、活动方法、活动效果的依据。因此，明确音乐教育活动目标的过程，也是精选音乐教育活动内容、优化活动方法、预设活动结果的过程。

在评价音乐教育活动目标时应该以下几点：第一，在活动目标的设置的依据上是否考虑到幼儿艺术发展的特点和规律、社会文化背景对幼儿艺术教育的要求，幼儿艺术教育领域本身的特性三个方面。第二，在音乐教育活动目标的表述上，应该以幼儿作为主语，从幼儿的角度提出目标，突出音乐教育活动是如何促进幼儿学习能力的发展的。另外，表述是否规范、清晰，是否有可供观测的行为标准也是评价音乐教育目标的重要因素。第三，在幼儿音乐教育活动目标的构成方面，一般来说，应涵盖认知、动作技能、情感态度三维目标，但不是说每一个音乐教育活动目标都要有这三个方面，可按照具体的活动内容和幼儿的实际情况来制定相应的目标。值得注意的是，由于音乐领域具有一定的特殊性，认知、动作技能、情感态度中应着重强调情感目标，而非强调知识和技能目标。

在评价活动目标时，除了注意上述几点以外，评价幼儿音乐教育活动目标时，还应该将活动目标与本班幼儿的实际情况联系起来看，由于同一个活动目标对于不同的幼儿园、不同的班级、不同的幼儿会存在一定的差异，因此，评价活动目标时还要看教师制定的目标是否与本班幼儿的实际水平和发展特点相联系。

（2）活动内容的评价

评价音乐教育活动内容时，首先应该保证音乐教育活动的内容符合《幼儿园教育指导纲要（试行）》和《3~6岁儿童学习与发展指南》中对艺术领域的要求。其次，音乐教育活动内容应该以幼儿的已有经验为基础，且符合小、中、大班幼儿的年龄特点，但又要具有一定的挑战性，适合幼儿的"最近发展区"，即幼儿通过此音乐教育活动能够在原有经验的基础上有所提高或发展。

从宏观上来说，幼儿音乐教育活动内容的四种类型——唱歌活动、韵律活动、打击乐演奏、音乐听赏活动中，前三类是音乐表现活动，后一类是艺术欣赏活动，艺术表现与艺术欣赏两者相辅相成，不可偏废。在评价幼儿音乐教育活动内容选择时，应该关注各类型在四种音乐活动类型总量中所占的比重，应关注艺术表现活动和艺术欣赏活动是否严重偏颇。

从微观上来说，具体到每一个音乐教育活动，由于幼儿发展具有整体性的特征，音乐教育活动内容的选择既要考虑音乐领域经验的连续性，还应该考虑与其他领域的活动、经验相关联。即音乐教育活动内容选择的评价既要考虑音乐领域横向的联系，又要考虑音乐领域与其他领域纵向的联系。

（3）活动方法的评价

幼儿音乐教育活动的方法有很多种，如情境创设法、示范模仿法、角色变换法、多感官参与法、联想仿创法等，对音乐教育活动方法的评价主要看教师在选择音乐教育活动的方法时，是否考虑了幼儿的年龄特点，能否根据小、中、大班各班幼儿街特点，选择采用适宜的方法。还应看教师能否依据不同音乐教育活动类型选择适宜的活动方法，但各种活动方法不是孤立的，可以在一个音乐教育活动中运用多种教学方法，让幼儿通过听、看、唱、说、表演等多种途径体验音乐活动的乐趣。另外，还应看教师能否运用适宜的方法满足幼儿学习方式的差异性，能否运用有效的方法促进幼儿在已有水平上的学习的提高。

例如，在中班音乐活动《小猫歌》中，老师说："我们已经会唱小猫歌了，今天我想请小朋友和我一起来表演这个游戏。"接着老师戴上老花猫的挂饰，对幼儿说："现在，我来当猫妈妈，你们当小花猫，好不好？"幼儿高兴地回答："好。"说着将小猫挂饰发给幼儿。幼儿带好挂饰歌唱表演："许多小花猫，猫呜猫呜叫，我们今天真高兴，要和妈妈做游戏，找个地方快躲好，妈妈快来找。"唱毕，所有小花猫找一个位置藏好。猫妈妈接着演唱："一只老花猫，猫呜猫呜叫，我的小猫快躲好，一会妈妈就来找，找呀找呀找呀找，小猫找到了。"猫妈妈一边演唱一边找小猫。数遍之后，老师要求交换角色，邀请一位幼儿扮演猫妈妈，自己扮作小猫，再次玩游戏。

在该案例中，教师使用的是角色变换中的参与法，即教师通过角色扮演参与到音乐教学活动中，由教师扮演猫妈妈，由幼儿扮演小猫，在对唱和互动中以角色身份对活动进行指导。这种参与法符合中班幼儿的年龄特点，既让教师和幼儿体验到音乐活动的快乐，又拉近了教师与幼儿之间的距离。如之前音乐听赏活动的设计一节中，小班音乐活动《小猫圆舞曲》的教学案例，我们可以就方法做以下的评价。教师采用多感官参与的方法，以及情境创设法、角色变换法等先进教学方法，引导幼儿去看、去观察课件中的内容，并满足幼儿想说的愿望，给幼儿发挥想象的空间，鼓励幼儿表达自己的想法。幼儿能够感受到音乐的欢快，随音乐起舞。在第一部分，教师通过形象生动的猫叫声导入，激发幼儿的兴趣。第二部分幼儿整体感受圆舞曲欢快的旋律，充分感受音乐的同时发挥想象，猜测音乐所表达的内容。第三部分分段欣赏 ABA 结构的音乐。有趣、温馨的故事是伴随幼儿快乐成长的好伙伴，教师以生动的故事情节告诉幼儿很多道理，还可以催生幼儿海阔天空的想象。

（4）活动过程的评价

对音乐教育活动过程的评价主要体现在师幼互动上，有的人在评价师幼互动主要包括以下几个方面：师幼互动行为的主体、反馈方式、互动内容产生方式、互动形式、互动双方情感、对互动内容的接受程度。其中，师幼活动行为的主体可以分为以幼儿开启为主和以教师开启为主；幼儿的反馈方式包括陈述、接受、询问和质疑；互动内容产生方式包括生成、预设、预设加生成；互动形式包括教师与集体幼儿互动、与小组幼儿互动、与个别幼儿互动；互动双方的情感包括：教师——正向、中性、负向；幼儿——正向、中性、负向；对互动内容的接受程度包括不接受、比较主动接受和完全主动接受。基于以上几点，评价音乐教育活动过程中有效的师幼互动应该是：教师情感是正向、幼儿反馈方式是询问和质疑、对互动内容是主动接受、幼儿情感是正向。例如，在中班音乐教学活动《小蜻蜓》中，老师首先出示蟑螂、蜻蜓、蚊子、苍蝇、蝗虫等图片，面带微笑地提问："小朋友，你们知道这些图片中哪些是益虫？哪些是害虫吗？"幼儿1："蟑螂是害虫幼儿2："苍蝇是害虫，蚊子是害虫。"幼儿3："蝗虫是害虫教师："哪些是益虫呢？"幼儿："小蜻蜓是益虫。"教师小结，并说："今天我们就来学习一首新歌《小蜻蜓》。请小朋友跟着老师学唱，老师唱一句小朋友们唱一句，演唱数遍。教师："现在小朋友都会唱这首歌了，下面请小朋友起立，男生手拉手围成一个圆圈站在教室的前面，女生也手拉手围成一个圆圈站在教室的后面，分组演唱。"教师对两组幼儿分别指导并点评。教师："苗苗，你唱得不错，你来给全班小朋友演唱一遍吧。"苗苗接受了老师的邀请并到集体面前表演，苗苗演唱完毕后，教师进行了点评。

　　通过以上案例可以看到，由老师先开启师幼互动，请幼儿根据图片区分出哪些是害虫和益虫，互动的内容是教师预设的，互动形式是与集体互动。幼儿反馈方式是陈述，即按照老师的要求将害虫和益虫进行了分类。在互动内容的接受程度上是幼儿比较主动接受。在互动双方的情感上，"教师面带微笑地提问"我们可以看出，教师情感是正向的，幼儿的情感也是正向的。在第二轮的学唱新歌环节，教师要求幼儿跟着其学唱歌曲，教师唱一句幼儿唱一句，此部分的师幼互动由教师开启，互动内容是教师预设的，幼儿的反馈方式是接受，即跟着老师学唱歌曲。互动内容的接受程度是幼儿比较主动接受，互动的形式是与集体互动。在互动双方的情感上，教师是中性情感，幼儿是中性情感。在第三轮分男女生演唱歌曲的师幼互动环节，由教师开启，互动内容的产生方式是预设，幼儿的反馈方式是接受，互动内容的接受程度是幼儿比较主动接受，互动形式是与小组互动，在互动双方的情感上，教师是正向情感，幼儿是正向情感。在第四轮的师幼互动中，教师请苗苗到集体面前表演唱歌，互动主体由教师发起，互动内容的产生方式是生成，幼儿反馈方式是接受，互动内容的接受程度是比较主动接受，互动形式是与个别幼儿互动。在互动双方的情感上，教师是正向情感，幼儿是正向情感。因此，从以上四次师幼互动中我们可以看出，师幼互动的主体均是教师；互动内容的产生方式三次是教师预设的，一次是生成；幼儿的反馈方式一次是陈述，三次是接受；在互动内容的接受程度上，三次是幼儿比较主动接受，一次是幼儿完全主动接受；在互动形式上，两次与集体互动，一次与小组互动，一次与个别幼儿互动；在互动双方情感上，教师一次是中性情感，三次是正向情感，幼儿一次中性情感，三次是正向情感。

对音乐教育活动过程的评价还应该关注教师是否适当地采用了集体活动、分组活动、个别活动等多种活动形式，是否在活动过程中关注到特殊表现的幼儿，是否注意到不同组织形式中幼儿的发展需求等。

（5）活动效果的评价

活动效果是指通过音乐教育活动在幼儿身上反映出来的教育结果。其主要内容包括：预期活动目标的达成程度；幼儿积极参与活动的程度，如幼儿是否积极、主动要求参与，是否专注等；幼儿在活动中的情感态度；幼儿在节奏、音乐、速度等关键经验的增长程度。

如小班音乐活动《小猫圆舞曲》的教学案例，我们可以就效果做以下的评价：整个活动呈现了趣味性、综合性、活动性。教师声情并茂的讲述，吸引了幼儿积极参与活动，幼儿能够在故事情节中表现和理解音乐结构和情绪，愉快主动地参与感受和体验活动，并能合作性地进行表演。

（二）教师与幼儿行为评价标准

对幼儿音乐教育活动过程的评价包括对教师、幼儿及其他方方面面的评价。下面我们着重阐述幼儿音乐教育活动过程中有关教师与幼儿课堂行为的评价内容。

1. 教师行为的评价体系

表 9-11　教师行为评价表

项目	指标		
	差	中	好
1. 关于学前音乐学科知识 教师对音乐符号的示范与表达是准确的 ● 对音乐符号的示范与表达准确 ● 对视觉符号的示范与表达准确 ● 对语言符号的示范与表达准确 教师对音乐符号做出的转换是准确与合理的 ● 音乐符号被准确地转换成视觉符号 ● 音乐符号被准确地转换成运动觉符号 ● 音乐符号被合理地转换成语言符号 音乐活动展开的进度适合活动目的 ● 活动内容都是围绕音乐感受与表现展开、深入的			

项目	指标		
	差	中	好
2. 关于幼儿的知识 教师向幼儿展示的内容适合当下幼儿的发展水平 • 教师抛出的教学任务与幼儿艺术与学习能力相一致 • 教师抛出教学任务的顺序与幼儿学习能力相一致 音乐活动展开的进度符合幼儿的发展水平与需要 • 活动展开的进度符合幼儿发展水平 • 活动展开的进度符合幼儿需要			
3. 教学组织、方法与互动 教师以唤起幼儿音乐学习兴趣与启动幼儿音乐思维的方式开始教学 • 教师以唤起幼儿音乐学习兴趣的方式开始教学 • 教师以唤起幼儿音乐思维的方式开始教学 教师积极投入活动的时间量 • 教师积极投入活动的时间量 教师的管理策略提高了音乐活动的质量 • 教师在活动之前对课堂所用材料已准备充分 • 教师有效组织幼儿进入音乐教学的每个环节 • 教师精心安排了互动，有效维持了幼儿的参与热情 就幼儿发展水平、需要以及活动目标而言，教师使用了合适的教学方法 • 教学方法与教学目标相匹配 • 教学方法维持了幼儿身体与思维的双参与 • 向幼儿提供了必要、合理的支架 教师帮助和支持了回答者、表现者的思维或行动 • 提醒幼儿相似的音乐特征或表现特征 • 提供背景知识			

项目	指标		
	差	中	好
4. 期望 教师认可幼儿的努力、坚持和专注 • 教师使用了语言认可行为 • 教师使用了非语言认可行为 教师对幼儿有较高的学习期望，且期望合适 • 教师要求所有幼儿不仅身体要参与，而且思维要参与，鼓励幼儿回答问题、主动探索			
5. 引导幼儿的思维参与 教师要求幼儿分享、澄清、调整对某一问题的想法 • 教师使用一系列提问发展和挑战幼儿的思维 • 教师鼓励幼儿解释他们自己的想法 • 教师使用"为什么？""你是如何……？""你可以……？"等引导性问话 教师促进幼儿的回应 • 教师为一个问题引出很多解决方法 • 鼓励幼儿再次丰富自己的回答 • 教师很耐心地倾听幼儿的回答 • 对幼儿的回应做出反馈，并恰当地成为全班学习的机会 教师鼓励幼儿聆听同伴的想法并对同伴的想法进行评价 • 教师积极引导幼儿之间的交流 • 教师积极引导幼儿聆听他人想法与建议			
6. 支持幼儿的音乐理解与表现 教师支持和帮助了听者或看者的理解 • 要求幼儿解释同伴的方法或表现 • 鼓励幼儿用自己的语言表达音乐或想法，或者用身体动作表达音乐或想法 教师给予了"刚刚足够"的帮助 • 教师给予幼儿提供不多也不少的帮助或信息			

续表

项目	指标		
	差	中	好
7. 扩展幼儿的音乐理解与表现 教师归纳并详细说明幼儿对音乐的理解与表现 • 教师复述了幼儿的说法，再现或提炼了幼儿的表现手法 教师鼓励幼儿对音乐进行回忆和思考 • 在活动过程中或结尾总结出音乐活动的关键经验 • 帮助幼儿把音乐学习和其他活动联系在一起，或者和幼儿现实生活中的经验联系在一起			
8. 教学评估与调整 教师对幼儿进行观察和聆听，并根据幼儿的需要调整教学任务 • 教师能基于课堂教学现场需要做出教学任务的调整 教师能考虑不同幼儿之间的能力差异和发展水平上的差异，从而调整任务和讨论 • 在互动情境下，教师能针对个别幼儿做出任务调整			

2. 幼儿行为的评价标准

在音乐教育活动中，幼儿的课堂行为体现在音乐能力与学习品质两方面，对音乐的感知能力与表现能力，在"幼儿音乐感知与表现能力的评价体系"中已经单独阐述，不在这里赘述。在此，幼儿课堂行为评价单指对课堂教学过程中幼儿表现出来的学习品质的评价。

表9-12　幼儿行为评价表

项目	指标		
	差	中	好
1. 幼儿的好奇心与兴趣 活动中，幼儿是否会提出问题 对教师的提问是否有语言或动作的反应 用语言或动作回答教师提问的合理性如何 是否愿意跟随或按照教师的要求去做 幼儿对导入活动的反应			

续表

项目	指标		
	差	中	好
2. 幼儿的主动性 能否主动回答教师的提问 面对教师的提问或要求时能否做到独立思考 面对较难问题和困难任务时的表现			
3. 幼儿的坚持与专注 活动开始时幼儿的投入程度 幼儿对整个活动的专注程度 幼儿能否坚持完成整个活动任务 在完成任务的过程中，若遇到不顺利，是否有克服困难的行为			
4. 幼儿的想象与创造 活动中幼儿如何表达自己的想法 能否观察模仿教师的示范 活动中的艺术表达能力			
5. 幼儿的合作 活动中，幼儿同伴之间是否有肢体和眼神的交流 幼儿能倾听他人的谈话或关注他人的行为 幼儿能否对同伴进行积极评价			

第二节　幼儿音乐教育评价的方法

幼儿音乐教育评价方法多种多样，最常用的方法有观察法、测试法与等级量表评定法。

一、观察法

观察法是指有目的、有计划地对艺术活动中的幼儿进行即时观测，并对观测结果做出一定评估的方法。通过观察，教师可以获取来自幼儿的多方面反馈信息，这不仅能使教师真实地了解到每个幼儿的艺术发展水平和能力，而且能帮助教师根据观察结果更好地反思教育活动进程与幼儿的适宜度，从而及时、有根据地调整和改进活动内容、方法及组织形式。

使用观察法进行评价，一般从两个途径展开：第一，自然观察。指教师在幼儿的日常生活中、在幼儿真实自然的自发艺术活动中进行的，对幼儿行为、表现的观察评价。教师的任务是在观察前明确所要观察的内容，并在观察中做好相应的记录。自然观察的优势在于不受条件限制，可以随时、随地、随机地进行，具有比较明显的灵活性；但也正是这种环境、时间、空间的不受控制性，往往会影响到观察记录的效果。第二，人为创设环境的观察。对于在日常活动中难以观察到的行为与表现，教师需要根据评价指标体系的要求，特别设置一个活动、游戏或场景，以促使幼儿自然地表现其艺术发展方面的状况。这种观察来自一个具体创设的环境，其效果会比自然观察好。

关于"幼儿园不同音乐教育活动类型中的评价"的大部分内容可以通过观察法完成，并获得评价结果。有的可以通过自然观察完成，有的需要创设活动情境进行观察并获得观察结果。观察法是各类评价方法的基础，下面介绍的测试法与等级评定法都是基于观察法进行的。

二、测试法

测试法是通过标准化的测量工具或自行设计和编制的音乐能力测验，对幼儿的音乐能力发展做出科学评价的一种方法。一般而言，测试法多引用权威机构或专家编制的标准化测验项目和试题。这类测试经过了科学检验，能比较真实而客观地反映出测试对象的原始情况，但由于幼儿年龄小，文字试题不适合他们，所以多用表现性的测验项目。测试法的优势在于科学性较强，特别适用于不同年龄幼儿或个别幼儿音乐能力发展水平、特点、趋势和差异的评估。下面，我们以"幼儿音乐动作表现力"的测试为例，说明如何通过表现性的音乐活动测试幼儿的音乐发展状况。

表 9-13　幼儿音乐动作表现力评价指标

幼儿姓名_____性别_____年龄_____观察日期_____观察时间_____

项目	特征类别	标准（指标）	等级		
			差	中	好
音乐特征	拍子	1. 上肢合拍			
		2. 脚步合拍			
		3. 动作松弛			
	节奏型	1. 看自己的动作节奏型			
		2. 能表现有特点的音乐节奏型			
	句子	1. 动作具有清晰的句型，有意识地进行句子的起落			
		2. 音乐句子重复时动作重复			
		3. 对比句的动作有对比性			
	段落	1. 段落转换自如			
		2. 用不同风格的动作表达不同音乐风格段落			
	引子尾声	1. 能完成引子等待			
		2. 尾声处有结束性的动作			
动作特征	空间	1. 能利用自我空间			
	层次	2. 能利用集体空间			
	类型	能用低、中、高三层次			
		1. 移动、非移动动作结合			
	意义	2. 身体、四肢结合			
		1. 动作具有再现性			
	合作性	2. 动作具有表现性			
		1. 具有合作性动作			
		2. 具有目光交流意识			

注：差：做不到。中：有时能做到，有时做不到。好：自始至终能做到。

以上是幼儿音乐表现力的测试工具，教师在测试前需要完成的任务：①理解与熟悉此工具所有指标内容的含义与打分标准；②找到一首适合幼儿即兴表演的乐曲，可以是音乐风格对比强烈的 AB 两段体乐曲，也可以是 ABA 三段体乐曲。幼儿可以四人为一组，进行动作即兴表演，教师通过观察幼儿的即兴表演为每一个幼儿打分。

三、等级量表评定法

等级量表评定法是指用数字或等级的形式评定幼儿在音乐活动中的行为与表现，它为进一步的描述性评价、分析性评价打下基础。等级量表是评价的一种工具，使用等级量表工具而展开的评价都是等级量表评价法。因此，可以说观察法、测试法与等级量表评定法是用不同标准划分的评价方法类型，故具有一定的交叉。很多时候，观察法与测试法所使用的工具就是等级量表，这时观察法与测试法都同时是等级量表评定法。反之，等级量表评定法是离不开观察法或测试法的，等级量表评定法是通过观察或测试完成的。

等级量表评定法的优势：①能使教师对个别幼儿或全班幼儿音乐发展水平的判断具体化，等级量表评定不会给教师提供有关幼儿发展水平的新的信息，但确实为教师提供了幼儿发展水平的具体细节。②能够快速而方便地使用。用表格的方式，把幼儿音乐或学习品质发展的各个方面全部列出来，教师只要通过观察或测试打"√"或打分数就行了，操作极其方便。

等级量表评定法的局限：①只适合于测定音乐知识与技能范畴的东西，意识范畴或高级心理层面的东西很难用等级量表测定。②当教师误解、误用等级量表时，会导致教师对幼儿个性的压抑。等级量表评定表面看像是一种达标，当教师真的把评价目的全部指向幼儿是否达标时，评价目的就被异化了，它的目的走向了促进幼儿音乐或个性发展的反方向。下面，我们以音乐教育活动过程中幼儿学习品质评定为例，呈现评定幼儿学习品质的一个比较简易的等级量表。

表9-14　集体活动中幼儿音乐学习品质观察记录表

幼儿姓名_____ 性别_____ 年龄_____ 观察日期_____ 观察时间_____

特征类别	标准（指标）	等级				
		0	1	2	3	4

好奇心 与兴趣	1. 活动中，幼儿是否会提出问题					
	2. 对教师的提问是否有语言或动作的反应					
	3. 用语言或动作回答教师提问的合理性如何					
	4. 是否愿意跟随或按照教师要求去做					
	5. 幼儿对导入活动的反应					
主动性	1. 能否主动回答教师的提问					
	2. 面对教师提问或要求能否做到独立思考					
	3. 面对较难问题和困难任务时的表现					
坚持与专注	1. 活动开始时幼儿的投入程度					
	2. 幼儿对整个活动的专注程度					
	3. 幼儿能否坚持完成整个活动任务					
	4. 在完成任务过程中遇到不顺利时，是否有克服困难的行为					
想象与创造	1. 活动中幼儿如何表达自己的想法					
	2. 能否观察模仿教师的示范					
	3. 活动中音乐表达水平					
合作性	1. 活动中同伴之间是否有肢体和眼神的交流					
	2. 能倾听他人的谈话或关注他人的行为					
	3. 能否对同伴进行积极评价					

以上是集体音乐活动中幼儿学习品质的观察评价工具，教师在评价前需要完成以下任务：①理解与熟悉此工具所有指标内容的含义与打分标准；②为幼儿编号并准备全程录像。

思考题

1. 简述幼儿音乐教育活动评价的作用。
2. 简述幼儿音乐教育活动评价的原则。
3. 幼儿音乐教育评价方法有哪些?

参考文献

[1] 索丽珍，林晖，高妍苑．学前儿童艺术教育［M］．重庆：重庆大学出版社，2020.08.

[2] 张中柏，吴玲，黄婷婷．音乐基础教程［M］．成都：电子科技大学出版社，2020.07.

[3] 王丹．学前儿童音乐教育理论与实践［M］．长春：吉林大学出版社，2020.07.

[4] 黄承承，左丽君．学前儿童音乐教育［M］．南昌：江西高校出版社，2020.06.

[5] 陈瑶．学前儿童音乐教育［M］．北京：原子能出版社，2020.07.

[6] 安怡静．学前儿童音乐教育活动指导［M］．陕西师范大学出版总社有限公司，2020.06.

[7] 封玲，丁洁．学前儿童游戏与指导［M］．南昌：江西高校出版社，2020.06.

[8] 许卓娅．学前儿童艺术教育［M］．上海：华东师范大学出版社，2020.

[9] 夏志刚．学前教育基础乐理教程［M］．长沙：湖南文艺出版社，2020.07.

[10] 宋薇．学前儿童音乐教育与培养［M］．北京：现代出版社，2019.04.

[11] 王晨辉，王晨光．学前教育艺术综合教程［M］．南昌：江西高校出版社，2019.01.

[12] 袁媛，徐丽琴，张满．学前儿童艺术教育与活动指导［M］．昆明：云南美术出版社，2019.07.

[13] 于丽．奥尔夫音乐教学法［M］．西安：西北大学出版社，2019.07.

[14] 樊潇潇．幼儿园教师音乐技能［M］．天津：南开大学出版社，2019.03.

[15] 富宏．幼儿园音乐教育活动设计与实施［M］．北京：北京理工大学出版社，2019.03.

[16] 董丽，李梦，周蓓．幼儿园音乐游戏设计与指导［M］．上海：复旦大学出版社，2019.06.

[17] 李桂英．学前儿童音乐教育［M］．高等教育出版社，2019.03.

[18] 齐颖，梁宇．学前儿童音乐教育实训指导教程［M］．北京：北京师范大学出版社，2019.10.

[19] 王晨．学前儿童音乐教育［M］．北京：中国科学技术出版社，2019.12.

[20] 夏郡薇．学前音乐教育理论与实践研究［M］．延吉：延边大学出版社，2019.09.

［21］符丽琴．学前儿童音乐教育理论与实践研究［M］．北京：北京工业大学出版社，2019.11.

［22］赵静．音乐学前教育的教学理论与实践指导［M］．北京：中国书籍出版社，2018.05.

［23］关虹，李素霞．学前儿童游戏理论与实务［M］．天津：天津大学出版社，2018.12.

［24］夏志刚．学前教育视唱练耳教程［M］．长沙：湖南文艺出版社，2018.01.

［25］马山雪．学前声乐基础教程［M］．沈阳：沈阳出版社，2018.01.

［26］沈玉萍．学前儿童音乐教育［M］．南京：南京大学出版社，2018.06.

［27］白芳．学前儿童音乐教育活动指导［M］．国家开放大学出版社，2018.08.

［28］李兴娜，陆辉，韩影．学前儿童艺术教育活动设计指导［M］．南昌：江西高校出版社，2018.03.

［29］伍建容，邱洪云．学前教育幼儿歌曲弹唱教程［M］．长沙：湖南师范大学出版社，2018.10.

［30］金东波，罗清，刘娟．幼儿园音乐活动设计案例［M］．武汉：武汉大学出版社，2018.04.

［31］许卓娅．幼儿园音乐教育资源律动［M］．北京：人民教育出版社，2018.08.

［32］黄湛，邓智慧．幼儿音乐教学活动游戏化教程［M］．天津：天津科学技术出版社，2018.02.

［33］梁红英，赵涛．幼儿音乐教育活动指导［M］．上海：同济大学出版社，2018.05.

［34］高红．奥尔夫音乐教学法探索［M］．长春：吉林摄影出版社，2018.06.

［35］黄双雷，巫莉．幼儿园音乐活动设计与指导微课版［M］．北京：人民邮电出版社，2018.06.

［36］马新智．幼儿园新型音乐游戏活动指导［M］．北京：北京师范大学出版社，2018.01.

［37］杨冯圆．学前儿童音乐教育研究［M］．延吉：延边大学出版社，2018.05.

［38］齐小莹．学前儿童音乐舞蹈教学实践［M］．延吉：延边大学出版社，2018.10.

［39］孙梅娟．学前儿童音乐游戏的理论与实践［M］．长春：东北师范大学出版社，2018.07.

［40］陈红．基于儿童发展视角下的学前儿童音乐教育价值探究［M］．江苏凤凰美术出版社，2018.08.